„Dem Wort der Wahrheit nachforschen"

EDITION PIETISMUSTEXTE (EPT)

Im Auftrag der Historischen Kommission zur Erforschung des Pietismus herausgegeben von Markus Matthias, Ruth Albrecht, Wolfgang Breul, Thomas Hahn-Bruckart, Joachim Jacob, Hans-Jürgen Schrader, Xenia von Tippelskirch und Christof Windhorst.

Band 16

„Dem Wort der Wahrheit nachforschen"

Pietistische Bibelvorreden

Ausgewählt und herausgegeben
von Sandra Sternke-Menne

EVANGELISCHE VERLAGSANSTALT
Leipzig

Redaktor des Bandes:
Markus Matthias

Bibliographische Information der Deutschen Nationalbibliothek
Die Deutsche Nationalbibliothek verzeichnet diese Publikation in
der Deutschen Nationalbibliographie; detaillierte bibliographische
Daten sind im Internet über http://dnb.de abrufbar.

© 2023 by Evangelische Verlagsanstalt GmbH · Leipzig
Printed in Germany

Das Werk einschließlich aller seiner Teile ist urheberrechtlich
geschützt. Jede Verwertung außerhalb der Grenzen des Urheberrechtsgesetzes ist ohne Zustimmung des Verlags unzulässig und
strafbar. Das gilt insbesondere für Vervielfältigungen, Übersetzungen, Mikroverfilmungen und die Einspeicherung und
Verarbeitung in elektronischen Systemen.

Das Buch wurde auf alterungsbeständigem Papier gedruckt.

Cover: Friedrich Lux, Halle/Saale
Coverbild: Frontispiz der Berleburger Bibel (1726)
Satz: Steffi Glauche, Leipzig
Druck und Binden: BELTZ Grafische Betriebe GmbH,
Bad Langensalza

ISBN 978-3-374-07437-2 // eISBN (PDF) 978-3-374-07438-9
www.eva-leipzig.de

Inhalt

1. Johann Henrich Reitz: Das Neue
   Testament (1703)..7
   [Vorblatt].. 7
   [Vorrede].. 8
   [Erklärungen]..17

2. Henrich Horch: Mystische und
   profetische Bibel (1712)..................................... 34
   [Vorrede]... 34

3. Johann Otto Glüsing: Biblia Pentapla
   (1710–1712)...46
   [Vorbericht]...46
   [Zwischentitel].. 112
   [Vorrede].. 113
   [Vorbericht]...132

4. Carl Hildebrand von Canstein: Biblia (1713)...... 150
   [Vorrede]... 150

5. Die Berleburger Bibel (1726)............................167
   [Widmung]...167
   [Vorrede]...168
   [Zwischentitel]..188
   [Widmung]...188
   [Vorrede]...189

6. Die Ebersdorfer Bibel (1727)............................208
   [Vorrede]...208

7. Johann Albrecht Bengel: Das Neue
   Testament (1753)..225
   [Vorrede]...225

8. Philipp Matthäus Hahn: Die heilige
Schriften der guten Botschaft vom
verheissenen Königreich (1777) 272
[Vorbericht] 272

Editorische Notiz 275

Nachwort 295

Personenregister 305

Johann Henrich Reitz:
Das Neue Testament (1703)

Das Neue Testament Unsers HERREN JEsu Christi / Auffs neue ausm Grund ver=teutschet / und mit Anziehung der verschie=denen Lesungen / und vieler übereinstim=menden Schrifft=Oerter ver=sehen. Offenbach am Mayn / Druckts *Bonaventura de Launoy*, Hoch= Gräfl. Jsenburgischer Hof= u. Cantzley=Buchdrucker. ANNO 1703.

[Vorblatt]

Nota.
† Solch *vorgesetztes kreutzlein* bedeutet / wie das nachfolgende eigentlich nach dem buchstaben des Grichischen Textes laute.
* Solch *vorgesetztes sternlein* bedeutet wie das nachfolgende in andern geschriebenen oder gedruckten Exemplarien anders gelesen werde.
╋ Solch *umbgewandtes kreutzlein* bedeutet wie das nachfolgende auch anders in der übersetzung lauten / und gegeben werden könne.
*† Solch *vorgesetztes stern= u[nd] kreutzlein* bedeutet den zusatz / den andre Exemplarien an selbigem ort machen.
Cap. oder ein blosses *C.* bey denen unter die Versikel[1] gestellten Schrifftörtern bedeutet das *Capitel* eben desselben buchs oder brifs.
J.C. Dise zween buchstaben bedeuten *Jesus Christus*.
H. Diser buchstaben bedeutet *Heilig*. u. bedeutet *und*.

---
1 Bibelvers (DWb 25, Sp. 1324).

(::) Was *solche klammern* im Text mit kleinen buchstaben einschliessen / ist ein zusatz der übersetzung / der nicht nach den worten des grund=textes befindlich.

[Vorrede]

Vorrede
An den Christlichen Leser.

ES haben die besten (*a*)[2] unter den Gottsgelehrten bezeuget / daß es grossen nutzen habe / wann vile[3] übersetzungen der H. Schrifft obhanden.[4] Dahero auch so vile männer in Teutschland (von andern ländern jetzt nichts zu melden) diselbe nit nur ins lateinische / sondern auch ins teutsche übersetzet. Jn welcher absicht vor wenigen jahren einige Gottsgelehrte[5] vorgehabt / so wol das Alte / als Neue Testament / beydes beysammen / u. auch dises besonders / auffs neue nach dem grund zu verteutschen; zumalen da solche arbeit von so vilen predigern u. gelehrten / auch andern dem wort der warheit nachforschenden seelen in allen partheyen[6] / als welche täglich u. von allen cantzeln hören / daß es im grund=text anders laute / schon längstens verlangt worden. Nachdem aber einer[7] weißlich angezeigt / daß der-

---

2 „(*a*) *Cocc. S. T. cap. 6. de Interpr. S. S.*" – *Johannes Coccejus*: Summa theologiae ex scripturis repetita. Editio secunda, a mendis, quibus prior scatebat, diligenter repurgata, ac indice dictorum scripturae utilissimo aucta, Genf [1662] ²1665, S. 97f. („Caput VI. De Perspicuitate & interpretatione Scripturae", Nr. 68–74).
3 Wenn viele.
4 Vorhanden sein.
5 Welche konkreten Bemühungen um eine neue Bibelübersetzung gemeint sind, wurde nicht ermittelt.
6 Gängiger pejorativer, pietistischer Begriff für die verschiedenen Konfessionen.
7 Um wen es sich handelt, wurde nicht ermittelt.

gleichen vorhabende / u. von vilen stücksweiß zu verrichtende übersetzung / nit gerathen / u. keine behörige gleichformigkeit bekommen würde / so ist sothanes[8] vorhaben in so weit hinterblieben.

Weilen ich nun zu disem heilsamen werck vilen anlaß / u. gnugsame muße gehabt / so habe auff so vilfaltiges verlangen / nach dem maß deß lichts / so der Vatter der lichter[9] verliehen / dise neue übersetzung des NT. unter Gottes beystand verfertiget; in der gewissen hoffnung / es werde dise arbeit nicht leer noch fruchtloß seyn / sondern unter andern auch disen nutzen mit sich führen / daß einige vom lauff der gottseligkeit[10] abweichende / oder sonst unter gutem schein u. mit feinen reden einhergehende irrige menschen / an dem / was sich auch zu Zeiten der Aposteln eingefunden / u. entdecket worden / bei dieser *version* etwan heiterer erkannt und unterschieden / u. zugleich durch solche arbeit andern einiger vorschub und hülffe zu einer vollkommenern übersetzung beygetragen werden möge; dan unser und der gantzen gemeind Christi weißagen geschicht stücksweiße[11] / und durch staffel[12] u. theile; weswegen man in warheit sagen kan / daß / so lang die volkommenheit / u. das männliche alter[13] der gemeinde Christi nicht gekommen / da alles stückwerck wird vernichtet werden / keine gantz vollkommene übersetzung zu gewarten[14] / wan schon alle erleuchtete u. gelährte beysammen sässen / u. dise arbeit unter händen hätten.

---

8   So beschaffenes (DWb 16, Sp. 1817).
9   Jak 1,17.
10 Wortbildung Luthers; gemeint ist das fromme Leben als Ausdruck des Glaubens.
11 1Kor 13,9.
12 Stufen (DWb 17, Sp. 515–524); zur Vorstellung eines zunehmenden Verständnisses der Bibel siehe Text 5 Anm. 9.
13 Vgl. 1Kor 13,11.
14 Erwarten (DWb 6, Sp. [5336–5348] 5337).

Womit man dan allen andern *versionen* ihren gebührenden ruhm läßet / u. fern von dem vorgeben ist / daß dise neue arbeit ohne fehl seye / ob man wol darfür hält / viles / was jene nit gesehen / in obacht genommen zu haben (angesehen wir in diser letzten zeit auff den schultern der alten stehen[15] / u. über sie hinaus sehen mögen) mithin dem sinn des geistes / u. dem grund näher gekommen zu seyn; wie man dan nebst der lampe des H[er]rn so unsre inwendigste theile durchsuchet. *Prov.* 20,27.[16] die beste äußerliche hülffe von vilen *versionen* u. von den *Commentariis*[17] des manns Gottes *Cocceji* u. anderer / u. von denen über die Engelländische *version* zu London[18] ausgegangenen verbesserungen des erleuchteten Lehrers *Roberti Gell*,[19] gehabt hat.

Zierlichen teutsches aber hat man sich umb so viel weniger befleissen können / weil man eben hiemit der einfalt des Geistes Gottes / worinnen der weißheit schätze liegen / widersprechen / u. vom wahren sinn u. zweck abirren würde. Darum werden solche übersetzungen billich gut geachtet / (b)[20] die eben dieselbe red=arten

---

15   Zu diesem Bild siehe *Robert K. Merton*: Auf den Schultern von Riesen. Ein Leitfaden durch das Labyrinth der Gelehrsamkeit, Frankfurt a. M. 1989 (urspr.: On the Shoulders of Giants. A Shandean Postscript, 1965).
16   Spr 20,27.
17   Kommentaren.
18   Die sog. King-James-Bibel von 1611: The Holy Bible. Containing the Old Testament and the New. Newly translated out of the original tongues, and with the former translations diligently compared and revised by his Majesties special command Appointed to be read in churches, London: John Bill and Christopher Barker 1611.
19   Robert Gell (1595–1665), englischer Theologe. – *Robert Gell*: An Essay towards the Amendment of the last English Translation of the Bible. The first Part, on the Pentateuch, 1659, dt. Berleburg 1723.
20   „(b) *Vid. Anton. Borrom. Var. Lect. p.* 124=127. u[nd] *Praef. Version. Montan.*" – Worauf sich der Verweis bezieht, wurde nicht ermittelt. Vielleicht geht es um Antonio Maria Borromaeo (1666–1738) und um die Vorrede

u. worte behalten / die der Heil. Geist gebrauchet / u. so viel möglich von wort zu wort übersetzen / weil wir keine schönere noch bedeutendere erfinden können / ob sie wol zuweilen unsern ohren etwas hart und ungewöhnlich lauten mögten / indem wir deren zierlichkeit nit verstehen / u. der sprach des H. Geistes wenig kundig sind. Dahero man dan voraus sihet / daß einige / die an die alte teutsche übersetzungen gewöhnt / im anfang des lesens diser *version*, wegen der darinn behaltenen ungewöhnlichen red=arten des H. Geistes / werden sagen; der alte wein ist milder. Allein aus diser ursach sind die Englische Gottsgelehrten mit *Junii*[21] u. *Tremellii*,[22] als auch *Bezae*[23] *versi*onen nit zu friden gewesen / dieweil dise (jener *Censur* nach)[24] von den red=arten der Heil. Schrifft zu weit abgegangen / u. diselbe gemildert. U. eben darum ist es erleuchteten *Theologis* ein greuel zu hören / wan fleischlich=gelehrte dörffen sagen; die H. Schrifft stecke voller *Barbaris*men / oder harter u. ungeschlachteter red=arten; u. mögen selbe kaum zugeben / daß man sage / diß oder jenes sey ein *Hebraismus* oder eine eigene red=art der Heb-

---

    der französischen Übersetzung: Le Nouveau Testament de Nostre Seigneur Jesus Christ. A Mons: chez Gaspard Migeot, a l'enseigne des trois vertus, 1667, Bl. **ijjr („qu'il falloit en conserver même les expressions, en marquer les propres mots").

21 Franciscus Junius (1545–1602), Mitarbeiter von Immanuel Tremellius (s. folgende Anmerkung) bei dessen Bibelübersetzung.

22 Immanuel Tremellius (1510–1580); er übersetzte das Alte Testament aus dem Hebräischen ins Lateinische (für die gelehrten Protestanten): Testamenti Veteris Biblia Sacra, sive Libri Canonici, Priscae Iudaeorum Ecclesiae A Deo Traditi, Frankfurt a. M. 1576–1579.

23 Theodor Beza (1519–1605), Mitarbeiter an der Genfer Bibel. Er übersetzte die Bibel ins Französische: La Bible, Qui est toute la saincte Escriture contenant le vieil & nouueau Testament: ou, la vieille & nouuelle alliance, Genf 1560. – Hier ist aber an die in Genf erarbeitete englische Übersetzung zu denken: THE BIBLE *AND* HOLY SCRIPTURES *CONTEYNED IN* THE OLDE AND NEWE Testament, Genf 1560.

24 Nichts ermittelt.

raeer; gestalten sie darfür halten / daß die Hebraeische *Scribenten* ihre manieren von geistlichen dingen zu sprechen / vom H. Geist / u. nit diser von jenen genommen habe. Gottes worte sind immer hart dem natürlichen menschen / der sie nicht fassen / noch seine vernunfft in die schule[25] u. einfalt Christi gefangen nehmen kan.

Weßhalben ich auch dahin gesehen / (damit ich die worte eines andern (c)[26] *Ref. Theologi* in der vorrede über seine teutsche *version* des N.T. gebrauchen möge) daß ich in der verdollmetschung nit meinem gefallen oder gutdüncken / sondern disem allein folgte / das uns der H. Geist selbst vorgeschrieben / u. darum alle seine arten zu reden / die er gebraucht / behalten / wo es immer möglich / u. der verstand oder die art unsrer teutschen sprach zugelaßen; Also daß ich zun zeiten ein grichisch wort liber mit mehr teutschen worten ausgedrücket / dann daß ich von dem / das uns der Geist Gottes vorgeschrieben hat / abgeschritten were / dieweil uns gebühren wil / vom Geist Gottes zu lernen / wie wir von göttlichen geheimnüßen unsrer ewigen seligkeit reden sollen / u. nit ihme seine reden unsers gefallens zu ändern u. zu rencken:[27]

Allein fürchte ich / daß ich der einfalt[28] des H. Geistes noch nit einfältig gnug aller orten nachgegangen / son-

---

25 Zum (in heterodoxen Kreisen verbreiteten) Begriff des Lernens in der Schule Gottes siehe *Dieter Fauth*: Lernen in der „Schule Gottes". Dargestellt vor allem an Quellen von Martin Luther und dem protestantischen Dissidentismus, in: Paedagogica historica 30, 1994, S. 477–504.
26 „(c) Polani à polansdorf." – *Amandus Polanus von Polansdorf*: Das gantz Newe Testament unsers Herren Jesu Christi. Mit den besten getruckten / unnd auff Pergament geschriebenen alten Griechischen Exemplaren collationiert / und mit allen trewen ubersehen, Basel 1603, Vorrede, A5r–v.
27 Verdrehen (DWb 14, Sp. 805).
28 Zum pietistischen Begriff der Einfalt siehe *Joachim Jacob*: Einfalt. Zu einigen ästhetischen und rhetorischen Implikationen eines pietistischen Leitbegriffs, in: Interdisziplinäre Pietismusforschungen. Beiträge zum

dern leider! menschliche kunst u. weißheit hir u. da untergeloffen seyn dörffte. So wil auch nit läugnen / daß man an vielen stellen die worte der *version* Lutheri wol hette behalten können / dafern man sich nit mit höchstem fleiß bestrebet / alles aller wegen / so viel möglich / auf gleiche weise / u. mit einerley worten / auszudrucken / da bekandt / daß in andern *version*en ein einiges wort auf gar mancherley weiße / zu offterer nit geringer verdunckelung des Sinnes deß H. Geistes / gegeben werde.

Wolten aber einige schul=gelehrte *Critici*[29] nach den heutigen wort=büchern / (*Lexicis*) die doch meistens alle parteyisch[30] sind / oder nach den alten schrifften u. reden der Heyden[31] / hir u. dort ein wörtlein *examin*iren;[32] so mögen sie wissen / daß ihre wortbücher u. *philologie* keine gnugsame probir=steine seyen / die sach zu entscheiden / wie nit weniger / daß nit diß oder jenes wort / sondern das gantze werck einzusehen. Falß aber andre Christliche hertzen sich würden gefallen lassen / anzuzeigen / wo was zu verbessern / oder aber grund verlangeten / warum man zu weilen ein u. anders wort so u. so übersetzet / Z. E.[33] *philadelphia* nit durch bruder=liebe / sondern durch bruder=freundschafft / oder bruder=freundlichkeit / *item*,[34] *hypomone* nit durch gedult / sondern gedultige ausharrung / *me*-

---

ersten internationalen Kongress für Pietismusforschung 2001, hg. von Udo Sträter, Berlin 2005, S. 341–352.
29 Kritiker.
30 S. Anm. 6.
31 Zur Polemik gegen heidnische Bücher bzw. zu ihrer schulischen Verwendung im Pietismus siehe *Klaus-Dieter Beims*: Antike Texte an christlichen Schulen. Die römischen Autoren im Lateinunterricht des Halleschen Pietismus, Halle und Wiesbaden 2015 (Hallesche Forschungen, 41), S. 192–201 u. ö.
32 Sorgfältig abwägen, untersuchen.
33 Zum Exempel (Beispiel).
34 Ebenso.

*tanoia*³⁵ nicht durch buß / sondern sinnes=änderung / *ascòs, Matth.* 9,17.³⁶ nit durch schlauch / sondern ledern sack [etc]. oder auch / wie diß u. jenes zusammen hange / so könte man wol / wan Gott wil / mit der zeit einen schlüssel heraus geben. U. daß man alhier nur etwas weniges beybringe / so hält man mit vilen theuren *Theologis* darfür / daß kein gefährlicheres wort seyn könne / womit man *Metanoia* übersetzet / als buß / dieweil es eigentlich eine strafe heißet; Jn welchem verstand es auch so wol von einigen *Ecclesiasticis,*³⁷ unter den Christen / als insgemein von den *Politicis,* gebrauchet wird.³⁸ Deßgleichen ist das wort schlauch nit gnugsam / den Verstand des wörtleins *Ascòs* auszudrucken; dan in *Orient*, sonderlich in Arabien u. Persien / man sich annoch der aus bock= u. gaiß=fellen zusammen genäheten säcken bedient / milch / wein u. wasser damit herum zu tragen / wie dann auch die Türcken in ledern säcken auf kamelen das wasser ihren kriegs=heeren nachführen. [etc].

Man erinnert auch / daß mann das *Ph* meistens mit einem *F* das th. mit einem t. geschrieben / u. sonsten die überflüssige e. c. h. u. andre buchstaben ausgelassen / u. einige zahl=worte mit ziffern gesetzet / nit aus einiger *singularität*³⁹ / sondern entweder die worte leßerlicher oder kürtzer zu machen.

U. um solcher kürtze willen / weiln zu zeiten ein einiges wort in verschidenen versen eines Capitels mit einem † oder ✢ vorkomt / hat man auch / in den unten anstehenden noten / am ersten vers oder ort / alles zu-

---

35 Innere Umkehr.
36 Mt 9,17.
37 Kirchenleute.
38 *Metanoia* wird in der lateinischen Bibel mit *poenitentia* (Buße), Buße (*poenitentia*) aber auch mit Strafe (*poena*) übersetzt.
39 Einzigartigkeit; hier negativ: Eigenheit.

sammen gezogen / nemlich also: v[ers] 6. 10. 15. † oder v[ers] 4. 9. 20. ┼ oder wol gar es bey denen bloßen zeichen † oder ┼ im *Text*. bewenden laßen / damit allein anzudeuten / daß solches bezeichnete wort anderwerts gar offt vorkomme / u. sonderlich im beygefügten erläuterten wort=register beschrieben sey.

Die *parallel* oder übereinstimmende angezogene schrifftörter betreffend (die in andern bibeln wol schwerlich also dörfften zu finden sein) davon ist zuwissen / daß sie nit aller orten wiederhohlet werden / sondern sich meistens auf den nechst=vorgehenden / bißweiln aber auch auf den nechst=folgenden ort / weiters beziehen: u. dann / daß zuweilen wol nichts gleich=lautendes in dem *citir*ten spruch werde zu sehen seyn / in dem entweder auf eine Weißagung / oder auf ein fürbild / oder daß der verstand in dem angezeigten ort zusuchen / gedeutet worden; weßhalben der verständige leser genau darauf zu mercken haben wird.

Jm übrigen ist zu melden / daß man sich des zu Ochsenfurt in Engelland[40] gedruckten grichischen *exemplars*[41] / so wol nach dem *Text*, als nach den verschidenen lesungen (nemlich denen / an welchen etwan was mögte gelegen seyn / dan die geringere / wiewol sie meistens alle geringe sind / u. auch das meiste deßen / was einige *Exemplari*en auslassen u. ermanglen / hat man vorbey geschlagen) bedinet / außer / daß man an etlichen orten / wo noch bey andern eine andre leßung zu finden / selbige mit anweißung des *Autoris* eingerücket habe. Daß man aber solche verschidene leßungen

---

40 Oxford.
41 ΤΗΣ ΚΑΙΝΗΣ ΔΙΑΘΚΗΣ ΑΠΑΝΤΑ. Novi Testamenti *Libri Omnes*. Accesserunt Parallela Scripturae Loca, Nec Non Variantes Lectiones ex plus 100 Mss. Codicibus, *Et Antiquis Versionibus Collectae*, [Oxford] 1675.

diser teutschen *version* mit beygefügt / ist unter andern darzu nötig geweßen / damit die / welche das grichische nit verstehen / nach dem es ein gemein geschrey ist / ob were fast alles durch solche verschidenheit ungewiß u. unrichtig / den unfug dises für Atheistische gemüther erwünschten rufs erkennen / u. im gegentheil sehen mögen / wie durch einige verschidene lesungen die wahrheit u. ehre des nahmens Gottes trefflich gerettet u. bestärcket werde.

    Der Herr Jesus / der das lebendige wort licht u. weißheit Gottes ist / u. dem diese arbeit empfohlen sey / schreibe seinen u. seiner H. Aposteln *affect* u. sinn / oder das lebendige innerliche gesetz des Geistes der libe / (welches ist das wahre neue Testament) in unsre hertzen / damit wir die geistliche dinge des Geistes Gottes / u. was uns von Gott mit ihme aus gnaden geschencket ist / wissen / verstehen / liben / u. mit geistlichen menschen beurtheilen / u. so dan (welches der zweck alles hörens / lehrens / lesens u. wissens ist u. seyn sol) unsern gantzen wandel ihme / u. seinem Evangelio / würdiglich führen / u. zu Gott / als unserm Vatter / in Christo alle freymütigkeit u. zugang haben mögen. Amen.

    Offenbach den 30. *Nov.* 1702.
    Johann Henrich Reitz.

[Erklärungen]

Einige nöthige Erklärungen.[42]

I. Erläuterung der unteutschen[43] Tituln der Bücher Alten u. Neuen Testaments.

Gen.	I. Buch Moß.[44]	*2. Paral.*	2. Buch der Chron.
Exod.	2. Buch Moß.		
Lev.	3. Buch Moß.	*Prov.*	Sprüchw.[48]
Num.	4. Buch Moß.	*Eccl.*	Pred. Sal.[49]
Deut.	5. Buch Moß.	*Cant.*	Hohe Lied. Sal.[50]
Judic.	Buch der Richt.[45]	*Thren.*	Klag=Lied. Jer.[51]
1. Reg.	1. Buch der König.[46]	*Sap.*	Weißheit Sal.[52]
2. Reg.	2. Buch der König.	*Eccl.*[53] oder *Sir.*	Jes. Syr.
1. Paral.	1. Buch der Chron.[47]	*4 Esdr.*	Virt. Buch Esr.[54]

---

42 Das Druckbild ist ab hier zweispaltig.
43 Die griechisch-lateinischen Bibelbezeichnungen der christlichen Tradition (Genesis, Exodus, Leviticus, Numeri, Deuteronomium, Judicorum, Regorum, Paralipomena, Proverbia, Ecclesiastes, Cantica canticorum, Threni, Sapientia Salomonis, Sirach, Esdras, Acta Apostolorum, Judas, Apokalypsis).
44 Buch Mose.
45 Buch der Richter.
46 Buch der Könige.
47 Buch der Chronik.
48 Sprichwörter.
49 Prediger Salomo.
50 Hohelied Salomos.
51 Klagelieder Jeremias.
52 Weisheit Salomos.
53 In den lateinischen Bibeln (zum Teil auch bei Luther zu finden) steht die Abkürzung Eccl. für das Buch Jesus Sirach, nicht für den Prediger Salomo (Ecclesiastes) (s. o.).
54 4. Esra.

Act. Apost Handl.[55] *Apoc.* Offenb. Joh.[57]
Jud. v[ers] Brif *Judae.*[56]

II. Erläuterung einiger unteutschen Namen u. Wörter / die im N.T. vorkommen.

Abba ist so viel als vatter.
Allmosen / barmhertzigkeit.
Amen heißt bißweilen der wahrhafftige / bißweilen wahrheit / *item* warlich / wesentlich / es sey wahr [etc]. dahero es Christus nit ohne geheimnüß so offt gebraucht.
Apostel / *Apostelschafft* / gesandter / gesandtschafft.
Beelzebul / dreck=baal / dreck=herr / oder Beelzebub / mücken=gott / würm=gott.
Christus / der gesalbte (König) dessen das reich / u. der von GOtt darzu beruffen / u. mit geistes=gaben / u. der wahren wolrichenden salbung überschüttet u. außgerüstet ist.
Falscher Christus / der sich für Christum / oder für einen mit geistesgaben / u. kräfften gesalbten prister / könig und lehrer fälschlich ausgibt / und ein lügner ist.
Elementen / die erste materie / buchstaben und bilder (oder abbildende dinge) u. gleichsam das kinder=A.B.C. oder die erste anfänge einer sach / oder lehr / woraus dieselbe formirt oder informirt wird.
Engel / bott / gesandter / verkündiger (gesandter geist oder lehrer.)

---
55 Apostelgeschichte (Handlungen der Apostel).
56 Judasbrief.
57 Offenbarung des Johannes.

Evangelium / gute bott-
schafft u. verkündi-
gung (vom heil u. von
der wahrheit in JEsu /
oder vom königreich
Gottes in den men-
schen.)
Evangelist ein verkündiger dieser guten bott-
schafft / ein in der
krafft Gottes überzeu-
gender lehrer oder
schreiber des evangelii
von JEsu.
Halleluja / lobet / rühmet
/ singet dem Herrn.
Hoßianna / Ey lieber hilff
doch / gib heyl.
JEsus / *Sotèr*, ein erhal-
ter / erretter / helffer /
oder ein vom tod /
fleisch / höll / sünd /
finsternuß / furcht /
joch / pein / errettender
u. ins leben / licht /
geist / glauben / wahr-
heit / gnad und liebe
Gottes verhelfender
heyland. *vid*. erhalten.
Ketzerey haeresis, (das
teutsche wort Ketzer
kommt von Catharus
her / u. heißt so viel als
puritan / rein / fein) ist
eine erwehlte meinung
/ u. deßwegen gemach-
te trennung / spaltung
/ partey u. sect / u. ge-
höret als ein haß und
hader=sucht unter die
wercke des fleisches.
Gal. 5,19.20.[58]
Messias so viel als Christus.
Opffern / offere / hinauff
(auf den altar) oder
hinzu (zu GOtt) brin-
gen / heben / tragen.
Pascha, passirung / vor-
beygang / durchgang.
Exod. 12,13.23.[59]
Pfingsten / der fünffzigs-
te tag / (vom pascha=
fest an gerechnet.)
Prister (von dem wort
*presby*ter ein eltester)
heißt sonst ein heiliger
mann / der mit heiligen
sachen im tempel / son-
derlich aber bey und
mit Gott umgehet u. zu
dem nahet. *Hebr*. 5/1.[60]
unter denen Leviti-
schen pristern waren

---
58   Gal 5,19f.
59   Ex 12,13.23.
60   Hebr 5,1.

ober=prister u. ein
oberst=priester / (wel-
ches wort besser lautet
als prister=fürst.)
Profet / ein weißager
künfftiger dingen /
oder der durch den
H. Geist redet / schrei-
bet / singet / oder auß-
leget / was zu künfftig
oder auch geschehen /
gesehen / gesagt oder
geschrieben ist.
Rabbi / ein fürtrefflicher
excellenter / vielwürdi-
ger mann oder lehr-
meister.
Sabbat / ruh / ruhe=tag /
item woch.
Sect / sihe ketzerey.
Sinagog / versammlung /
versamlete gemeind /
versamlungsplatz.
Testament / (der letzte
will Gottes / daß wir im
glauben an Gott durch
JEsum sollen gerecht
und seelig werden)
bund Gottes.

III. Erläuterung einiger teutschen Wörter / die in
diser *Version* untereinander verwechßelt / worden / u.
werden können / darvor auch gemeiniglich / aber nit
allemahl / ein † oder ╋ stehet.

Aber heißt offt / und / ja /
nun dan / sondern /
dennoch.
Arbeiten kopiân, mühe
haben / bemühet
seyn.
Außruffen / *kaeryssein*
(kreischen) verkündi-
gen / Luth. predigen.
bewähren / bewährt /
prüffen / probiren (wie
gold oder silber) *item*
gut / treu / taugend /
rechtschaffen / werth /
befinden / achten oder
darstellen.
Bekehren / in sich kehren
/ einkehren / um= oder
zu sich kehren (nemlich
von der welt / den lüs-
ten des fleisches und
allem äußerlichen.)
Bekennen / bekändnüß /
beiahen / zustimmen /
beypflichten (bundes=
zustimmung / huldi-
gung) *item* loben / prei-
ßen.

Bereden / überreden überzeugen / *Peíthein,* zum gehorsam des glaubens bringen u. bewegen *item* stillen / *item* vergewissern / gewißmachen.

Beständigkeit / *hypostasis,* heißt zuweilen / beständige zuversicht / beständige erwartung *LXX. item* selbst=ständigkeit / person / natur / wesen.

Bestraffen / schelten / betrohen / *epitimân,* d. i. ernstlich gebieten still zuseyn; so stehet offt / daß GOtt das meer schelte.

Bestraffen / *elénchein,* überzeugen / (überweißen) widerlegen.

Bitten / trösten / vermahnen / auffmuntern / *parakalêin.*

Embßig / embsigkeit / bereitwilligkeit / sorgfältigkeit / *studium.*

Ehrbar / *euschémon,* wolgestaltet (von äußerlicher guter gestalt / in kleidern / sitten und geberden) *item* wol= anständig.

Ehrbar / *semnòs,* ernsthafft / (stemmig) gravitätisch.

Erhalten / erretten / helffen / selig heil u. gesund machen / diß wort *sozein,* ist / wie *Cic.*[61] von dem wort *sotèr* Heyland recht geurtheilet / mit einem einigen wort nit auszudrucken / dan es heißt eigentlich aus der noth zum guten einen bringen. Siehe JEsus.

Erkändnuß gnósis, heißt bißweilen wissenschafft / bisweiln liebe / bißweilen verstand / u. klugheit / oder unterscheidende / oder guten unterscheid haltende erkäntnüß.

Epignosis aber ist eine (genaue) *innere erkäntnuß* / oder einer sach u. warheit gewisse erfahrung.

Erkennen / wissen / erfahren / inne werden / mercken / *item* lieben.

---

61 Cic. Verr 2,2,154.

Fürtrefflich / übertrefflich / sihe überflüssig
Fürstentum / *archè*, (im himmel oder auff erden) herrschafft / obrigkeit.
Geilheit / ist entweder eine ungezämte fleischeslust / oder üppigkeit in kleidern / speißen / lachen / singen u. springen / oder ein unmässiger gebrauch äußerlicher dingen / oder allzugrosse freyheit und ungebundenheit in unverbotenen mittel=dingen.[62]
Geist / siehe warheit.
Geitz / begirde viel oder mehr zu haben / u. zu behalten.
Gemeind / eine aus der welt und dem grossen hauffen heraus beruffene versamlung / *Ecclesia*.
Gerechtigkeit / recht / (zum leben / licht / libe / gnade u. gemeinschafft Gottes) *item* frommigkeit / *item* barmhertzigkeit (allmosen) *item* rechtschaffenheit / gerechtes wesen.
Gerechtmachen / von der straff / schuld u. aller anklag u. bösem gewissen / u. von der sünde selbst / absolviren u. erlößen.
Geschlecht / *Génesis*, *Matt.* 1, 1.[63] heißt auch geburt / geschicht / *item* natur. *Jac.* 3,6.[64]
Geschlecht / *Geneà*, heißt auch / (dieselbe) zeit.
Geworden / gebohren gewesen / gekommen.
Glauben / glaubig seyn / vertrauen (sich überlassen) *item* treu / glaubhafft / gehorsam seyn.
Glaube / treue / (auffrichtigkeit.)
Gottselig / gottseligkeit / *eusebeia*, heißt eigentlich wahre innere Got-

---

62 Sogenannte Adiaphora oder moralisch indifferente Sachverhalte. Viele Pietisten schränkten die Dinge, die als Adiaphora gelten sollten, stark ein.
63 Mt 1,1.
64 Jak 3,6.

tes=dienstlichkeit /
oder Gottes=vereh-
rung (bestehende in
furcht / glauben u. lie-
be / denen drey wesent-
lichen stücken des
geistlichen tempels /
darin Gott gedinet
wird.)

Gottloß / *asebès*, un=got-
tes=dienstlich /
un=gottes=verehrend /
oder der ohne wah-
ren Gottesdienst ist /
der aber den falschen
göttern mit seiner
furcht / glauben / u. liebe dinet.

Heil / sihe seligkeit.

Herrlichkeit / ehr / glorie
(glantz / zierde) Gottes
und der menschen / ist
alles das / wordurch
ihre fürtrefflichkeit be-
wiesen wird / fürnem-
lich aber ists J. C.
selbst.

Hirt sein / oder *als hirt
führen* / wayden / ist so
viel als fürst / führer
sein / *item* als regiren.

Höll / *hádes*, land oder
region der todten / oder
der geister.

Tieffer höllen=ort / *ge-
henna,* (feur=pful.)

Jn / bedeutet offt so viel
als / mit / durch / bey /
an / unter.

Kennen / sihe erkennen.

Keusch / *agnòs*, rein
(gewaschen wie ein
gewaschen schaf.)

Keuschmachen / reinigen
/ entsündigen (be-
sprengen.)

Kind / sohn.

Knab / knecht.

König / regent / regierer.

Krafft / *dynamis*, heist
bißweilen insgemein /
macht / bißweilen ins-
besonder heeresmacht
/ *Hebr. Chail.*

Kron / krantz.

Lüge / ist so viel als
schein / gemachtes bild
/ falschheit oder man-
gel der warheit d. i.
wahren wesens u.
lebens.

Mäßig / mäßigkeit / *so-
phrosyne*, bescheiden-
heit / gesunde ver-
nunfft / sittsamkeit /
zucht / *modestie*, einge-
zogenheit.

Mäßigkeit / *enkráteia*,
enthaltung.

Mild / mildigkeit / *chres-
tótes*, nützlich= mild-
thätigkeit.

Namen / autorität / ansehen / gewalt / titul / eigenschafft.

Nennen; sich nach dem herren / oder nach desen namen nennen / ist auch anrufen / oder (1) Christum für seinen einigen Herrn erkennen. (2) Jhn offentlich bekennen / u. sich seines namens nit schämen. (3) Sich ihm als sein weib u. kind ergeben u. gehorsamen. (4) Jhn so dan anrufen.

Obrigkeit / (im himmel oder auf erden) *exusía*, macht / gewalt / *potentz*.

Reich / (lese darvor allezeit königreich) heißt bißweilen / regierung.

Ruhm / *rühmen* / heißt offt freudigkeit haben / getrost sein in einer sach.

Segnen heißt entweder von GOtt / alles gute zusagen / u. zuwenden / oder von den menschen / beten / dancken / loben / gutes einem wünschen / oder von einem sagen.

Seligkeit / hülff / heil / erhaltung / so wir in GOtt durch Jesum haben / sihe *Erhalten*.

Scheuren / verwahr= eigentlicher läger=plätze / apothecken / sind so wol speiß=kammern u. wein=keller / als korn=scheuren. *Luc.* 12,16.24.[65]

Sünde hat vielerley namen / die fürnemste sind ungehorsam / unglaube / fall / abfall von Gott / darnach / ungerechtigkeit / abweichung vom gesetz / weg / ziel &c.

Tauff / *tauffen* / heist eigentlich tauchen / eintauchen / eintuncken / *baptizein*, baden / wie man in Portugall die kinder in u. unter das wasser tauchet / u. auch andrer orten biß ins VIII. *Seculum* zu thun gewohnt gewesen.

---

65 Lk 12,18.24.

Treu / glaubhafft / gläubig / gehorsam / auffrichtig; sihe glaubig.

Uberflüssig / *perissòs*, heißt offt fürtrefflich / mehr / besser / besonder / sonderlich.

Uberlegen / überlegung haben / heißt offt gedencken / *item* sich besprechen / *disputi*ren / *scrupuli*ren.

Verderben verderblich / um das leben oder seele kommen / oder bringen / vergehen / verweßen / verlohren werden / umbkommen.

Vermahnen / *parakalêin*, sihe bitten.

Vermahnen / *nuthetêin* zu gemüth führen / warnen.

Und bedeutet vieles / nemlich oder / aber / auch / doch / daß / darum / so / ja / da / dan.

Ungehorsam seyn / *apeithêin*, sich nit bereden / nit sagen laßen / nit glauben / sihe bereden.

Vollenden / vollbringen / füllen / erfüllen / vollkommen machen / *ab*solviren / gantz gerecht machen.

Wahrheit / ist offt so viel als wesen / innerliche geistes=krafft / rechtschaffenheit / entgegen gestellet der lüge / oder dem schein / dem tode / der heucheley / u. unlauterkeit / *item* den *ceremonien* u. bildern. U. so ist geist allein wahrheit. 1. *Joh* 5,6.[66] Also ist GOtt lauter wahrheit u. sein wort wahrheit / u. die aus Gott u. dem geist geboren / wandeln in wahrheit u. thun= wahrheit / u. Christus ist die wahrheit / u. der Amen / ia der könig der wahrheit. *Joh*. 18,37.[67] heißt aber bißweilen auch warhafftigkeit / auffrichtigkeit / unverfälschheit.

Welt=lauf / oder ewigkeit / eine gewisse bezirckte

---

[66] 1Joh 5,6.
[67] Joh 18,37.

lange zeit / *aeon. Seculum.*
Wort / heißt auch zu zeiten / ein ding / sach / rede / vernunfft / verstand / rechnung / weiße.

Zeit / *chrónos* heißt offt ein jahr.
Zorn / straf / rach.
Zukunfft / gegenwart (Christi.)

IV. Erläuterung der maßen / gewichten u. müntzen / die im N.T. vorkommen.[68]

I. der maßen / fließender dingen.
Bath / ist der zehende theil einer ohm / oder eines *Homers Ezech.* 45,14.[69] u. ungefehr 8. biß 9. franckfurter maß. *Luc.* 16,6.[70]
Metretes / ist eben so viel als ein *Bath* / ein eymer / *Cadus.*[71] *Joh.* 2,6.[72]
Sextarius[73] / eine kanne ist so viel als ein *Log*[74] / oder was mehr. Ein *Log* aber ungefehr so viel als ein halber schoppen / oder der vierte theil eines cabs[75] / oder einer halben Franckf[urter] wein=maße / als 6. eyerschalen / oder was mehr. Wird aber gebraucht für einen kleinen krug / oder klein mäßlein / von ungefehr 1. pfund oder 20. untzen. *Marc.* 7,4.[76]

---

68 Vgl. *Helmut Kahnt* und *Bernd Knorr*: Alte Masse, Münzen und Gewichte. Ein Lexikon, Mannheim – Wien – Zürich 1986. – Die deutschen Bezeichnungen (Maß, Eimer, Kanne, Schoppen, Unze, Malter, Sechter, Vierling, Scheffel, Meste, Simmer, Loth, Kreuzer, Heller, Ortstaler, Kaisergroschen, Säckel, Gran) finden sich auch im DWb und DWb² (dort: Eierschale als Maßeinheit).
69 Ez 45,14.
70 Lk 16,6.
71 Antikes griechisch-römisches Volumenmaß.
72 Joh 2,6 (Metretes; antikes griechisches Maß).
73 Antikes römisches Volumenmaß.
74 Antikes hebräisches Volumenmaß (Becher; Lev 14,10 u. ö.).
75 Antikes hebräisches Volumenmaß (Krug; 2Kön 6,25).
76 Mk 7.4.

II. Der maßen / trockner dingen.

Chönix[77] / ist ein mäßlein u. eines soldaten / oder taglöhners / tägliche mundportion / wie Denarius ihre geldportion. *Apoc.* 6,6[78]

Cor[79] ist so vil als *homer* / oder ungefehr ein malter / oder als 100. *Gomer* / oder als 30. *Sata*[80] / oder als 10. *Epha.*[81] *Luc.* 16,7.[82]

Modius ein korn=maß *Matth.* 5,15.[83] ist so viel ungefehr als 6. *Caben* oder halbe massen / oder als 25. *Sextarien* in sich fassen / eben so viel als ein *Seah* oder *Satum* / d. i. ohngefehr ½ mest / oder ein sechter / virling.

Seach oder *Satum*; welches man billicher / der sechter / als mit Luthero *Scheffel* hette übersetzen sollen *Matth.* 13, 33.[84] ist ungefehr der 3 oder 4. theil unsers simmers / u. machet so vil als ein *modius* oder 144. eyerschalen oder wie andre meinen / als 1½ *modius*. Davon gehen 3. auff ein *Epha* scheffel oder simmern. Ein *Epha* aber hält so viel als ein *Bath. Ezech.* 45,11.[85]

III. der gewichten.

Litra / ein klein gewicht oder pfund / *Joh.* 12,3.[86] Jst zuweilen ein gewicht von 12. assen[87] / oder einem *halben loth* / d. i. von einem

---

77 Antikes griechisch-römisches Volumenmaß.
78 Apk 6,6.
79 Hebräisches Volumenmaß (1Kön 5,2 u. ö.).
80 Saton oder Sea; griechisch-hebräisches Volumenmaß (1Kön 18,32 u. ö.); s. u.
81 Griechisches Volumenmaß.
82 Lk 16,7.
83 Mt 5,15.
84 Mt 13,33.
85 Ez 45,11.
86 Joh 12,3.
87 As, eine Bronzemünze (Mt 10,29).

gemeinen *seckel*. *Joh.* 19,39.[88]

Mna / oder *Mina* ein gemein silber=pfund / ist so schwer als 25. *seckel* des heiligthums oder 50. gemeine *seckel* d. i. als 25. *Loth* oder ungefehr als 12 u. ½ thaler. *Luc.* 19,13.[89]

Talent oder centner *Apoc.* 16,21.[90] ist so schwer als 60. pfund oder als 750. thaler / oder als 3000. seckel.

IV. Der müntzen.

Assarius / ein eintzler / ist der 10. theil eines *Denarii*, u. was mehr als 1. kr[eutzer] oder 4. unßrer heller. *Matth.* 10,29.[91]

Denarius, ein zehner / machet 10. *asses* aus. *Matth.* 20,10.13.[92] u. ist der 4. theil eines *seckels* des heiligtums / d. i. ungefehr ½ orts- thaler oder 4. keysergroschen.

Didrachma / die doppelte *drachmen* oder halbe seckel Matth. 17/24.[93] sind so vil als ein gantzer seckel / oder als 4. *denarii* / oder 1. *stater*.

Lepton / der dünneste (kleinste) pfenning / ist ungefehr ½ heller / oder so schwer als ½ gran; u. ist der 80. theil eines *denarii* / dan 2. *lepta* machen einen quadrant. Marc. 12/42.[94]

Quadrant / ist der 40. theil eines *Denarii* oder 1. pfenning eines gersten korns schwer.

Silberling / oder Silberpfennig ist ein *seckel* ein *seckel* aber ist bey den Juden zweyerley: entweder des heiligtums / u. gilt ½ thaler / oder ein gemeiner se-

---

88 Joh 19,39.
89 Lk 19,13.
90 Apk 16,21.
91 Mt 10,29.
92 Mt 20,10.13.
93 Mt 17,24.
94 Mk 12,42.

ckel u. gilt ¼ thaler. Matt. 25/15.⁹⁵

Stater / ist so vil / als 4. Denarien / oder als ein gantzer seckel des heiligtums / Matth. 17/27.⁹⁶

Talent ist zweyerley / entweder des heiligtums (oder tempels) oder ein gemein talent / u. zwar beydes entweder an gold / oder an silber. Jenes machte an gold 3000. seckel des Heiligthums d. i. 15000 thaler / aber an silber 1500 thaler. dieses machte an gold 3000. gemeine seckel d. i. 7500. thaler / aber an silber / 750. thaler Matth. 18/24. u. 25/15.18.⁹⁷

V. Erläuterung der abtheil= u. abmessungen / der zeiten / der wegen / u. andrer dingen / wie sie im N.T. vorkommen.

I. Der zeiten.

Jahre. Die Juden hatten zweyerley *neu=jahr* / das eine oder *heilige* / fingen sie an mit dem neuen licht u. *aequinoctio* (da tag u. nacht gleich) des monats *Nisan* oder mertzes. U. von da an rechneten sie ihre festtage / u. die jahre ihrer königen. Das ander bürgerliche oder *gemeine* neujahr fingen sie an mit dem neuen licht u. *aequinoctio* (da tag und nacht gleich) des monats *Tisri* oder *Septem*bers; u. von hir an rechneten sie die iahre der welt=erschaffung / weil sie dafür halten / daß in diesem monat (darin Christus muthmaßlich auch geboren worden) die welt erschaffen sey / *item* das *Sabat*= u. *iubel=iahr*. *Exod.* 12,⁹⁸ *Gal.* 4/10.⁹⁹

---

95 Mt 25,15.
96 Mt 17,27.
97 Mt 18,24; 25,15.18.
98 Ex 12,2.
99 Gal 4,10.

Monaten. Jhre monaten treffen mit den unsern nit gantz überein / sondern ihr erster monat *Nisan* oder *Abib* begreifft ein theil unsers mertzes / u. einen theil Aprils u. s. f. Die monaten fangen sie an wie die neue iahre / mit dem neuen licht; u. auf ieden *neumonden* hatten sie ein fest. 2. *Reg.* 4,23. *Col.* 2,16.17.[100]

Wochen. Jhre gemeine wochen (dann bey den Propheten gibts auch *iahr=wochen Dan.* 9,24[101]) fangen sie an mit dem ersten tag oder dem so genandten Sonntag / den sie nanten *Einen* / oder den ersten / *tag des sabbats* / nun aber den *Nazarener=tag*; u. beschlossen sie mit dem Sabbat=tag / dahero auch *Sabbat* offt eine woche heißet. *Luc.* 18,12.[102]

Tage. Der tag von morgens biß abends gerechnet / hatte bei ihnen XII. kleine stunden. *Joh* 11,9.[103] oder vier grosse stunden / deren iede drey kleine in sich begriffe. Die *werck=tage* fingen mit der sonnen aufgang an / u. endigten mit der sonnen aufgang des andern tags. *Matth.* 28,1.[104] Aber ihre *fest= u sabbat=tage* fingen an mit der sonnen untergang / da dan die nacht nit ohne geheimnuß vorgieng) und endigten mit der sonnen untergang. *Joh.* 19,31.[105]

Nacht. Die nacht theileten sie in 4. theile oder 4. grosse nacht=stunden oder *nacht=wachen* ab. *Exod.* 14,24.[106] u. wan einige sternen erscheinen am himmel / so geht die nacht bey ihnen an. Der fürst der finsternuß erscheint u. erschreckt mitten in der nacht / der Fürst des lichts aber der wahre morgenstern erscheint gegen morgen / u. um die 4. nachtwache den seinen.

---

100 2Kön 4,23; Kol 2,16.17.
101 Dan 9,24.
102 Lk 18,12.
103 Joh 11,9.
104 Mt 28,1.
105 Joh 19,31.
106 Ex 14,24.

Matth. 14,25.[107] Diese 4. nachtwachen nanten sie / *später abend / mitternacht / hahnengeschrey / morgens=früh*. *Marc.* 13,35.[108]

Stunden. Der tag hatte XII. kleine oder vier grosse stunden / wie gedacht. Diese vier grosse stunden / nemlich die 3. 6. 9. 12. zehleten sie mit dem aufgang der sonnen; wan die sonn 3. Stunde geschienen / so war es die *dritte* / u. wan es bereits 6. stunde getaget / so war es die *sechste* stunde u. s. f. *Matth.* 20, 5. 6.[109] welcher gestalt die *zwölffte* stunde im sommer ist unsre 3. nachmittag / so da langet biß 6. Der HErr JEsus ist ans creutz gebracht um die dritte stunde morgens u. gestorben um die *neunte* / die da gieng von 12. biß 3. nachmittags / um u. in welcher zeit das tägliche morgen= u. abend=opfer im tempel geschahe / u. die Juden ihre drey *betstunden* hatten. *Act.* 3,1 u. 2,15. u. 10, 9.[110]

II. Der wegen

Meile. Eine meile war bey den Juden *groß oder klein*. Die große begriff 2000. die kleine 1000. schritte. Dahergegen unsre teutsche meilen von 4000. schritten sind. Eine Römische= oder Jtalienische hält auch nur 1000. schritte in sich / dahero sie von mille 1000. den namen hat. *Matth.* 5. 41.[111]

Ein *Sabbater=weg* oder *Sabbater reise* / so weit nemlich die Juden des Sabbats über feld zu fuß gehen dorfften / machte aus 2000. ehlen[112] (die sie von ihren städten ins feld zogen / u. daselbst ein zeichen stelleten) u. also

---

107 Mt 14,25.
108 Mk 13,35.
109 Mt 20, 5–6.
110 Apg 3,1 (9. Stunde); 2,15 (3. Stunde); 10,9 (6. Stunde).
111 Mt 5,41.
112 Elle (DWb 3, Sp. 52).

ungefehr eine Jtalienische meile / oder 8. *Stadia. Act.* 1,12.[113]

Stadium heißet / entweder ein gewisser *renn=platz* oder *laufbahn* von 600. fuß oder 125. schritten lang / allwo die läufer zu fuß u. zu pferd sich übeten 1. *Cor.* 9,24.[114] oder ein *weg* von gemelter länge. *Apoc.* 14,20.[115] davon 32. auff eine teutsche meil gehen.

III. Andrer dingen.

Eine ehle / war ungefehr 2. fuß lang / u. ein fuß 12. zwerche[116] daumen. *Apoc.* 21,17.[117] Die Juden aber hatten zweyerley ehlen / eine *gemeine* / u. eine ehle des *heiligtums*; dise war noch so groß / als jene. Vergleiche 1. *Reg.* 7,15.16[118] mit 2. *Chron.* 3,15.[119]

Ein maß=stab oder *rohr=stab* war ungefehr 6. ehlen lang. *Apoc.* 21,15.[120]

VI. Erläuterung einiger Römischen Namen von ihrem Kriegs=Heer [etc]. die im N.T. vorkommen.

Chlamys war ein scharlacher *krigs=mantel* oder umwurf / welchen die Römische feld=herrn u. heerführer / *Imperatores*, gebrauchten. Matth. 27,28.[121]

Legio war ein klein corps einer armee / oder ein grosses kriegs=regiment / u. bestunde offt aus 10. *spiris, schaaren* / die da gemeiniglich zusammen bey 6000. sol-

---

113 Apg 1,12.
114 1Kor 9,24.
115 Apk 14,20.
116 Quer (der Breite nach gemessen) bei Maßbezeichnungen (DWb 32, Sp. 1084).
117 Apk 21,17.
118 1Kön 7,15.16.
119 2Chr 3,15.
120 Apk 21,15.
121 Mt 27,28.

daten / bißweiln aber auch mehr / ausmachten. Die größeste armee / so die Römer zusammen führeten / war von XII. *Legion*en / oder 72000. mann Matth. 26,53.[122]

Hauptman über 100. war über etliche *rotten* oder *manipulos*.[123] *Act.* 21,32.[124]

Oberste über 1000. war über eine schaar / *spira (cohors) Act.* 21,31.[125]

Oberste übers heer=läger Act. 28,16.[126] war wie general / feldherr / oder wie oberste über die leib=*guarde*.

Herrschafft=hauß / *herrn=hauß* / *praetorium* / war die Wohnung des *feldherrn* im lager / oder des *Keysers* / u. der *landvögten* (*proconsul*en) u. *stadthaltern* in den städten. *Joh.* 18,28. *Phil.* 1,13.[127]

Schaar / *kriegs=schaar* / *spira* (*cohors*) waren kleineres regiment / so seinen obersten über 1000. hatte. Bestund offt aus 50. *rotten* / u. mehr dan aus 1000. mann zu fuß / u. 100. zu pferd / bißweiln aus weniger rotten. Die *schaar* / die genadt wurde *Imperatoria*, oder *Sebasti* des *höchst=zuverehrenden* (*Keysers*) war wie das *leib=regiment* / oder die *leib*=guarde, *Act.* 27,1.[128]

---

122 Mt 26,53.
123 Schar, eine Drittel Kohorte (eigentlich: Bündel Heu).
124 Apg 21,32.
125 Apg 21,31.
126 Apg 28,16.
127 Joh 18,28; Phil 1,13.
128 Apg 27,1.

2. Henrich Horch:
Mystische und profetische Bibel (1712)

Mystische Und Profetische Bibel / Das ist Die gantze Heil. Schrifft / Altes und Neues Testaments / Auffs neue nach dem Grund verbessert / Sampt Erklärung Der fürnemsten Sinnbilder und Weissagungen / Sonderlich Des H. Lieds Salomons Und der Offenbarung J. C. Wie auch Denen fürnemsten Lehren / bevoraus die sich in diese letzte Zeiten schicken. – Marburg / Gedruckt bey Joh. Kürßner / Univers. Buchdr. 1712.

[Vorrede]

Gnade und Friede / Liecht und Krafft von GOtt dem Vatter in Christo Jesu durch seinen mächtigen Geist.

Geliebter Leser.

DEr Zweck / den die Arbeiter in disem Werck beäuget[1] / ist diser / daß sie in dem trägen Gemüt / worüber wir in Geistlichen Pflichten noch allesamt klagen müssen / eine neue Lust möchten erwecken zur Betrachtung des Worts des Herrn / das in disem Buch wird fürgestellet / damit es uns im dunckelen Ort diser Welt seyn möge unseres Fusses Leuchte und ein Liecht auf unserm Wege[2] / sonderlich zu disen letzten Zeiten / von denen der Mund des Herrn längst zuvor gesagt / daß die

---
1 Erg. „haben".
2 Ps 119,105.

Stunde der Versuchung kommen solle über alle die auf Erden wohnen / in welcher auch selbst die Auserwehlten schweben würden in der höchsten Gefahr der Verführung Matt. 24/24. Off. 3/10.[3] Gleichwie dan nun der Anfänger und Vollender unsers Glaubens[4] den Versucher immer abgetrieben durch das Göttliche Wort Matt. 4/4.[5] also ist auch uns zur seligen Uberwindung in der Waffenrüstung GOttes an die Hand gegeben das Schwert des Geistes / welches ist das Wort Gottes Efes. 6/17.[6] Durch welches Mittel auch insonderheit der Engel in Filadelfia errettet werden soll aus der Stunde der Versuchung / wie in angezogenem Zeugnis der Offenbarung zusehen.[7]

Damit wir aber selbiges nicht allein im Hirn und Mund sondern auch fürnemlich im Hertzen haben mögen / als worinn es allererst im Glauben gefasset / eine Krafft Gottes wird zur Seligkeit; ist man hier für allen dingen bemühet / den Buchstab des Gesetzes und der Historie[8] durch Erklärung der eusseren Schrifftbilder[9] nach dem Geist Christi auf den inneren Menschen zurichten / darum sie auch eine Mystische[10] Bibel heisset

---

3   Mt 24,24; Apk 3,10.
4   Hebr 12,2.
5   Mt 4,4.
6   Eph 6,17.
7   Apk 3,7–13.
8   Die Gesetzbücher (Thora) und Geschichtsbücher des Alten Testamentes, also ohne die poetischen und prophetischen Bücher, die in jedem Fall mystisch oder prophetisch zu verstehen waren.
9   Der geistliche Sinn des äußeren, buchstäblichen Wortlautes.
10 In der lutherischen Hermeneutik des 17. Jahrhunderts ist der „mystische" Sinn der Schrift derjenige, der sich ergibt, wenn man die erzählten historischen Fakten (Geschehnisse, Personen etc.) auf ihre allegorische Bedeutung hinterfragt; siehe *Salomo Glassius*: Philologiae Sacra […] Libris Quinque, Leipzig 1705, S. 406–408; vgl. *August Hermann Francke*: Praelectiones hermeneuticae, Halle 1717, S. 19–22 (Schriften zur Biblischen Hermeneutik II, hg. von Christian Soboth, Berlin u. a. 2018 [Texte zur Geschichte des Pietismus, II 5], S. 89–22).

/ das ist / welche den verborgenen Kern aus der Schale[11] des Buchstabs herausholet und dem begirigen zugeniessen fürleget. Wie aber dises in disem Werck / darinn man sich der Kürtze befleissen müssen / nicht bey allen Gelegenheiten hat können geschehen / oder nur mit einem Wörtlein ist angedeutet worden; so ist nötig / daß gute Seelen dises mit ihrer Andacht ersetzen. Zum Exempel wan du lisest / dass Gott im Anfang den Himmel und die Erde geschaffen / so gibt dir dises anlaß zugedencken / dass er dich / da du durch die Sünde so ein armes Gemächt[12] worden / wieder neu schaffen könne nach seiner allmächtigen Krafft: Wo sich nun dein Hertz hiezu anneiget / deinem Gott mit neuen Kräfften zu dienen / wirstu bald ausbrechen in dise und dergleichen Seuftzer: *Schaffe in mir Gott ein reines Hertz und gib mir einen neuen gewissen Geist* [etc].[13] Lisestu ferner / daß die Erde ein wüster Klump gewesen und ein finster Abgrund / bis Gott das Liecht hat heissen herfürgehen; so besinne dich / was dein natürl. Zustand für Gott sey / nemlich wie die Sünde dich und alle Adamskinder zur ungestalten Wüsteney und Abgrund der Finsternis gemacht / und preise dan seine Gnade in Christo / in welchem er wieder hat lassen aufgehen das wahre Liecht zu einem neuen Leben 2. Cor. 4/6.[14] Welches daß es auch dir zu gut leuchten möge / eben

---

11 Zum Bild vom lehrhaften Kern und der historischen Schale der Schrift siehe *August Hermann Francke*: Manuductio Ad Lectionem Scripturae S., Halle [1693] 1700, S. 1f. (Schriften Zur Biblischen Hermeneutik I, hg. von Erhard Peschke (†), Berlin u. a. 2003 [Texte zur Geschichte des Pietismus, II 4], S. 36f.).
12 Hier: Verächtliches Werk, Geschöpf (DWb 5, Sp. [3144–3149] 3146).
13 Ps 51,12; vgl. zu diesem hermeneutischen Modell, nach dem sich die biblischen Worte in der Erfahrung des frommen Einzelnen von selbst einstellen, *Markus Matthias*: „Enthusiastische" Hermeneutik im Pietismus, dargestellt an Johanna Eleonora Petersens „Gespräche des Hertzens mit GOTT" (1689), in: Pietismus und Neuzeit 17, 1991, S. 36–61.
14 2Kor 4,6.

dises erschienene Gnadenlicht dich unterweisen und züchtigen wird / mit David zu flehen: *Sende dein Liecht und deine Warheit / daß sie mich leiten und bringen zu deinem heiligen Berge und zu deinen Wohnungen* Ps. 43/3.[15] Auff solche weise wird dir die gantze H. Schrifft als eine Apotheke der edlesten Specereyen / woraus du als ein geistlicher Priester dem Herrn sein states Rauchwerck mögest bereiten und im feuer einer hertzlichen Andacht anzünden.

Ferner[16] hat man sich beflissen / beneben denen Christlichen Lehren / die der klare Buchstab dem Auffmerckenden ohne müh eindrucket / auch die fürnemsten Weissagungen nach richtiger Zeit=ordnung[17] und Anleitung gewisser Characteren zu erklären. Wie nötig dises sey / redet die Sach selbst: Sintemal unser Jesus / hochgelobt bis in Ewigkeit / sein Göttlich Zeugnis darinn findet / dass er der wahre Christus und Heiland der Welt sey / so gar daß das Zeugnis Jesu der Geist und das Leben der Weissagung ist / ohne welches sie sonst nur ein todter Cörper und blosses Geriffel[18] seyn würde Off. 19/10.[19] Uber das weiset sie auch an die Staffeln[20] zu seiner zweiten Zukunfft[21] / daß wir aus

---

15 Ps 43,3.
16 Das Folgende erläutert den Tatbestand, dass die Bibel neben den mystisch zu verstehenden Texten auch solche (Propheten, poetische Literatur) aufweist, die auf eine noch ausstehende Zukunft verweisen. Vgl. dazu *Markus Matthias*: Der Geist auf den Mägden. Zum Zusammenhang von Enthusiasmus und Geschichtsauffassung im mitteldeutschen Pietismus, in: Pietismus und Neuzeit 43, 2018, S. [69–99] 86–99.
17 Zu den Anfängen pietistischer Versuche, eine Chronologie der noch zu erwartenden biblischen Ereignisse aufzustellen, siehe *Markus Matthias*: Das pietistische Ehepaar Johann Wilhelm und Johanna Eleonora Petersen. Eine Biographie bis zur Amtsenthebung Petersens im Jahre 1692, Göttingen 1993 (Arbeiten zur Geschichte des Pietismus, 30), S. 183–193, bes. 188.
18 Gebein, Gerippe (DWb 5, Sp, 3689).
19 Apk 19,10.
20 Schritte, Grade (DWb 17, Sp. 515–524); vgl. Text 1, Anm. 12.
21 Ankunft (DWb 32, Sp. [476–483] 478); man unterscheidet drei Formen

Betrachtung der vergangenen und zukünfftigen Dinge erkennen lernen die Zeit unserer gnädigen Heimsuchung / und uns geziemend dazu schicken / damit uns der Tag des Herrn / auch mit seinen erschrecklichen Vorgerichten / die nun nach aussage aller Profeten für der Thür sind / nicht überfalle wie ein Dieb in der Nacht[22] / wie insonderheit dem Engel zu Sarden wird gedrohet.[23]

Was die genaue Ausforschung der Profetischen Characteren oder Kennzeichen für Nutzen haben in Erklärung der Weissagungen / werden die beygefügte Anmerckungen hin und wieder zeigen / sonderlich über 5. Mos. 33.[24] da die gantze Kirche Christi von Anfang bis zu Ende wird fürgestellet unter dem sinnbild der alten Patriarchen / desgleichen über Jes. 57.[25] da die falsche Kirche mit lebendigen Farben wird abgemahlet; ja über das gantze Hohe Lied durch und durch. Eine Probe hieraus sey uns / was wir lesen C. 6/8.[26] *Sechzig ist der Königinnen / und achzig der Kebsweiber / und der Jungfrauen ist keine Zahl; aber eine ist meine Taube / meine fromme; die ist die eintzige ihrer Mutter / die Auserwehlte der die sie geboren hat: Da sie die Töchter sahen / preiseten sie dieselbe selig / die Königinnen und Kebsweiber lobten sie.*

Dises geistreiche Rätzel aufzulösen / haben einige von den Kindern der Weißheit aufs andere Leben gerathen[27] / die mancherley Staffeln der Herrlichkeit da-

---

von Jesu Kommen in die Welt, nämlich seine erste Ankunft durch die Geburt, die zweite durch sein Wohnen im Herzen der Gläubigen und seine dritte durch sein Erscheinen am Ende der Zeit zum Endgericht.
22 1Thess 5,2 u. ö.
23 Apk 3,1–6.
24 Dtn 33,1–29.
25 Jes 57, 1–13.
26 Hhld 6,8f.
27 Erwägen, vorschlagen (DWb 14, Sp. 173–180, bes. 178). – „Einige Erklärer

durch zu erklären; folglich auch die vielerley staffeln der Gnade in disem Leben / mit welchen die Herrlichkeit in jenem eine proportion und Ebenmasse[28] wird haben. Nun ists zwar ohne zweifel / daß hier einiger masse gesehen werde auf Salomons Frauenzimmer[29] / den Zustand der Kirchen Christi dadurch abzubilden; es bleibet aber doch die Frage / wer die Königinnen / Kebsweiber[30] und Jungfrauen seyn? Erwegen wir nun / daß Salomo in disem Lied nicht allein die gebrechen der wahren Kirch / sondern auch die grossen Laster der falschen gar höflich bestrafe / wie etlichemal in der Erklärung[31] angemercket / so werden wir leicht annehmen / daß die *Königinnen* / so der eintzigen Braut und Tauben[32] Christi entgegen stehen / solche gemeinen[33] bemercken / die in Antichristischem Geist herschen über das Erbteil des Herrn / und mit der grossen Babylon sagen: *Jch sitze eine Königin* Off. 18/7.[34] darum auch solcher Königinnen Zahl sechzig ist / nemlich die mittelste in der Zahl des Thieres / welche ist sechshundert / sechzig / sechs Off. 13/18.[35] Mithin weisen uns die *Kebsweiber* an die Mohammedischen versam-

---

(Kinder der Weisheit) haben diese Stelle auf das Leben nach dem Tod bezogen." – Nichts ermittelt. Vgl. zu der zeitgenössischen Auslegungsgeschichte *Johann George Starke*: Synopsis Bibliothecae Exegeticae in Vetus Testamentum. Kurzgefaster Auszug Der gründlichsten und nutzbarsten Auslegungen über alle Bücher Altes Testaments […], IV. Teil Welcher enthält Die Psalmen Davids und die drey Bücher Salomonis, Leipzig 1750, S. 249f.

28 Verhältnis und Symmetrie (DWb 3, Sp. 15).
29 Hier noch als Kollektivbegriff für die Gesamtheit der Frauen eines Hauses (DWb 4, Sp. [83–87] 84f.).
30 Nebenfrau in polygamischen Strukturen (DWb 11, Sp. 375).
31 Horch sieht laut seines Kommentars im Hohen Lied (Bl. P1ʳ–Q4ᵛ) das Schicksal der wahren Kirche angezeigt.
32 Hhld 6,9 u. ö.
33 Gemeinden (DWB 5, Sp. 3220).
34 Apk 18,7.
35 Apk 13,18. Die Zahl 666 ist Symbol des Antichristen.

lungen³⁶ der Türcken / Perser / Tartarn [etc]. die gern heissen wollen ein Volck Jsmaels / aus der Hagar dem Kebsweib Abrahams gebohren³⁷ / wie die Juden genennet werden das Volck Jsrael;³⁸ So gar daß jene den Jsmael³⁹ pflegen zu nennen den Großvatter Muhammeds⁴⁰ / nit allein nach dem Fleisch sondern auch nach dem Geist / in dem sie den Jsmael nicht weniger als Abraham für einen grossen Profeten halten / und deswegen die Hagar weit über die Sarah erheben / und es für eine Ehre schätzen / von ihr den Namen der Hagarener⁴¹ zu tragen / (*a.*)⁴² welches der erste Character ist / nemlich das Geschlecht Mohammeds / die Kebsweiber daran zu kennen. Der ander ist offenbar aus ihrem Glauben / da sie JEsum⁴³ noch einiger masse kennen und lieben als den Messiam vom Himmel gesand / durch Göttliche Krafft aus einer Jungfrauen geboren; als einen Profeten und Wunderthäter / ja gar als einen Mitler im Himmel / so daß GOtt denen die an ihn glauben / gnädig sey zur Vergebung der Sünden / die Un-

---

36   Deutsche Übersetzung von „Synagoge"; gemeint sind islamische Gemeinden (vgl. DWb 25, Sp. 1039). In ähnlicher Weise wird im Protestantismus der Begriff Kirche bis ins 18. Jahrhundert für die konkrete Ortsgemeinde verwendet (DWb 11, Sp. [790–796] 795).
37   Gen 16,11–16.
38   Gen 17,19; 21,1–7; 25,26 und 32,29.
39   „Großvater" hier im Sinne von Vorvater, nämlich der sog. Nordaraber, aus deren bedeutendstem Stamm Quraiš Mohammed stammt; vgl. *Tilman Nagel*: Ismael, in: RGG⁴ 4, 2001, Sp. 262f.
40   Mohammed (gest. 632), der prophetische Stifter des Islam.
41   *Karl-Heinz Ohlig*: Hinweise auf eine neue Religion in der christlichen Literatur »unter islamischer Herrschaft«?, in: Der frühe Islam. Eine historisch-kritische Rekonstruktion anhand zeitgenössischer Quellen, hg. von Karl-Heinz Ohlig, S. 232–235.
42   „(*a.*) Hotting. Hist. Orient. Pag. 7.8.56,203." – *Johann Heinrich Hottinger*: Historia orientalis. Quae Ex Variis Orientalium Monumentis Collecta [...] Ed. posterior & auctior, charactere novo Orientali nunc primum vestita, Zürich [1651] 1660, S. 7f. 58. 203.
43   Zu Jesus im Islam siehe *Heikki Räisänen*: Jesus Christus in der Sicht des Islam, in: RGG⁴ 4, 2021, Sp. 484f.

glaubigen aber strafe in disem und jenem Leben / wie ihr Alcoran[44] selber bezeuget. *(b.)*[45] Doch aber weil sie nicht glauben / daß er um unser Sünde willen dahin gegeben und um unser Rechtfertigung willen wieder aufferwecket[46] / bleiben sie nur Kebsweiber / welche nur zur Knechtschafft / nicht aber Kinder des Reichs gebären / die mit Jsaac dem Sohn der Verheissung nicht erben können sondern mit Hagar und Jsmael werden hinausgestossen / so lange sie in solchem Unglauben bleiben.[47] Daher uns dan nicht unbekant seyn mag / was die Jungfrauen oder vielmehr Dirnen[48] seyn / nemlich die Heyden / die mit Christo nicht vermählet sind und also Gott nicht kennen / welches in der Schrifft das Merckmal der Heyden ist / Ps. 79/6.[49] Unter diese mögen wir auch wol die Juden zehlen / als von welchen der Herr selber sagt: *Lo Ammi* / sie sind nicht mein Volck Hos. 2/25.[50] So treffen auch die Zahlen fein füglich ein; Dan die Babylonischen Gemeinen[51] sind nach ihrer Menge ja wol zu rechnen als *sechzig* gegen *eins* / die kleine Heerde Christi;[52] die Muhammedischen gegen jene wie *achzig* gegen *sechzig* / endlich die Heyden gegen diese alle als eine unzehlbare Zahl / als in der grossen Tartarey[53] / in China / Jndia / Africa / America und den fernen Jnseln. So bald nun der Herr eine Ge-

---

44 Koran.
45 „*(b.) Idem ex Surata III. Pag.* 153." – Siehe *Hottinger*: Historia (wie Anm. 42), S. 153 (und folgende Seiten).
46 Röm 4,25.
47 Vgl. Röm 9,7–13; vgl. Gen 21,9–21.
48 Hier im ursprünglichen, schlichten Sinn für Mädchen (DWb 2, Sp. 1185–1188).
49 Ps 79,6.
50 Hos 2,25 (Hebräischer Wortlaut mit deutscher Übersetzung).
51 Die jüdischen Gemeinden in der Babylonischen Gefangenschaft (seit 587 v. Chr.), hier übertragen auf die in den Konfessionskirchen gefangenen Namenschristen.
52 Vgl. Lk 12,32. – Gemeint sind die wahren (pietistischen) Gläubigen.
53 Unter den Tartaren.

meine haben wird / die der ersten Apostolischen an rechtschaffener Liebe gleichet / wie eine Tochter ihrer Mutter (welches unter den sieben Gemeinen der Offenbarung Zweifels frey Filadelfia[54] ist / in welcher die erste Brüderliebe wieder komt / daß sie aufs neue ein Hertz und eine Seele werden) so wird der Herr den vorhin blinden Königinnen / Kebsweibern und Jungfrauen / die Salomo auch *Töchter* heisset / die Augen öfnen / daß sie die Braut in ihrer Schöne werden kennen und in der Gemeinschaft des Glaubens mit ihr sie selig preisen. Und das wird dan die offene Thür seyn / die Filadelfia bekomt zur Bekehrung aller Völcker unter dem Himmel / durch den Engel der das ewige Evangelium prediget Off. 3/8. C. 14/6.[55]

Von diesem grossen Heyl Gottes / das in den letzten Tagen kommen soll insonderheit auf den fleischlichen Samen Abrahams aus seinen Kebsweibern[56] / redet Jesaias noch viel klärer C. 60/6.[57] *Die menge der Camelen wird dich bedecken / die Läufer aus Midian und Efa; Sie werden aus Saba alle kommen / Gold und Weyrauch bringen und des HErrn Lob verkündigen*: Welches seine Nachkommen sind aus der Ketura 1. Mos. 25/1.[58] *Alle Heerden in Kedar sollen zu dir versamlet werden / und die Böcke Nebajoth sollen dir dienen / sie sollen auff meinem Altar geopffert werden / und ich will das Hauß meiner Herrlichkeit zieren*: Welches sind Kinder Jsmaels des Sohns der Hagar 1. Mos. 25/13.[59] deren jene so wol als diese die Lehre Muhammedes angenommen und bey einander in Arabien wohnen. Freue dich dem-

---

54 Apk 3,7–13. – Zum philadelphischen Kirchenverständnis im Pietismus siehe Text 5, Anm. 8.
55 Apk 3,8; 14,6.
56 Die nichtjüdischen, also heidnischen Völker.
57 Jes 60,6.
58 Gen 25,1.
59 Gen 25,13.

nach mit mir über dieses so schöne Erbtheil und liebliches Looß des Herrn / als die wir seine Miterben seyn werden; wie dan auch selbst im Himmel grosse Freude seyn wird über so viele Sünder / die sich zum Herrn bekehren[60] / damit es geschehe / was geschrieben stehet: *der Glaube deiner Zeit wird seyn ein Vorrath viles Heils / Weißheit und Erkäntnis; die Forcht des Herrn die wird ihr Schatz seyn* Jes. 33/5.[61] Lasset uns derwegen in der Hoffnung solcher seligen Zeit die überschwengliche Gnade und Barmhertzigkeit unsers Gottes preisen und sprechen mit den Worten des Profeten / die er uns zu dem Ende aufgezeichnet und gleichsam in den Mund gelegt hat: *Wo ist solch ein Gott wie du bist? der die Sünde vergibt und erlässet die Missethat den übrigen seines Erbtheils; der seinen Zorn nit ewiglich hält / dan er ist barmhertzig. Er wird sich unser wieder erbarmen / unsere Missethat dämpfen / und jener alle ihre Sünde in die Tiefe des Meers werfen. Du wirst dem Jacob die Treu und dem Abraham die Gnade halten / wie du unsern Vättern vorlängst geschworen hast.* Mich. 7/18.[62] Ja / Amen.

Wie dieses vorerwehnte nun die Sache selbst betrifft / die man in dieser Bibel verhandelt; so hat man auch / was die Worte angehet selbige nach dem Grund der heiligen Sprachen eingerichtet / so viel der HErr Liechts darzu verliehen / doch aber die gewöhnliche Ubersetzung an vielen Orten / da sie andere ohne Ursach geändert / mit bedacht stehen lassen / als zum Exempel Jer. 6/27.[63] *Jch habe dich zum Schmeltzer gesetzt unter mein Volck / das so hart ist; daß du ihr Wesen erfahren*

---

60 Vgl. Lk 15,7.
61 Jes 33,6.
62 Mi 7,18–20.
63 Jer 6,27.

und prüfen solst: Da den neuesten Auslegern[64] gefallen / das Wort בחון [bachon] so hier *ein Schmeltzer* wird gedeutschet / *einen Thurn*[65] zu übersetzen. Aber daß jenes und nicht dieses hier Platz finde / zeigen überflüssig die folgenden Worte: *Der Blasbalg ist verbrand / das Bley ist vom Feuer verschwunden* [etc].[66] Sihe ferner Jer. 9/6. Ezech. 22/19.[67] Wird also בחון [bachon] gesetzt vor בוחן [bochen][68] *ein Schmeltzer* / gleichwie עשוק ['aschok] an statt עשק ['oschek] *ein Freveler* Jer. 22/3. verglichen mit C. 21/12.[69] Auff welche Art auch v. 29. צרוף [zarof][70] gar füglich genommen wird vor צורף [zoref] / das abermahl ein Schmeltzer heisset; deswegen die Worte בחן [bhn] und צרף [zrf] in einerley Bedeutung beysammen stehen Jer. 9/6.[71] Es hat aber die Andersgesinten verführt das Wort מבצר [mivzar] welches *eine Vestung* bedeutet: Deswegen sie gemeinet / בחון [bachon] müsse hier nothwendig ein *Thurn* seyn / als der sich bei eine Vestung wohl schicket; da sie hergegen hätten erwegen sollen / daß dieses eine verblümte Redensart[72] sey / daß nemlich das Volck Jsrael so fest halte an seinem bösen Wesen / wie die Eiserne und Eherne Rigeln an einer Vestung; nach welcher Weise Salomo sagt; *Ein beleidigter Bruder* hält fest an seinem Zorn *als eine feste Stadt / und Zänckereyen* halten härter *dan ein Rigel am Pallast*. Spr. 18/19.[73] Welches um der

---

64 So z.B. die niederländische Statenbibel (s. Text 3 Anm. 138).
65 Turm (DWb 21, Sp. 476) = בחן.
66 Jer 6,29.
67 Jer 9,6; Ez 22,20.
68 Auf Grund des hebräischen Konsonantenbestandes können beide Wörter – je nach Vokalisierung – abgeleitet werden
69 Jer 22,3 (עשוק); vgl. Jer 21,12 (עושק). Das Beispiel dient als Beweis dafür, dass beide Vokalisierungen möglich sind.
70 Jer 6,29.
71 Jer 9,6.
72 Metaphorische Redeweise.
73 Spr 18,19.

Sprachgelehrten willen hier nicht hat müssen verschwiegen werden.

Der Herr aber gebe Gnade / daß diese unsere wenige Arbeit an seinem Wort nicht möge fruchtlos seyn beydes an unsern und anderen Seelen / damit es nicht von uns heissen möge / wie in obigem Spruch vom alten Jsrael: *Der Schmeltzer hat umsonst geschmeltzet / dan das Böse ist nicht davon geschieden; sie heissen ein verworffen Silber / dan der Herr hat sie verworffen;*[74] sondern daß vielmehr unser Glaube aus dem theuren Göttlichen Wort erwecket und gestärcket / köstlicher erfunden werde als das vergängliche Gold / das durchs Feuer bewähret[75] wird / zu Vollendung unser Heiligung in der Furcht Gottes / auch mitten im Schmeltz=Ofen der Anfechtungen; dermaleins zu gläntzen an dem Himlischen Jerusalem wie ein durchscheinend Crystallinisches Gold[76] / durchdrungen von der Herrlichkeit Gottes und vom Liecht des Lammes.[77] Welches wir von der guten Hand des Herrn über uns und andere annehmen werden als die köstlichste Belohnung unserer Müh / und seiner Gnade darum Lob sagen ewiglich. Marburg den 10. Mertz. 1712.

---

74 Jer 6,29–30.
75 Geprüft (DWb 1, Sp. 1763).
76 Apk 21,18.
77 Bezeichnung für Christus in Apk 5,12f. u. ö.

3. Johann Otto Glüsing:
Biblia Pentapla (1710–1712)

BIBLIA PENTAPLA, Das ist: Die *Bücher* der Heiligen Schrift Des Alten und Neuen Testaments / Nach Fünf= facher Deutscher Verdolmetschung / Als I. Der Römisch=Catholischen / durch *Caspar Ulenberg, Theol. Lic.* II. Der Evangelisch=Lutherischen / durch *Martin Luther, Theol. D.* III. Der Evangelisch=Reformirten / durch *Johann Piscator, Theol. Prof.* IV. Der Jüdischen / im Alten Testament / des *Joseph Athiae,* und Der Neuen / im Neuen Testament / durch *Joh. Henrich Reitzen,* V. Der Holländischen / auf Verordnung der Herren *General-Staaten.* Alle mit ihren eigenen Vorreden / und *Parallelen,* nebst kurtzen *Summarien* und dienlichen Registern. Gedruckt und verlegt durch *Hermann Heinrich Holle,* Hoch=Fürstl. Hollstein. Gottorff. *privigir*ten Buchdrucker. *Anno* MDCCXI.

[Vorbericht]

Allgemeiner Vorbericht.

Die unpartheyische Weisheit von oben / mit allen ihren guten Früchten / vermehre sich bey dem Christlichen Leser zum Wachsthum der Liebe und des Friedens in Christo JEsu / Amen!

ZUvorderst sey GOtt dem Vater und unserm HErrn JEsu Christo alle Ehre / Lob und Danck gesagt / daß wir hiemit demselben gegenwärtige *Biblia Pentapla,* oder *Fünfffache Deutsche Bibel* zum erwünschten Segen überreichen können; davon wir uns so viel mehr Gutes versprechen / jemehr dieses Werck unter mancherley

Gefahr und Widerwärtigkeit[1] gepresset / und von GOtt sonderbahr erhalten worden.

Alles was wir hienächst dem Christlichen Forscher Heiliger Schrifften Vorberichtlich in der kürtze zu vermelden haben / ist die Einricht= und Ordnung dieser *fünfffachen* Bibel / nebst derselben guten Gebrauch und Nutzen.

Es befinden sich dann alhier bey einander / die 5. führnehmste / bekandteste / und zum guten Gebrauch dienlichste *Deutsche Ubersetzungen* der gantzen *Bibel* / und zwar in folgender Ordnung:

I. Die Römisch=Catholische / durch *Caspar Ulenberg*.
II. Die Evangelisch=Lutherische / durch *D. Mart. Luther*.
III. Die Evangelisch=Reformirte / durch *Joh. Piscator*.
IV. Die Jüdische / im Alt. Testam. des *Joseph Athias*.
Die Neue / im Neuen Testam. durch *Joh. Henr. Reitz*.
V. Die Holländische / durch 6. Geistl. Reformirte / auf Verordnung der *General=Staaten*.

Von welchen Ubersetzungen (ausgenommen der *Jüdischen*) vor dem Neuen Testamente breitere Nachricht zu finden.

Allhier ist von der Jüdischen[2] nur kürtzlich zu vermelden / daß es diejenige Dolmetschung ist / welche *Joseph Athias*,[3] ein berühmter Jüdischer Buchdrucker in Amsterdam / *Anno* 1670. gar sorgfältig / aber mit *Rabbini*schen[4] Buchstaben in Deutscher Sprach zum Druck befordert;[5] nachmahls aber *Anno* 1686. nach

---

1 Nichts ermittelt.
2 Vgl. hierzu mit näheren Nachweisen die zwei Vorworte zur jüdischen Übersetzung, S. 77–108.
3 Joseph ben Abraham Athias (ca. 1635–1700), sephardisch-jüdischer Drucker, Kaufmann und Verleger in Amsterdam.
4 Hebräische Buchstaben; die dort benutzten Schriftzeichen sind etwas anders gestaltet als die moderne hebräische Quadratschrift.
5 Korrekt 1679. Es handelt sich wohl auch nicht um dieselbe Übersetzung, sondern um diejenige von Jekuthiel Blitz (siehe Anm. 144).

sorgfältiger *Correctur* und Durchsicht wieder aufgeleget / und an damahls Chur=Fürstl. Durchl. von Brandenburg / *Friederich Wilhelm*, gottseligen Andenckens / *dediciret*[6] / welcher letzten *Edition*[7] wir gefolget. Der eigentliche Ubersetzer war *Rabbi Josel* Witzenhausen;[8] welchen obbemeldter *Joseph Athias* mit grossen Kosten dazu anhielte / und das Werck durch die geschickteste Männer unter den Juden gleichfalls mit vielen Kosten *revidir*en und von Wort zu Wort untersuchen ließ: Es gründet sich aber diese Arbeit auf der Juden berühmtesten *Rabbin*en ihre *Commentari*en / daher sie zwaren in dem Punct vom Messia oder Christo / öffters vom wahren Verstande des Buchstabens abweichet / aber in den meisten andern Stellen ein gar gutes Licht dem Hebräischen Texte giebet / auch der Juden ihre *Theologie* völlig entdecket[9] / zumahlen in denen beygefügten kurtzen Erklährungen des Jüdischen Ubersetzers. Die Schreib=Art ist zwaren dem reinen Deutschen Gehör was beschwerlich / um der Juden willen aber / welchen es also fast angenehm ist / beybehalten worden. Man hat zwar noch mehr Jüdisch Deutsche Ubersetzungen der *Bibel* Altes Testam.[10] aber nach vieler Verständigen

---

6 Die Widmung an Kurfürst Friedrich Wilhelm von Brandenburg (1621–1688) mit Jahresangabe 5447 (nach der Gründung der Erde), also 1686/87 ist zu finden auf Bl. [2ʳ⁻ᵛ].
7 Ein Exemplar befindet sich in der Staatlichen Bibliothek Regensburg. Das Titelblatt ist in hebräischer Sprache (zur Übersetzung siehe S. 106–108):
‏באמשטירדם‎ [...] ‏מלשון הקודש נעתקים ולשון אשכנז נכתבים תורה נביאים וכתובים‎
‏שנת תלואה‎.
8 Josel oder Josef von Witzenhausen (gest. nach 1686), Übersetzer und Setzer des Alten Testaments ins Jiddische; siehe Norbert H. Ott: Art. „Josel, Josef", in: Neue Deutsche Biographie 10, 1974, S. 610–612.
9 Aufdeckt.
10 Zu den jüdisch-deutschen Übersetzungen des Alten Testamentes vor dem 18. Jahrhundert siehe *Wilhelm Staerk* und *Albert Leitzmann*: Die Jüdisch-Deutschen Bibelübersetzungen von den Anfängen bis zum Ausgang des 18. Jahrhunderts, Frankfurt am Main 1923. Dort S. 172–177 Beispiele aus der hier genannten Übersetzung. Vgl. *Helmut Dinse*: Die Entwicklung

Urtheil keine / die so fleißig nach dem Hebräischen gegeben als diese / und welche auch die Juden selber am höchsten *aestimir*en. Derohalben man selbige mit grossen Kosten und Fleiß aus den *Rabbini*schen Lettern abschreiben lassen[11] / und nebst ihren beygefügten zwiefachen Vorbericht / gegenwärtigem Bibel=Wercke einverleibet.

Wie hoch aber selbst die Verständigste unter den Gelehrten diese der Juden Biblische Arbeit halten / und sich derselben nutzlich bedienen / mag das einige Zeugniß des gelehrten *D. Wagenseils*,[12] im *Fürtrag seiner Anno 1699.* zu Königsberg in IV[to] gedruckten *Belehrung der Jüdischen Deutschen Schreib= und Red=Art*[13] / darthun; alwo er unter andern folgender Gestalt von Erforschung des eigentlichen Sinnes der dunckelen Schrifft=stellen im Hebräischen Grund=Texte schreibet: *Jch / wenn mir anderster erlaubet / mein eigenes Beyspiel anzuziehen / so ferne ich an einem Wort oder an einer Redens=Art gedachten Alten Testaments anstehe / nehme zuvordert das Buch* Beer Mosche,[14] *wel-*

---

des jiddischen Schrifttums im deutschen Sprachgebiet, Stuttgart 1974, S. 164–253 („Systematische Bibliographie des jüdisch-deutschen Schrifttums").

11 Es handelt sich also um eine Transkription der jidisch-deutschen Übersetzung in hebräischen Schriftzeichen in deutsche Schriftzeichen.

12 Johann Christoph Wagenseil (1633–1705), Polyhistor an der Universität Altorf.

13 *Johann Christoph Wagenseil*: Belehrung Der Jüdisch-Teutschen Red- und Schreibart. Durch welche / Alle so des wahren Teutschen Lesens kundig / für sich selbsten / innerhalb wenig Stunden / zu sothaner Wissenschaft gelangen können, Königsberg 1699, Bl. E4v. Vgl. die Besprechungen bei *Johann Gottlob Carpzov*: Critica Sacra Veteris Testamenti, Leipzig 1748, S. 757–765 und S. 766–786 (zu der Übersetzung von Blitz; s. u.) (CAPVT VIII. DE VERSIONE JUDAEORUM HEBRAEO-GERMANICA.) sowie *Jacob Siegmund Baumgarten*: Nachrichten von einer hallischen Bibliothek, Bd. 3, Halle 1749, S. 95–102 (im 14. Stück).

14 *Moses Jsaschar*: Sefer Be'er Mosheh (nach Dtn 1,5), zuerst Prag 1604/5 (Glossar zu den fünf Bücher Mose und den Schriften der fünf wichtigsten jüdischen Feste).

ches alle dunckele Redens=Arten und schwere Hebräische Wörter von Capitel zu Capitel auf Deutsch erklähret / zur Hand; und füge dem so dann der Juden Deutsche Ubersetzung der Schrifft bey; hernach schlage ich das Kimchii Radicos[15] *auf / und berahte mich folgends mit dem Chaldäischen*[16] */ Griechischen / Lateinischen und andern Dolmetschern der Schrifft / damit ich zuvorderst und für allen Dingen den eigentlichen Wort=Verstand wohl möge erlernen. – – Es füget sich mehrmalen / daß die Jüdisch=Deutsche Dolmetschung der Wörter und Auslegung eines Spruchs mir mehr zu statten komt / als alle andere* Subsidia,[17] *und daß ich mich an selbige halte / wie sie denn Wort für Wort so deutlich gibt / als es immer seyn kan / ohn bekümmert es möge gleich die Ubersetzung in der Deutschen Sprache wohl oder übel klingen.* Woraus man siehet / daß dieser in der Hebräischen Sprache für[18] vielen berühmte Mann / die Jüdisch=Deutsche Anleitung / so viel den eigentlichen Wort=Verstand betrift / mehrmahlen allen andern vorziehe / und sich daran halte; wie denn unsere meiste Wissenschafft und Muhtmassungen in der Hebräischen Sprache / von den Jüden uhrsprünglich herrühret / deren Mutter=Sprache sie ehemahls gewesen: Dahero auch viele berühmte Kirchen=Lehrer alter und jungerer Zeiten sich nicht geschämet in diesem Theil der Juden Schüler zu seyn.[19]

---

15 David (ben Josef) Kimchi (Qimchi) (1160–1235), jüdischer Grammatiker und Exeget (BBKL 3, 1992, Sp. 1483f.; Encyclopedia Judaica 10, 1001–1004). – *David Kimchi*: Sefer ha-Schoraschim (Buch der Wurzeln), ca. 1470 (Lexikon).
16 Chaldäisch meint hier Aramäisch.
17 Hilfsmittel.
18 Vor.
19 Vgl. *Philipp Jakob Spener*: Nicht von dieser Welt? Positionen eines Pietisten – Einsichten aus seinen Briefen. hg. von Markus Matthias, Leipzig 2019 (Edition Pietismustexte, 13), Brief Nr. 1, wo Spener über sein Selbststudium des Hebräischen berichtet.

Was aber die *Mysti*sche oder geheime Deutung angehet / welche in dieser Jüdischen Ubersetzung öffters zwischen zwey solche [] Absätze mit beygefüget / und vorerwehnter massen / ihre *Theologie* begreiffet / so wird sich kein Verständiger daran stossen oder ärgern / daß die Jüden / als eine eigene und von Christen abgesonderte Secte / ihren eigenen Vorurtheilen und Auffsätzen ihrer Aeltesten hierinnen alleine nachhängen / und sonderlich durch ihre finster Decke[20] Christum in seinem Zeugnis nicht sehen können. Vielmehr wird dieses den Nutzen haben / hinter der Juden Geheimnisse zu kommen / und wann zuvor an uns das Fürbild Christi[21] ihnen in die Augen leuchtet / sie eines bessern in Christlicher Liebe und Sanfftmuht zu überführen.

Solte aber jemanden / der in der Kirchen *Historie* nicht belesen ist / fremde düncken / daß solchergestalt der Juden und Christen Biblische Arbeit bey einander gefüget worden / der wisse / daß solches in der Kirche nichts neues / sondern vielmehr mit grossem Beyfall und Nutzen mehrmahlen versuchet und bewerckstelliget worden. Der Erste / unsers Behaltens / war der gottseelige / gelehrte und berühmte Kirchen=Lehrer *Origenes*,[22] Bischoff oder Aufseher der bekandten Gemeine zu *Alexandri*en / welcher ums Jahr Christi 220. biß 254. geblühet hat. Dieser wuste denen Christlichen Gemeinden Griechischer Mund=Art / welche in Secten und Rotten / um Buchstäblischer Meinung willen / sich

---

20 Vgl. 2Kor 3,14 (Decke über dem Alten Testament).
21 Vgl. Röm 8,29 (Die Christen sollen gleich sein dem Bild Christi). Dahinter steckt der (pietistische) Gedanke, dass erst die Christen wirkliche Christen werden müssen, bevor sie die Juden von ihrem Glauben überzeugen können; vgl. z. B. *Philipp Jacob Spener*: Pia Desideria, hg. von Kurt Aland, Berlin ³1964, S. 36f.
22 Origenes (185–253/4), im Blick auf seine Rechtgläubigkeit umstrittener christlich-neuplatonischer Gelehrter und Theologe. Er war nie Bischof in Alexandrien.

mehr und mehr zu trennen anfingen / nicht besser zu dienen / als daß er alle damahls verhandene Dolmetschungen des Biblisch=Hebräischen Textes samlete / und aus Mangel der Druckerey nach damahliger Weise öffters abschreiben ließ und gemein machte / welches auch so wohl auffgenommen worden / daß er unter grossem Druck und Verfolgung / dreymahl nach einander solches Werck verbessert heraus gegeben / als zum erstenmahl eine *Tetrapla*[23] oder *Vierfache* / hernach eine *Hexapla*[24] oder *Sechsfache* / endlich eine *Octapla*[25] oder *Achtfache* Bibel / davon aber theils Ubersetzungen nur Stückwerck waren. Zusammen aber waren es alle Griechische Dolmetschungen / welche der gemeine Mann als seine Mutter=Sprache verstehen und gebrauchen kunte: Also war zuvordert dabey der *LXX.*[26] Dolmetschung ihre bekandte Arbeit / deren sich unser HErr Christus mit den Aposteln bedienet / und wehrt wäre / daß sie besonders in Deutscher Sprache übergesetzet wurde; hernacher hatte *Origenes* des *Aquilae*[27] eines Juden Ubersetzung mit zu seinem Wercke genommen; ferner des *Symmachi*,[28] gleichfals eines Ju-

---

23 Die nicht erhaltene Tetrapla enthielt die Übersetzungen von Aquila, Symmachus, der Septuaginta und Theodotion.
24 Die nur in Bruchstücken überlieferte Hexapla ist eine mehrsprachige Synopse des alttestamentlichen Textes in sechs Spalten mit dem Ziel, die Übereinstimmung des griechischen Septuaginta-Textes des Alten Testamentes mit dem hebräischen zu erweisen oder entsprechend zu korrigieren. In den sechs Spalten befanden sich der hebräische Text in hebräischer Konsonantenschreibweise, dessen Transkription in das griechische Buchstabensystem, die griechische Übersetzung Aquilas, Symmachus', Origenes' Septuaginta und die griechische Übersetzung des Theodotion.
25 Die Octapla ist kein eigenes Werk des Origenes, sondern eine Ergänzung der Hexapla in späterer Zeit mit lateinische Ausgaben.
26 Septuaginta (siehe Anm. 136).
27 Aquila (1./2. Jh.) übersetzte die hebräische Bibel wortwörtlich neu ins Griechische.
28 Symmachus (spätes 2. Jh.), ein Anhänger der jüdisch-christlichen Sekte der Ebioniten, übersetzte die hebräische Bibel ins Griechische.

den; viertens des *Theodotionis*²⁹ eines Christen / welchen einige zum Ketzer machen wollen. Die übrigen Dolmetscher der Bibel *Origenis* sind unbekandt / und werden theils vor Christen / theils vor Juden gehalten.

Aus welchem allen zu ersehen / daß dergleichen Arbeit nicht allein vorhin geschehen / sondern auch würdig geachtet / daß es mehrmahlen wiederholet worden; wie denn noch auf den heutigen Tag von den Gelehrten beklaget wird / daß solche treffliche Arbeit *Origenis* verlohren gangen. Es sind aber nachhero die *Biblia Polyglotta*,³⁰ oder Bibeln von unterschiedlichen Sprachen / vielfältig an solcher Stelle nützlich gesetzet / damit jedoch denen Sprach=kündigen nur allein gedienet worden.

Was hiernächst anbelanget den guten Gebrauch und Nutzen dieser *Biblia Pentapla*, so verhoffet man / sie werde allen die nur in Heil. Schrifft einiger massen geübete Sinne haben / zuvordert *zum rechten Wort=Verstande* ein gar bequemes Hülffmittel seyn. Denn im Fall von einer Ubersetzung irgendwo die rechte Deutung des Grund=Worts übersehen worden / so kan man gleich gegen über bey denen andern sich Rahts erholen. Ja obschon die eine Dolmetschung den Verstand wohl ausdrucket / so geben doch die andern solchem noch mehr Licht / durch ihre deutsche *Synonyma*, oder gleichgültige³¹ Wörter. Wolte aber jemand einwenden / wie ein Ungelährter bey unterschiedlichen offt gegeneinander lauffenden Meinungen wissen könne / welches nun die rechte Deutung sey? So dienet hierauf zur Ant-

---

29 Theodotion (2. Jh.), jüdisch-hellenistischer Gelehrter, übersetzte die hebräische Bibel ins Griechische.
30 Mehrsprachige Bibel, in denen also Bibelübersetzungen unterschiedlicher Sprachen nebeneinander gestellt werden, z. B. eine hebräische, griechische und lateinische Übersetzung.
31 Wörtlich zu verstehen im Sinne von synonym.

wort / daß diese Bibel für Christen ist / die allerdings vom ersten bis zum letzten prüfen können und sollen / was dem Glauben ähnlich[32] sey oder nicht / da auch der Apostel ermahnet / die Geister zu prüfen / ob sie aus GOtt seyn.[33] Jst aber jemand noch ein *Catechumenus*, oder der die ersten Buchstaben des Christlichen Glaubens lernet / so hat ein solcher / GOtt Lob / zu dieser Zeit überflüßige[34] Gelegenheit / sich in einer einfachen Bibel auf das einfältigste zu erbauen / so lange bis er tieffer zu forschen Lust und Gelegenheit erlanget. Kommen aber alhier geringe Sachen für / die den Glaubens= Grund nicht hindern / so hat ein jeglicher Macht / nach dem Maaß seines Erkäntnisses[35] / dasjenige zu erwählen / was ihme am erbaulichsten düncket; da er denn bey mehrerer Erleuchtung und Einsicht nachhero in der rechten Wahrheit immer besser wird befestiget werden.

Ferner dienet auch dieses Biblische Werck dazu / daß man einer jeden Parthey ihren Glaubens=Grund und Einsicht daran gründlich erkennen und prüfen kan. Welches sich Theils an denen Ubersetzungen selbst / Theils auch an denen Nachweisern (*locis parallelis*) deutlich genug zeigt; und den guten Nutzen hat / daß man in der Wahrheit tieffer unterrichtet und mehr und mehr befestiget wird / auch geübte Sinne erlanget alles zu prüfen und das Gute zu behalten.[36] Wie denn auch die vielerley Nachweiser zum Buchstäblichen Verstande / dem sorgfältigen Untersucher grosses Licht geben werden.

---

32 Vgl. Röm 12,6 (sog. *Analogia fidei*).
33 1Joh 4,1.
34 Mehr als genug.
35 Erkenntnis als Neutrum (DWB 3, Sp. 869).
36 1Thess 5,21; insbesondere bei konfessionskritischen Pietisten beliebte Bibelstelle, um das Recht auf ein eigenes Urteil über christliche Lehren zu begründen. Vgl. *Hans-Jürgen Schrader*: Literaturproduktion und Bü-

Folglich wird auch unter Göttlichen Seegen diese Arbeit zum Frieden und zur Einigkeit in Christo / dazu wir von GOtt beruffen sind / gereichen; Gleich wie jener Altar zwischen dem Jsrael dis= und jenseits des Jordans / nicht zum Opffer noch zum Brand=Opffer / sondern ihnen dazu dienete / daß er ein *Zeuge* war zwischen ihnen / daß sie einen GOtt und HErren fürchteten und ehreten; und daß niemand zum andern sagen solte: Jhr habt kein Theil an dem HErren! Jos. 22/27.[37]

Weiter locket auch die Liebe Christi alhier Schrifftlich / wie dorten mündlich[38] / das Jüdische Volck unter seine Flügel / daß sie die finstere Decke[39] ihrer Menschlichen Aufsätze erkennen und weg thun / und so wohl im Buchstaben als im seeligen Schauen Christum ihren Meßiam finden und im Geist und Wahrheit dienen mögen.

Uberhaupt und schließlich haben wir die Christliche Hoffnung / es werde *diese Fünfffache Biblische Verbindung* zum Preise des Einigen grossen GOttes / zum Wachsthum des wahren Christenthums / zur Aufnahme der Brüderlichen und allgemeinen *Liebe* und *Eintracht* / und zur Vermehrung des Christlichen Glaubens beförderlich / und also im HErren nicht vergeblich seyn.

Was endlich noch vor einer jeglichen Dolmetschung ins besondere Vorberichtlich zur guten Einsicht dienen möchte / mag Theils beym Neuen Testamente / Theils auch aus nächstfolgenden Vorreden der Dolmetscher / umständlicher erkandt werden.

Womit wir dem Biblischen Liebhaber allen Göttlichen Seegen und Gedeyen unter der Herrschafft JEsu aner-

---

chermarkt des radikalen Pietismus, Göttingen 1989 (Palaestra, 283), S. 385f.
37 Jos 22,25–27.
38 Mt 23,37 par.
39 Vgl. 2Kor 3,14–16.

wünschen / und seiner Christlichen Liebe und Fürbitte
alle Beförderer dieser Biblischen Arbeit empfehlen. Der
Friede JEsu Christi sey mit allen. Amen!

—

NB. Weilen man bey der *Catholischen Ubersetzung*
keine Vorrede gefunden / als wird der Christliche Leser
zum Vorbericht des Neuen Testaments verwiesen / alwo
eine kurtze Historische Nachricht dieser Dolmetschung
zu finden.

D. Mart. Lutheri Vorrede seiner Ubersetzung des Alten Testaments:[40]

DAs Alte Testament halten etliche gering / als das dem
Jüdischen Volck allein gegeben / und nun fort aus sey /
und nur von vergangenen Geschichten schreibe / meynen / sie haben gnug am Neuen Testament / und geben
fur eitel geistliche Sinn im Alten Testament zu suchen:
Wie auch Origenes[41] / Hieronymus[42] vnd viel hoher
Leute mehr gehalten haben. Aber Christus spricht:
Joh. 5/39.[43] Forschet in der Schrifft / denn dieselbige
giebt Zeugniß von mir. Und S. Paulus gebeut Timotheo:
1Tim. 4/13.[44] Er sol anhalten mit lesen in der Schrifft.
Und rühmet / Rom. 1/2. wie das Evangelium sey von
GOTT in der Schrifft verheissen. Und 1 Cor. 15/3.[45] saget er: Christus sey / nach laut der Schrifft / von Davids

---

[40] Die hier abgedruckte Vorrede stimmt, sofern nicht anders angegeben, textlich mit derjenigen Luthers in der Bibelübersetzung von 1523 überein. Nur einige Bibelstellenangaben und alle Versangaben wurden gegenüber der Ausgabe von 1523 hinzugefügt.
[41] S. Anm. 22.
[42] Hieronymus (348/9–420), lateinischer Kirchenvater, Übersetzer der Bibel ins Lateinische (Vulgata).
[43] Joh 5,39.
[44] 1Tim 4,13.
[45] 1Kor 15,3.

Geblüt kommen / gestorben / und vom Tod aufferstanden. So weiset uns auch S. Petrus mehr denn einmahl hinter in die Schrifft / 2Petr. 1/19. c. 3/15.[46] Damit sie uns je lehren / die Schrifft des Alten Testaments nicht zu verachten / sondern mit allem Fleiß zu lesen / weil sie selbst das Neue Testament so mächtiglich gründen und bewähren durchs Alte Testament / und sich darauff beruffen. Wie auch S. Lucas Act. 17/11.[47] schreibet / daß die zu Thessalonich täglich forschten die Schrifft / ob sichs so hielte / wie Paulus lehrete? So wenig nun des Neuen Testaments Grund und Beweisung zu verachten ist / so theuer ist auch das Alte Testament zu achten. Und was ist das Neue Testament anders / denn eine öffentliche Predigt und Verkündigung von Christo / durch die Sprüche im Alten Testament gesetzet / und durch Christum erfüllet.

Daß aber diejenigen / so es nicht besser wissen / eine Anleitung und Unterricht haben / nützlich drinnen zu lesen / habe ich diese Vorrede nach meinem Vermögen / so viel mir GOtt gegeben / gestellet. Bitte und warne treulich einen jeglichen frommen Christen / daß er sich nicht stosse an der einfältigen Rede und Geschichte / so ihm offt begegnen wird / sondern zweiffle nicht dran / wie schlecht es immer sich ansehen lässet / es seyen eitel Worte / Wercke / Gerichte und Geschichte der hohen Göttlichen Majestät / Macht und Weisheit. Denn diß ist die Schrifft / die alle Weisen und Klugen zu Narren macht / und allein den Kleinen und Albern offen stehet / wie Christus sagt / Matth. 11/25.[48] Darum laß dein Dünckel und Fühlen fahren und halte von dieser Schrifft / als von dem allerhöhesten / edelsten Heilig-

---

46 2Petr 1,19; 3,15 (recte wohl 3,1–5).
47 Apg 17,11.
48 Mt 11,25.

thum / als von der allerreichesten Fundgrube / die nimmer gnug ausgegründet werden mag / auff daß du die Göttliche Weisheit finden mögest / welche GOtt hie so alber und schlecht fürleget / daß er allen Hochmuth dämpfe. Hie wirst du die Windeln und die Krippen finden / da Christus innen liegt / dahin auch der Engel die Hirten weiset / Luc. 2/12.[49] Schlecht und geringe Windel sind es; Aber theuer ist der Schatz / Christus / der drinnen liegt. So wisse nun / daß diß Buch ein Gesetzbuch ist / das da lehret / was man thun und lassen soll / und daneben anzeiget Exempel und Geschichte / wie solche Gesetze gehalten oder übertreten sind. Gleich wie das Neue Testament ein Evangelium oder Gnadenbuch ist / und lehret / wo mans nehmen soll / daß das Gesetz erfüllet werde. Aber gleich wie im Neuen Testament / neben der Gnaden=Lehre / auch viel andere Lehren gegeben werden / die da Gesetz und Geboth sind / das Fleisch zu regieren / sintemal in diesem Leben der Geist nicht vollkomen wird / noch eitel Gnade regieren kan. Also sind auch im Alten Testament / neben den Gesetzen / etliche Verheissungen und Gnadensprüche / damit die heiligen Väter und Propheten unter dem Gesetz im Glauben Christi / wie wir / erhalten sind. Doch wie des Neuen Testaments eigentliche Hauptlehre ist / Gnade und Friede durch Vergebung der Sünden in Christo verkündigen / also ist des Alten Testaments eigentliche Haupt=Lehre / Gesetz lehren / und Sünde anzeigen / und Gutes fordern. Solches wisse im Alten Testament zu warten.

UNd das wir zuerst auff Moses Bücher kommen / der lehret in seinem ersten Buch / wie alle Creaturen geschaffen sind / und daß seines Schreibens meiste Ursach ist / wo die Sünde und der Tod herkomen sey / nemlich

---

49 Lk 2,12.

durch Adams Fall / aus des Teufels Boßheit / Gen. 3/4.[50]
Aber bald darauff / ehe denn Moses Gesetz kömmt /
lehret er woher die Hülffe wieder kommen solt / die
Sünde und Tod zu vertreiben / nemlich / nicht durch
Gesetz noch Eigenwerck / weil noch kein Gesetz war /
sondern durch des Weibes Saamen / Christum / Adam
Gen. 3/15, und Abraham Gen. 12/3.[51] verheissen. Auff
daß also der Glaube von Anfang der Schrifft durch und
durch gepreiset werde / über alle Wercke / Gesetz und
Verdienst. Also hat das erste Buch Mose fast eitel Exempel des Glaubens und Unglaubens / und was Glaube
und Unglaube für Früchte tragen / und ist fast ein
Evangelisch Buch.

Darnach im andern Buch / da die Welt nun voll und
in der Blindheit versuncken war / daß man schier nicht
mehr wuste / was Sünde war / oder wo Tod herkommen
sey / bringet GOtt Mosen herfür mit dem Gesetz / und
nimt ein besonders Volck an / die Welt an ihnen wieder
zu erleuchten / und durchs Gesetz die Sünde wieder zu
eröffnen: Und verfasset also das Volck mit allerley Gesetzen / und sondert sie von allen andern Völckern:
Lässet sie eine Hütte[52] bauen / und richtet einen Gottesdienst an / bestellet Fürsten und Amt=Leute / und
versorget also sein Volck / beyde mit Gesetzen und Leuten / auffs aller feinest / wie sie beyde leiblich für der
Welt / und geistlich für GOtt / sollen regieret werden.

Jm dritten Buch wird insonderheit das Priesterthum verordnet mit seinen Gesetzen und Rechten /
darnach die Priester thun / und das Volck lehren sollen.
Da siehet man / wie ein priesterlich Amt nur um der
Sünde willen wird eingesetzet / daß es dieselbige sol

---

50 Gen 3,4.
51 Gen 3,15 (sog. Protevangelium); 12,3.
52 Die Stiftshütte (Ex 33,7 u. ö.) als der Ort, wo Gott unter dem Volk in besonderer Weise gegenwärtig sein wollte, Ort des Gottesdienstes.

dem Volck kund machen / und für GOtt versöhnen. Also / daß all sein Werck ist / mit Sünden und Sündern umbgehen. Derohalben auch den Priestern kein zeitlich Gut gegeben / noch leiblich zu regieren befohlen oder zugelassen wird / sondern allein des Volcks zu pflegen in den Sünden / ihnen zugeeignet wird.

Jm vierten / da nu die Gesetze gegeben / Priester und Fürsten eingesetzt / die Hütte und Gottesdienst angericht / und alles bereit ist / was zum Volck GOttes gehöret / hebt sich das Werck und Ubung an / und wird versucht / wie solche Ordnung gehen und sich schicken wil. Darumb schreibt dasselbige Buch von so viel Ungehorsam und Plagen des Volcks. Und werden etliche Gesetze erkläret und gemehret. Denn also findet sichs allezeit / daß Gesetze bald zu geben sind: Aber wenn sie sollen angehen / und in den Schwang kommen / da begegnet nichts mehr denn eitel Hinderniß / und wil nirgend fort / wie das Gesetz fordert. Daß diß Buch ein mercklich Exempel ist / wie gar es nichts ist mit Gesetzen die Leute fromm zu machen / sondern wie S. Paulus sagt: Daß Gesetz nur Sünde und Zorn anrichte / Rom. 4/15.[53]

Jm fünfften / da nun das Volck um seinen Ungehorsam gestrafft ist / und GOtt sie mit Gnaden ein wenig gelocket hatte / daß sie aus Wohlthat / da er ihnen die zwey Königreiche[54] gab / beweget wurden / sein Gesetz mit Lust und Liebe zu halten / wiederholet Moses das gantze Gesetz mit allen Geschichten / so ihnen begegnet war / (ohn was das Priesterthum betrifft) und erkläret also von neuem an alles / was beyde zum leiblichen und geistlichen Regiment eines Volcks gehört. Daß also

---

53 Röm 4,15.
54 Israel und Juda, die beiden Königreiche nach dem Tod Salomos (926 v. Chr.).

Mose / wie ein vollkommener Gesetzlehrer / allenthalben seinem Amt gnug thät / und das Gesetz nicht allein gäbe / sondern auch dabey wäre / da mans thun solt / und wo es fehlet erkläret / und wieder anrichtet. Aber diese Erklärung im fünfften Buch hält eigentlich nichts anders innen / denn den Glauben zu GOtt / und die Liebe zum Nächsten / denn dahin gelangen alle Gesetze GOttes. Darum wehret Mose mit seinem erklären alle dem / das den Glauben an GOtt verderben mag / bis hinan in das 20. Capitel / und alle dem das die Liebe hindert / bis an des Buchs Ende.

Hiebey ist nun zu mercken auffs erste / daß Mose das Volck so genau mit Gesetzen verfasset / daß er keinen Raum lässet der Vernunfft irgend ein Werck zu erwählen oder eigenen Gottesdienst erfinden. Denn er lehret nicht allein GOtt fürchten / trauen und lieben / sondern gibt auch so mancherley Weise äusserliches Gottesdiensts / mit opfern / geloben / fasten / casteyen / [etc]. daß niemand Noht sey / etwas anders zu erwählen. Jtem / er lehret auch pflantzen / bauen / freyen / streiten / Kinder / Gesinde und Hauß regiren / kauffen und verkauffen / borgen und lösen / und alles was äusserlich und innerlich zu thun sey. So gar / daß etliche Satzungen gleich närrisch und vergeblich anzusehen sind. Lieber / warum thut GOtt das? Endlich darum / er hat sich des Volcks unterwunden / daß es sein eigen seyn solt / und er wolt ihr GOtt seyn / darum wolt er sie also regieren / daß alle ihr Thun gewiß wäre / daß es für ihm recht wäre. Denn wo jemand etwas thut / da GOttes Wort nicht zuvor auff gegeben ist / das gilt für GOtt nicht / und ist verlohren. Denn er verbeut auch im 5 Buch Cap. 4/2. Cap. 12/32. daß sie nichts sollen zuthun zu seinen Gesetzen. Und im Cap. 12/8.[55]

---

55 Dtn 4,2; 12,32; Dtn 12,8.

spricht er: Sie sollen nicht thun / was sie recht dünckte. Auch der Psalter und alle Propheten drob schreyen / daß das Volck gute Wercke thät / die sie selbs erwählten und von GOtt nicht gebohten waren. Denn er wil und kans nicht leyden / daß die Seinen etwas fürnehmen zu thun / das er nicht befohlen hat / es sey wie gut es immer seyn kan / denn Gehorsam ist aller Wercke Adel und Güte / der an GOttes Wort hanget. Weil denn nun diß Leben nicht kan ohn äusserlichen Gottesdienst und Weise seyn / hat er ihnen fürgelegt solch mancherley Weise / und mit seinem Geboht verfasset / auff daß / ob sie ja müsten oder auch wolten GOtt irgend einen äusserlichen Dienst thun / daß sie dieser einen angriffen / und nicht ein eigenen erdächten / damit sie gewiß und sicher wären / daß solch ihr Werck in GOttes Wort und Gehorsam gienge. Also ist ihnen allenthalben gewehret / eigner Vernunfft und freyen Willen zu folgen / gutes zu thun / und wohl zu leben / und doch übrig gnug / Raum / Städte / Zeit / Person / Werck und Weise bestimmt / und fürgeleget / daß sie nicht klagen dürffen / noch frembder Gottesdienst Exempel nachfolgen müssen.

Auffs ander ist zu mercken / daß die Gesetz dreyerley Art sind. Etliche die nur von zeitlichen Gütern sagen / wie bey uns die Käyserlichen Gesetz thun. Diese sind von GOtt allermeist um der Bösen willen gesetzt / daß sie nichts ärgers thäten. Darum sind solche Gesetze nur Wehr=Gesetze / mehr denn Lehr=Gesetze. Als da Mose gebeut / ein Weib mit einen Scheidebrieff von sich zu lassen / Deut. 24/1.[56] Jtem / daß ein Mann sein Weib mit einem Eyfer=Opfer treiben / Num. 5/14.[57] und andere Weiber mehr nehmen mag / Deut. 25/5.[58] Sol-

---

56 Dtn 24,1.
57 Num 5,14.
58 Dtn 25,5.

ches sind alles weltliche Gesetze. Etliche aber sind / die von äusserlichem GOttesdienst lehren / wie droben gesagt ist. Uber diese beyde nun gehen die Gesetze vom Glauben und von der Liebe / also / daß alle andere Gesetze müssen und sollen ihre Maaß haben vom Glauben und von der Liebe / daß sie gehen sollen / wo ihre Wercke also gerathen / daß sie nicht wider den Glauben und die Liebe gehen: Wo sie aber wieder den Glauben und die Liebe gerathen / sollen sie schlecht ab seyn. Daher lesen wir / daß David den Mörder Joab nicht tödtet / so er doch zweymal den Todt verdienet hatte / 2 Sam. 3/27. c. 20/10. und 2 Sam. 14/11.[59] gelobet er dem Weibe von Thecoa / ihr Sohn solle nicht sterben / ob er wol seinen Bruder erwürget hatte. Jtem / Absalom tödtete er auch nicht / 2 Sam. 14/21.[60] Jtem / er selbst / David aß von dem heiligen Brot der Priester / 1 Sam. 21/7.[61] Jtem / Thamar meinet / der König möchte sie geben Amnon ihrem Stieffbruder zur Ehe / 2 Sam. 13/13.[62] Aus diesen und der gleichen Geschichten siehet man wohl / daß die Könige / Priester und Obersten haben offt frisch ins Gesetz gegriffen / wo es der Glaube und die Liebe haben gefodert. Daß also der Glaube und die Liebe sol aller Gesetz Meisterinn seyn / und sie alle in ihrer Macht haben. Denn sintemal alle Gesetze auf den Glauben und Liebe treiben / sol keines nicht mehr gelten / noch ein Gesetz seyn / wo es dem Glauben oder der Liebe wil zu wider gerathen. Derohalben irren die Jüden noch heutiges Tages fast sehr / daß sie so strenge und hart über etlichen Gesetzen Mose halten / und viel ehe Liebe und Friede liessen untergehen / ehe sie mit uns essen und trincken / oder dergleichen thäten / und

---

[59] 2Sam 3,27; 20,10; 2Sam 14,11.
[60] 2Sam 14,21.
[61] 1Sam 21,5–7.
[62] 2Sam 13,13.

sehen des Gesetzes Meynung nicht recht an. Denn dieser Verstand ist von nöthen allen / die unter Gesetzen leben / nicht allein den Jüden. Den also saget auch Christus Matth. 12/11.[63] daß man den Sabbath brechen möcht / wo ein Ochs in eine Grube gefallen war / und ihm heraus helffen / welches doch nur eine zeitliche Noht und Schaden war. Wie vielmehr sol man frisch allerley Gesetz brechen / wo es Leibes=Noht fodert / so anders dem Glauben und der Liebe nichts zuwider geschicht. Wie Christus sagt: daß es David gethan hat / da er die heiligen Brot aß / Matth. 12/4.[64] Was ist aber daß Moses die Gesetze so unordig untereinander wirfft? Warum setzet er nicht die Weltlichen auff einen Hauffen / die geistlichen auch auff einen Hauffen / und den Glauben und Liebe auch auff einen? Dazu wiederholet er zuweilen ein Gesetz so offt / und treibet einerley Worte so vielmal / daß gleich verdrossen ist zu lesen und zu hören? Antwort: Mose schreibet / wie sichs treibet / daß sein Buch ein Bild und Exempel ist des Regiments und Lebens. Denn also gehet es zu / wenn es im Schwang gehet / daß jetzt diß Werck / jetzt jenes gethan sein muß. Und kein Mensch sein Leben also fassen mag / (so es anderst Göttlich seyn sol) daß er diesen Tag eitel geistlich / den andern eitel weltlich Gesetze übt / sondern GOtt regieret also alle Gesetze unter einander / wie die Sterne am Himmel / und die Blumen auff dem Felde stehen / daß der Mensch muß alle Stunde zu jeglichem bereit seyn / und thun / welches ihm am ersten fur die Hand kömmt / also ist Mose Buch auch unter einander gemenget. Daß er aber so fast treibet / und offt einerley wiederholet / da ist auch seines Amts Art angezeiget. Denn wer ein Gesetz=Volck

---

[63] Mt 12,11 (Schaf); Lk 14,5 (Ochse).
[64] Mt 12,4.

regieren sol / der muß immer anhalten / immer treiben / und sich mit dem Volck / wie mit Eseln bleuen.⁶⁵ Denn kein Gesetzwerck gehet mit Lust und Liebe abe: Es ist alles erzwungen und abgenöthiget. Weil nun Mose ein Gesetzlehrer ist / muß er mit seinem Treiben anzeigen / wie Gesetzwercke gezwungene Werck sind / und das Volck müde machen / biß es durch solch Treiben erkenne seine Kranckheit und Unlust zu GOttes Gesetz / und nach der Gnade trachte / wie folget.

Auffs dritte / ist das die rechte Meynung Mose / daß er durchs Gesetz die Sünde offenbare / und alle Vermessenheit menschliches Vermögens zu schanden mache. Denn daher nennet ihn S. Paulus Gal. 2/19.⁶⁶ einen Amtman der Sünde / und sein Amt ein Amt des Todes / 2 Cor. 3/6. und Rom. 3/20. und Cap. 7/7.⁶⁷ spricht er: Durchs Gesetze kommt nicht mehr den Erkäntniß der Sünde. Und Rom. 3/20.⁶⁸ durchs Gesetzes Werck wird niemand fromm für GOtt. Denn Mose kan durchs Gesetz nicht mehr thun / weder anzeigen / was man thun und lassen sol / aber Krafft und Vermögen solches zu thun und zu lassen / giebt er nicht / und läßt uns also in der Sünde stecken. Wenn wir denn in der Sünde stecken / so dringet der Tod alsbald auff uns / als eine Rache und Straffe uber die Sünde. Daher nennet S. Paulus die Sünde des Todes Stachel / 1Cor. 15/56.⁶⁹ daß der Tod durch die Sünde alle sein Recht und Macht an uns hat. Aber wo das Gesetz nicht wäre / so wäre auch keine Sünde / Rom. 4/15.⁷⁰ Darum ists alles Mose Amt schuld / der reget und rüget die Sünde durchs Gesetz /

---

65 Sich herumschlagen, plagen, abmühen (DWb 2, Sp. 111–112).
66 Gal 3,19.
67 2Kor 3,6; Röm 3,20; 7,7.
68 Röm 3,20.
69 1Kor 15,56.
70 Röm 4,15.

so folget der Tod auff die Sünde mit Gewalt. Daß Mose Amt billig und recht ein Amt der Sünde und des Todes von S. Paulo genennet wird / 2 Cor. 3/6.[71] Denn er bringet nichts auf uns durch sein Gesetzgeben / denn Sünde und Tod. Aber doch ist solch Sünden=Ampt und Tod=Ampt gut und fast von nöthen / denn wo GOttes Gesetz nicht ist / da ist alle menschliche Vernunfft so blind / daß sie die Sünde nicht mag erkennen / (Rom. 3/20. c. 8/7.8.)[72] denn keine menschliche Vernunfft weiß / daß Unglaube an GOtt verzweifelnde Sünde sey: Ja sie weiß nichts davon / daß man GOtt glauben und trauen sol: Gehet also dahin in ihrer Blindheit verstockt / und fühlet solche Sünde nimmermehr. Thut dieweil sonst etwa gute Wercke / und führet ein äusserlich ehrbar Leben. Da meynet sie denn / sie stehe wohl / und sey der Sachen gnug geschehen. Wie wir sehen an den Heyden und Heuchlern / wenn sie auff ihr bestes leben. Jtem / so weiß sie auch nicht / daß böse Neigung des Fleisches / und Haß wieder die Feinde / Sünde sey / sondern weil sie siehet und fühlet / daß alle Menschen so geschickt sind / achtet sie solches für natürlich und recht gut Ding / und meynet / es sey gnug / wenn man nur äusserlich den Wercken wehret. Also gehet sie dahin und achtet ihre Kranckheit für Stärcke / ihre Sünde für Recht / ihr Böses für gut / und kan nicht weiter. Siehe / diese Blindheit und verstockte Vermessenheit zu vertreiben / ist Mose Ampt noth. Nun kan er sie nicht vertreiben / er muß sie offenbahren und zu erkennen geben. Das thut er durchs Gesetz / da er lehret / man solle GOtt fürchten / trauen / glauben und lieben. Dazu keine böse Lust noch Haß zu einigem Menschen tragen oder haben. Wenn nun die Natur solches recht

---

71 2Kor 3,6.
72 Röm 3,20; 8,7.8.

höret / so muß sie erschrecken / denn sie findet gewiß weder Trauen noch Glauben / weder Furcht noch Liebe zu GOtt. Jtem / weder Liebe noch Reinigkeit gegen dem Nächsten / sondern eitel Unglauben / Zweiffeln / Verachtung und Haß zu GOtt / und eitel bösen Willen und Lust zum Nächsten. Wenn sie aber solches findet / so ist der Tod alsobald für Augen / der solchen Sünder fressen / und in die Hölle wil verschlingen. Sihe / das heist den Todt durch die Sünde auf uns bringen / und durch die Sünde uns tödten. Das heißt durch das Gesetz die Sünde regen / und für die Augen setzen / und alle unser Vermessenheit in ein Verzagen und Zittern und Verzweiffeln treiben / daß der Mensch nicht mehr kan thun / denn mit den Propheten schreyen: Jch bin von GOtt verworffen! (Esa. 49/14.)[73] oder / wie man auff Deutsch saget: Jch bin des Teufels / ich kan nimmermehr selig werden. Das heisset recht in die Hölle geführet. Das meynet S. Paulus mit kurtzen Worten: (1 Cor. 15/55.)[74] Der Stachel des Todes ist die Sünde / aber das Gesetz ist der Sünden Krafft. Als solt er sagen: Daß der Todt sticht und uns erwürget / machet die Sünde / die an uns erfunden wird / des Todes schuldig. Daß aber die Sünde an uns funden wird / und so mächtig uns dem Tod giebt / machet das Gesetz / welches uns die Sünde offenbaret / und erkennen lehrt / die wir zuvor nicht kanten / und sicher waren.

Nun siehe / mit welcher Gewalt Moses solches sein Amt treibet und ausrichtet / denn daß er ja die Natur aufs allerhöchst schände / giebt er nicht allein solche Gesetze / die von natürlichen und warhafftigen Sünden sagen / als da sind die Zehen Gebot / sondern machet auch Sünde / die von Natur sonst keine Sünde ist / und

---

73 Jes 49,14.
74 1Kor 15,56.

dringet und drücket auff sie mit hauffen Sünden. Denn Unglaube und böse Lust ist von Art Sünde / und des Todes werth. Aber daß man nicht sol gesäuert Brot essen auff Ostern / (Exod. 12/15.)[75] und kein unrein Thier essen / (Lev. 11/4.) kein Zeichen an den Leib machen / (Lev. 19/28. c. 21/5.)[76] und alles was das Levitische Priesterthum mit Sünden schaffet / das ist nicht von Art Sünde und böse / sondern wird allein darum Sünde / daß durchs Gesetz verboten ist / welches Gesetz wol kan abseyn / aber die Zehen Gebot mögen nicht also abseyn / denn da ist Sünde [/] ob schon die Geboth nicht wären oder nicht erkennet wären. Gleich wie der Heyden Unglaube Sünde ist / ob sie es wol nicht wissen noch achten daß Sünde sey.

Also sehen wir / das solche und so mancherley Gesetze Mose / nicht allein darum gegeben sind / daß niemand etwas eigenes dürffte erwählen gutes zu thun / und wohl zu leben wie droben gesagt ist / sondern vielmehr darum / daß der Sünden nur viel würden / und sich über die Maaß häuffeten / das Gewissen zu beschweren / auf daß die verstockte Blindheit sich erkennen müste / und ihr eigen Unvermögen und Nichtigkeit zum Guten müste fühlen / und also durchs Gesetz genöhtiget und gedrungen würde / etwas weiters zu suchen denn das Gesetz und eigen Vermögen / nemlich GOttes Gnade in künfftigen Christum verheissen. Denn es ist je alles Gesetz GOttes gut und recht / wenn er auch gleich hiesse nur Mist tragen oder Strohalm auffheben. So muß aber der ja nicht fromm noch gutes Hertzen seyn / der solch gut Gesetz nicht hält / oder ungerne hält. So vermag alle Natur nichts anders / denn ungerne halten? Darum muß sie hie am guten Gesetz GOttes ihre Boß-

---

75 Ex 12,15.
76 Lev 11,4; 19,28; 21,5.

heit erkennen und fühlen / und nach der Hülffe Göttlicher Gnaden seufftzen und trachten in Christo.

Darum / wo nun Christus kommt / da höret das Gesetz auff / sonderlich das Levitische / welches Sünde machet / da sonst von Art keine Sünde ist / wie gesagt ist. So hören auch die Zehen Geboht auff / nicht also daß man sie nicht halten noch erfüllen solt / sondern Moses Amt höret drinnen auf / daß es nicht mehr durch die Zehen Gebot die Sünde starck machet / und die Sünde nicht mehr des Todes Stachel ist. Denn durch Christum ist die Sünde vergeben / GOtt versöhnet / und das Hertz hat angefangen dem Gesetz hold zu seyn / daß es Moses Amt nicht mehr kan straffen / und zu Sünden machen / als hätte es die Gebot nicht gehalten / und wäre des Todes schuldig / wie es thät vor der Gnade / und ehe denn Christus da war. Das lehret S. Paulus (2 Cor. 3/14.)[77] da er spricht: Daß die Klarheit im Angesicht Mose auffhöret / um der Klarheit willen im Angesicht JEsu Christi. Das ist / das Amt Mose / das uns zu Sünden und Schanden macht / mit dem Glantz der Erkänntniß unsrer Boßheit und Nichtigkeit / thut uns nicht mehr weh / schröcket uns auch nicht mehr mit dem Todt. Denn wir haben nun die Klarheit im Angesicht Christi / das ist / das Amt der Gnaden / dadurch wir Christum erkennen / mit welches Gerechtigkeit / Leben und Stärcke / wir das Gesetz erfüllen / Todt und Hölle überwinden. Wie auch die drey Apostel auf dem Berge Thabor / Mosen und Eliam sahen / und doch nicht für ihnen erschracken / um der lieblichen Klarheit willen im Angesichte Christi / (Matth. 17/4. Luc. 9/33.)[78] Aber da Christus nicht gegenwärtig war / konten die Kinder Jsrael die Klarheit und Gläntzen in Mose Angesicht nicht

---

77 2Kor 3,14; vgl. 3,7–11.
78 Mt 17,4; Lk 9,33.

erleiden / darum muste er eine Decke dafür thun / (Ex. 34/30.33.)[79] Denn es sind dreyerley Schüler des Gesetzes: Die ersten / die das Gesetz hören und verachten / führen ein ruchloß Leben / ohne Furcht / zu diesen kommt das Gesetze nicht. Und sind bedeutet durch die Kalb=Diener in der Wüsten / umb welcher willen Mose die Tafeln entzwey warf / und das Gesetz nicht zu ihnen brachte / Exod. 32/6.19.[80] Die andern / die es angreiffen mit eigener Krafft zu erfüllen ohne Gnade / die sind bedeutet durch die so Mose Antlitz nicht sehen konten / da er zum andernmal die Tafeln bracht / (Exod. 34/30.)[81] zu diesen kommt das Gesetz / aber sie leidens nicht / darum machen sie eine Decke drüber / und führen ein heuchelisch Leben mit äusserlichen Wercken des Gesetzes / welches doch das Gesetz alles zu Sünden macht / wo die Decke abgethan wird / denn das Gesetz erweiset / daß unser Vermögen nichts sey / ohne Christus Gnade. Die dritten sind / die Mosen klar ohne Decke sehen. Das sind die / die des Gesetzes Meynung verstehen / wie es unmöglich Ding fodere. Da gehet die Sünde in der Krafft ([1] Cor. 15/56.)[82] Da ist der Todt mächtig / da ist des Goliaths Spieß wie ein Weberbaum[83] / und seyn Stachel hat sechshundert Seckel Ertzes / daß alle Kinder Jsrael fur ihm fliehen / ohn der einige David / Christus unser HErr / erlöset uns von dem allen. Denn wo nicht Christus Klarheit neben solcher Klarheit Mose käme / könte niemand solche Gläntze des Gesetzes / der Sünde und des Todes Schröcken ertragen: Diese fallen aber von allen Wercken und Vermessenheit / und lernen am Gesetze nicht mehr / denn allein Sünde er-

---

79 Ex 34,30.33.
80 Ex 32,6.19.
81 Ex 34,30.
82 1Kor 15,56.
83 1Sam 17,4–7.

kennen / und nach Christo zu seufftzen / welches auch das eigentliche Amt Mose und des Gesetzes Art ist / (Gal. 3/24.)[84] Also hat Mose auch selbst angezeiget / daß sein Amt und Lehre solt wären biß auff Christum / und alsdenn auffhören / da er spricht: (Deut. 18/15.)[85] Einen Propheten wird dir der HErr dein GOtt erwecken aus deinen Brüdern / wie mich / den solt du hören / [etc]. Diß ist der edelste Spruch / und freylich der Kern im gantzen Mose / welchen auch die Apostel hoch geführet und starck gebraucht haben / Joh. 1/45. c. 6/14. Actor. 3/22. c. 7/37.)[86] das Evangelium zu bekräfftigen / und das Gesetz abzuthun / und alle Propheten gar viel daraus gezogen. Denn weil GOtt hie einen andern Propheten[87] verheisset / den sie hören sollen / zwinget sichs / daß er etwas anders lehren würde / denn Mose und Mose seine Macht ihm übergiebt / und weichet / daß man jenen hören solle / so kan je derselbe Prophet nicht Gesetz lehren / denn das hat Mose aufs allerhöchste ausgerichtet / und wäre kein Noth / ums Gesetzes willen einen andern Propheten zu erwecken / darum ists gewiß von der Gnaden=Lehre / und Christo gesagt.

Darumb nennet auch S. Paulus Mose Gesetz das Alte Testament (2 Cor. 3/14.)[88] Christus auch / da er das Neue Testament einsetzet / (Matth. 26/28.)[89] und ist darum ein Testament / daß GOtt darinnen verhieß und beschied dem Volck Jsrael das Land Canaan / wo sie es halten würden. Und gabs auch ihnen / und ward bestätiget durch Schöps[90] und Bocks Todt und Blut

---

84 Gal 3,24.
85 Dtn 18,15.
86 Joh 1,45; 6,14; Apg 3,22; 7,37.
87 Luther 1523: Mose.
88 2Kor 3,14.
89 Mt 26,28.
90 Hammel, verschnittener Schafsbock (DWb 15, Sp. 1569–1571).

(Exod. 24/8.)[91] Aber weil solch Testament nicht auff GOttes Gnaden / sondern auff Menschen=Werck stund / must es alt werden und auffhören / und das verheissen Land wieder verlohren werden / darum daß durch Wercke das Gesetze nicht kan erfüllet werden. Und must ein ander Testament kommen / das nicht alt würde / auch nicht auf unserm Thun / sondern auf GOttes Wort und Wercken stünde / auff daß es ewiglich währet (Hebr. 13/20.)[92] Darum ists auch durch einer ewigen Person Todt und Blut bestätiget / und ein ewiges Land verheissen und gegeben. Das sey nun von Mose Büchern und Amt geredt.

Was sind aber nun die andern Bücher der Propheten und der Geschichten? Antwort: Nichts anders / denn was Mose ist / denn sie treiben allesamt Moses Amt / und wehren den falschen Propheten / daß sie das Volck nicht auf die Wercke führen / sondern in dem rechten Amt Mose und Erkäntniß des Gesetzes bleiben lassen. Und halten fest darob / daß sie durch des Gesetzes rechten Verstand / die Leute in ihrer eigen Untüchtigkeit behalten / und auff Christum treiben / wie Mose thut. Darum streichen sie auch weiter aus / was Mose von Christo gesagt hat / und zeigen an beiderley Exempel / dere / die Mose recht haben / und dere / die ihn nicht recht haben / und aller beyder Straf und Lohn. Also / daß die Propheten nichts anders sind / denn Handhaber und Zeugen Mose und seines Amts / daß sie durchs Gesetz jederman zu Christo bringen.

Aufs letzt solt ich auch wol die geistliche Deutung anzeigen / so durch das Levitische Gesetz und Priesterthum Mose fürgeleget. Aber es ist sein zuviel zu schreiben / es wil Raum und Zeit haben / und mit le-

---

91 Ex 24,8.
92 Hebr 13,20.

bendiger Stimme ausgelegt seyn. Denn freylich Mose ein Brunn ist aller Weisheit und Verstands / daraus gequollen ist alles / was alle Propheten gewust und gesagt haben. Dazu auch das Neue Testament heraus fleust und darin gegründet ist / wie wir gehöret haben. Aber doch ein kleines kurtzes Grifflein zu geben / denjenigen / so Gnade und Verstand haben / weiter darnach zu trachten / sey das mein Dienst: Wenn du wilt wohl und sicher deuten / so nimm Christum für dich / denn das ist der Mann / dem es alles und gantz und gar gilt. So mache nun aus den Hohenpriester Aaron niemand denn Christum alleine / wie die Epistel an die Ebreer thut (c. 7/15.seq.)[93] welche fast allein gnugsam ist / alle Figuren Mose zu deuten. Also ists auch gewiß / daß Christus selbst das Opffer ist / ja auch der Altar / der sich selbst mit seinem eigen Blut geopffert hat / wie auch dieselbe Epistel meldet / (c. 7/27. c. 13/10.)[94] Wie nun der Levitische Hohepriester / durch solch Opffer nur die gemachten Sünden wegnahm / die von Natur nicht Sünde waren: Also hat unser Hohepriester Christus / durch sein selbst Opffer und Blut / die rechte Sünde / die von Natur Sünde ist / weggenommen. Und ist einmahl durch den Vorhang gegangen zu GOtt / daß er uns versöhne. Also / daß du alles / was vom Hohenpriester geschrieben ist / auff Christum persönlich / und sonst auf niemand deutest. Aber des Hohenpriesters Söhne / die mit dem täglichen Opffer umgehen / solt du auf uns Christen deuten / die wir für unserm Vater Christo im Himmel sitzend / hie auf Erden mit dem Leibe wohnen / und nicht hindurch sind bey ihm / ohn mit dem Glauben geistlich. Derselben Amt / wie sie schlachten und opffern / bedeut nichts anders / denn

---

93 Hebr 7,15f.
94 Hebr 7,27; 13,10.

das Evangelium predigen / durch welches der alte Mensch getödtet / und GOtt geopffert / durchs Feuer der Liebe / im H. Geist verbrannt und verzehret wird / welches gar wohl reucht für GOtt / das ist / es macht ein gut / rein / sicher Gewissen für GOtt. Diese Deutung trifft S. Paulus / (Rom. 12/1)[95] da er lehret / wie wir unsere Leibe sollen opffern GOtt zum lebendigen / heiligen / angenehmen Opffer. Welches wir thun (wie gesagt) durch stetige Ubung des Evangelii / beyde mit predigen und glauben. Das sey dißmahl gnug zur kurtzen Anleitung / Christum und das Evangelium zu suchen im Alten Testament.

Joh. Piscatoris eigener Vorbericht / so viel zum Alten Testament gehöret:

DJe Heilige Schrifft ist den Dienern GOttes / von welchen sie Anfangs geredet und geschrieben worden / von GOtt 2 Tim. 3/ v. 16. 2 Pet. 1/ v. 21. eingeblasen / das ist / durch den H. Geist eingegeben worden.[96]

2. Sie lehret fürnemlich von zweyen Dingen: nemlich vom rechten Gottesdienst / Psal. 119/ v. 9. und von der wahren Seeligkeit des Menschen. Joh. 5/39. Rom. 15/4. 2 Tim. 3/15. 1 Pet. 1/ v. 10. 2. Pet. 1/ 19.[97] Jn welchen zweyen Stücken bestehet der Bund GOttes mit den Menschen.

3. Der Zweck / um welches Willen sie von GOtt der Kirchen gegeben / ist gleicher massen zweyerley: nemlich / daß die auserwählte Menschen daraus lernen und vernehmen / Joh. 20/31. Rom. 15/4. 2 Tim. 3/16. wie sie

---

95 Rom 12,1.
96 Die buchstäbliche Eingebung des Bibeltextes durch den Heiligen Geist nach 2Tim 3,16 und 2Pet 1, 21.
97 Ps 119,9; Joh 5,39; Röm 15,4; 2Tim 3,15; 1Petr 1,10; 2Petr 1,19.

GOtt recht dienen / und wie sie die wahre Seeligkeit erlangen mögen.[98]

4. Sie wird abgetheilt in das Alte und das Neue Testament. Alda das Wörtlein Testament so viel bedeutet als Bund: und wird verstanden der Bund GOttes mit den Menschen.

5. Die Bücher des Alten Testaments lehren / wie GOtt von Anfang der Welt her biß auf die Sendung Christi / seine Auserwählten zur wahren Seeligkeit unterwiesen und gebracht habe / durch Ubung mancherley Ceremonien oder heiligen Gebräuchen / durch welche Christus samt seinem Mittleramt fürgebildet[99] worden: und seynd geschrieben von den Propheten in Hebreischer Sprache.

6. Diese Bücher können abgetheilet werden in viererley Gattungen.

7. Die erste Gattung begreift in sich die fünff Bücher Mosis / darinnen beschrieben wird / was sich mit der Kirchen oder Volck GOttes zugetragen / von Anfang der Welt biß auf das Regiment Josue. Als nemlich:

Genesis der Schöpffung.
Exodus Das ist / dem Auszug aus Egypten.
Leviticus das Buch dem Levitischen Priesterthum.
Numeri von der Zehlung des Volcks Jsrael.
Deuteronomium der Widerholung des Gesetzes.

8. Die andere Gattung begreift in sich die übrige Historische Bücher / darinnen beschrieben werden die Geschichten des Volcks GOttes / vom Regiment Josue an / biß zur Wiederkunfft aus der Babylonischen Gefängniß / unter Esra und Nehemia: Jn welche Gattung diese Bücher gehören:

---

98 Joh 20,31; Röm 15,4; 2Tim 3,16.
99 Das Neue Testament (Christus) wird typologisch als das Eigentliche des im Alten Testaments Beschriebenen verstanden.

Das Buch Josue
Das Buch der Richter.
Das Buch Ruth.
Die zwey Bücher Samuels.
Die zwey B. von den Königen.
Die zwey Bücher der Chronnica.
Das Buch Esdra.
Das Buch Nehemia.
Das Buch Esther.

9. Die dritte Gattung begreift im sich etliche Gottseelige Gedichte von hochwichtigen Sachen / so beydes die Ehre GOttes und die ewige Seeligkeit der Auserwählten betreffen: und gehören darin diese Bücher:

Das Buch Hiob.
Der Psalter / oder die Psalmen Davids.
Die Sprüche Salomons.
Der Prediger Salomons.
Das Hohelied Salomons.

10. Die vierte Gattung begreift in sich die Bücher der Propheten / welche um die Zeit der Babylonischen Gefängnis[100] und hernacher von GOtt sonderlich erweckt / und zum Volck Jsrael gesand / demselbigen zum Theil die Straffen GOttes / zum Theil die Sendung Christi geweissagt und verkündigt haben. Diese werden nach der Grösse der Bücher abgetheilt in die Grossen und die Kleinen;

Der grossen Propheten seynd vier / nemlich
Jesajas.
Jeremias.
Hesekiel oder Ezechiel.
Daniel.

Der kleinen Propheten seynd zwölffe / nemlich
Hosea.
Joel.
Amos.
Obadja.
Jonas.
Nahum.
Habakuk.
Zephanja oder Sophonias.
Haggai oder Haggeus.
Secharja oder Zacharias.

---

[100] Babylonische Gefangenschaft der Judäer nach der Eroberung Jerusalems und Judas im Jahre 597 v. Chr.

Micha oder
Micheas.   Maleachi oder Malachias.
NB. Was weiter folget / ist vor dem Neuen Testament
zu finden.

Zwiefacher zur Jüdischen Ubersetzung
gehöriger Vorbericht:

I. Eine *Apologie* des Ubersetzers:
ES spricht der Ubersetzer:[101] Dieweil es wissiglich is
zu einem itlichen[102] verständigen Menschen / deß wen
man etwas wil übersetzend seyn aus ein Sprach in das
ander / daß man es eben grad aso von Wort zu Wort nit
kan übersetzend seyn / es iß ein Sach die nit möglich iß
in Ewigkeit / den es schikt sich aso nit / gleich as wie
man täglich sicht[103] und erfahrt an einem Frembden /
der da kein Teutsch kan / und wil anheben Teutsch zu
reden / der redt alzeit umgewendt / das hinterste Wort
erst / den sein Sprach / was vor ein Sprach es auch iß /
brengt es aso mit / den er meint dieweil es in seinem
Sprach recht iß / aso wär es in Teutsch auch aso recht /
und in Warheit iß es in Teutsch umgewendt. Drum
auch wen einer etwas wil übersetzend seyn / muß man
wohl Achtung geben / daß er das Geschäfte wohl
versteht / und danach iß man es übersetzend auf das
Sprach / da er es wil in übersetzend seyn / in einem
lautern klaren schönen Sprach / durch Erzehlung der
Sachen / as wen man einem ein Gerücht derzählt[104]
nach enander / aber nit die Wörter verkehrt das hin-

---

101 S. Anm. 8.
102 Jeglichen.
103 Sieht.
104 Erzählt; vgl. unten ähnliche Bildungen mit einem d vor dem deutschen Wort.

terste Wort fornen / gleich as wen ein Fremder Teutsch wil reden / und kan es nit recht. Nun sunst in einem andern Buch kan man etliche Wörter dazu setzen / das Sprach damit zu zieren / oder der Worten daß man es recht verstehn sol / welches hie in diesem Buch nit seyn kan / den es muß nit men[105] seyn as schlechterdings der Teutsch von dem vers / und durchaus nit nach Art einer Deutung oder Auslegung / der Worten kein Mund=Oeffenung oder Wörtlein zu dem Warheiten zu geben / daß mir[106] die Belehrung / schone und es sey Friede / verfälschen / und schreiben mehr oder weniger as in Warheit in der heiligen Belehrung steht. Drum auch haben mir sorgfältig gewesen nach allem unserm Vermögen Tag und Nacht unter vielem Nachdenken und grosser Aufmerksamheit / zu überleuenen[107] die Ubersetzung wie vielmahl / der Worten daß es recht wie es in dem Vers steht verteutsch iß geworden / sunder Zusatz und Verminderung / und daß nit ein Wort in den Vers iß ausgeblieben / sundern allein man hat zu Zeiten die Wörter mitten dem Vers müssen verwenden / der Worten daß es sich in dem Teutschen Sprach wohl schicken sol / as wie der ordentliche Brauch von al den Ubersetzern iß / und wo es gar nohtwendig iß gewesen / hat man ein Wort oder wohl oft mehr müssen zusetzend seyn / entwer das Sprach dadurch zierlich zu machen / oder daß man sol können den Jnhalt von dem Vers recht verstehn / solche Wörter nun die man hat zusetzend gewesen / die stehnen zwischen aso [] einem Klammer=Zeichen / da kan man an derkennen / daß solch Wort oder Wörter nit in dem Vers der heiligen oder Hebreischen Sprach stehn / neiert[108] diese Wörter

---

105 Mehr.
106 Wir.
107 Überlesen, korrigieren.
108 Nur.

seynen dabey gesetzt / von den oben gemeldte Ursachen wegen / sunder allein das Wort VON / wiewohl daß es oft nit in dem Vers steht / da hat man nit auf so genau bedacht gewesen / zwischen den Klammer=Zeichen zu stellen / den sunst andre Ubersetzer in andre Sprachen haben das Wort VOR auch nit in so genauer Obacht genummen. Und weiter hat man auch sorgfältig gewesen ein Stüpfelchen (Comma) zu stellen / daß man sol wissen / welches herauf oder herab geht / gleich as bey einem Sakephkaton / oder Rbhia / oder Athnachta / oder Pesik[109] / und überal da der Accent ausweist / daß man sol stil halten / da iß sunderlich special Acht auf gegeben worden. Aber sunsten die Wörter an sich selbert seynen eben nit alzumahl geteutscht an ein theils Orten / gleich as wie das Wort an sich selbert wohl Teutsch wär / neiert man hat es verteutsch nach dem eigentlichen Laut der Sprache / oder nach den Wörtern wie sie nun da liegen / gleich as wie Raschi[110] und der Rabbi David Kimchi[111] an wie viel Orten schreiben / Abhel 1 Sam. 6/18. das ist traurig / so heist es dem Worte nach an diesem Ort / wiewohl Vers 15. steht davor Aebhän / das ist ein Stein.[112] Oder daß man es solt haben geteutscht / gleich as wie die Gelehrten des heutigen Tages den Kindern in dem Gemach oder Collegio teutschen / den sie teutschen viel Wörter den Kindern / und sie wissen selbert nit was es iß / den es ihnen auch aso geteutscht

---

109 Hebräische Akzent- oder Vortragszeichen zur Beschreibung des Rhythmus und der Sprechweise: Zagef qatan, Rebia, Atnach und Paseq.
110 Schlomo (ben) Jizchaki oder Rabbenu Schlomo Jizchaki (daher RaSchI) (1040/41–1105), französischer Rabbiner und einer der bedeutendsten jüdischen Gelehrten im Mittelalter; er übte mit seinem Kommentar zum Alten Testament und zum Talmud einen großen Einfluß auf die Bibelexegese aus, einschließlich der christlichen.
111 David Kimchi (s. Anm. 15).
112 1Sam 6,18.15: In Vers 18 steht nach den meisten Handschriften אבל statt אבן, entweder ein Ortsname oder ein früher Übertragungsfehler.

geworden / gleich as wie in Genes. 34/11.[113] teutschen sie das Wort Botnim Hanbutten[114] / das iß doch Sech[115] tegen den Verstand. Jakobh unser Vater / über ihm sey Friede / hat gesagt / Kechu missimrath ha Aräz[116] / sie söln von dem besten von dem Land mitnehmen / und da söln Hanbutten unter seyn / wär jo gar ein groser Ehr vor aso einen grosen Hern / as Joseph da in Egypten war / da Raschi auch selbst macht / ich weiß nit was es vor Sachen seyn / und mich dünckt / daß es gleich seyn wie Hanbutten. Der Aben Aesra[117] macht in lo Ria da Mikra daß es seyen Nüsse gewesen / Visch genant Aegosim.[118] Wo kumt die Narheit nun mit den Hanbutten her. Weiter Exod. 26/36.[119] und sunst an andere Oerter men teutschen sie Maaseh Rokem / Werk gebrotiert / man fräg doch neiert von Kurtzweil wieviel hundert / was gebrotiert iß / aso werden sie es nit wissen / sie haben es aso durch Tradition einer von dem andern / aber keiner weiß was es iß, der Jrtuhm kumt meines Wissens aber daher / es iß in den Druken versehn geworden / den der Setzer hat vor sich geschrieben gehat bordier - Werk / und der Setzer hat versetzend gewesen das r vor dem o / und hat auch den Unterscheid zwischen d und t nit obachtend gewesen / gleich as wie man der Leute viel find / die aso ein Buchstab nit achten / wie sie es aussprechen / und hat gesetzt drotier Werk / und der Corrector iß aso schlechtweg darüber geloffen / und hat es auch übersehn / gleich as wie den heutigen noch geschicht / bey ein Teil Buchdrucker / daß man alls

---

113 Gen 43,11 (Pistazien).
114 Hagebutte.
115 Offenbar Interjektion: sag!
116 Gen 43,11.
117 Abraham (ben Meir) iben Esra (Aben Esra (um 1092–1167), jüdisch-spanischer Gelehrter, bekannt besonders für seine Bibelexegese.
118 Nicht ermittelt; Aegosim (hebr.) = Nüsse.
119 Ex 26,36.

gehn last wie es geht / es sey Fehler oder nicht / nur krieg Geld. Das sey ferne und Friede / solches ist unsere Meynung gantz und gar nit / neiert mir haben die Correctur zu aller Zeit gar wohl in Acht genummen / aso viel as möglich iß gewesen / und daß ich recht hab / daß auf diese Weise der Fehler herkumt / und dieser wegen Raschi macht Nähwerk. Und im Buch der Richter / in dem Gesang von Debhora / da macht der Rabbi David Kimchi gestikt Nähwerk / das iß doch gut Teutsch gebordiert oder gestikt / aber nit Teutsch gebrotiert. Desgleichen Exod. 30/24.[120] teutschen sie Kiddah Jmber oder Jngber[121] / iß nimmer gewesen. Man hat zu dem Salböl keinen Jmber gebraucht / neiert Kiddah das iß Kaziah[122] / gleich as wie der Aben Esra macht / durch Tradition wissen wir was es sey Kaziah / es wert bey die Apoteker in Lateinischer Sprache genent Kassia[123] / aber sunst verkehrt wert es genent Amber oder Ambra[124] / das iß köstlich Biesem[125] der mächtig wohl riecht. Der Fehler kumt auch daher / eß ist in dem Druken versehn geworden / der Setzer hat vor sich gehat Amber / da hat er gedacht / der Ubersetzer hat sich versehend gewesen / und hat ein J vergessen / es muß gewiß Jmber machen / dieweil es bey Gewürtze steht / den der Vers darvor hebt an / und du nim zu dir Gewürtz etc. und hat Jmber gesetzt / den er hat nit gewust was Amber iß / oder es kan seyn / der Setzer hat es recht gesetzt gleich as wie vor ihm gestanden iß / aber der Corrector hat nit gewüst was Amber iß / und hat

---

120 Ex 30,24.
121 Ingwer.
122 Kiddah (Ex 30,24) und Ketsiah (Ps 45,8), beides im Lateinischen mit cassia übersetzt.
123 Cassia, Kassien (Pflanzenart).
124 Amber, wachsartige Substanz aus dem Verdauungstrakt des Pottwals, benutzt zur Parfumherstellung.
125 Bisam, Moschus (Luther schreibt Bisem).

Jmber corrigirend gewesen / die Narheit bleibt bis den heutigen Tag unter uns / und niemant iß ders zu Hertzen nimt ob ein Wort recht geteutscht iß oder nit / und solche Wörter wölt ich wohl wie viel und wie viel hieher setzen / allein will meine Zeit nit damit verbrengen. Aber was gilt es wen mäncher in diesem Buch wert leienen / und etliche Wörter wert gefinden / die eben nit aso nach seinem Kopf werden geteutscht seyn / aso wert es flugs und vor der Hand sagen / ei nist rechts / nist rechts / gleich as wie der ordentliche Brauch heutiges Tages iß / daß sich mäncher sucht erhebend zu seyn / durch Schmähung seines Nächsten; da sag ich aso / er sol sehen im Targum / Raschi / oder Aben Aesra / oder Rabbi David Kimchi[126] / oder Rabbenu Jeschaja / Rabbi Levi Ben Gersom / Rabbenu Sadijah Gaon[127] / Beer Moschäh[128] / Aialah Scheiuchah[129] / Maggid[130] / Chibbure Läkät[131] / Michloi Jophi[132] / Abrabanel[133] / und andre Ausleger men / da wert er sehen welches men der Einfalt am nächsten iß gewesen / dasselbig teutsch hab ich gesetzt / und nit das da Erklär= und Deutungs=Weise iß verteutscht / dazu bin ich wie viel mal gegangen in die Schul=Häuser der Spanier und

---

126 Zu diesen Gelehrten neben dem Targum (aramäische Übersetzung von Texten des Alten Testamentes) siehe Anm. 110, 117, 15.
127 Es handelt sich wohl um Jesaja ben Abraham Horovitz (1565–1630), Levi ben Gershon (1288–1344), Saʻadiah ben Yosef Gaon (ca. 892–942).
128 Siehe Anm. 14.
129 *Naphthali ben Ascher*: Ajalah Schluchah (Ausgelassene Hindin, nach Gen 29,21), zuerst Krakau 1552, ist ein deutscher grammatikalischer und buchstäblicher Kommentar über das Alte Testament.
130 *Jacob ben Jsaak*: Maggid (nach Ps 147,19), Auslegung über das Alte Testament, zuerst Prag 1576.
131 Sepher Chibbure Leqet (Lublin 1612).
132 *Solomon ben Melekh*: Sefer Michlal Jofi (vollkommene Schönheit, nach Ps 50,2), zuerst wohl Konstantinopel 1554, dann Amsterdam 1661 (Kommentar zum Alten Testament).
133 Don Isaak ben Juda Abrabanel (Abravanel) (1437–1508), jüdischer Politiker, Finanzier, Bibelkommentator und Philosoph.

Portugische Weisen[134] / mein Fels und mein Erlöser behüte sie / dieselbige seynen grose Meister im Gesetz /
und mächtige Versuchte in dem Gesetz / den Propheten
/ und andern heiligen Schriften / und hab mich nit ge-
schämt zu fragen / wen ich ein Wort nit wohl hab
können in sein Teutsch brengen / alles drum daß das
Buch / das herliche das dasige des Worts GOttes / pro-
biret wie Silber durchläutert sieben mahl sol seyn. Und
damit nit auch / schone und es sey Friede / ein Fehler
solt werden in diesem köstlichen Buch gleich as wie
oben vermeldt iß / aso hab ich es auch selbert gesetz
und wohl fleisig corrigirend gewesen / solt jo imant ir-
gents etwa ein Fehler gefinden / der muß gedenken /
das iß ein Sach die nit möglich / das kan sich kein Men-
schen=Kind in Ewigheit berühmen / daß man kein Fehler solt gefinden in ein weitläuftig Buch / wer wolt das
verstehlen / es kan wohl ein Fehler stehn bleiben / daß
man es übersehen hat / iß der ordentliche Brauch bey
Drukerey aso / den bey dringender groser Eilung kan
wohl etwas versehen werden / man findt doch wohl in
einem Gesetz=Buch ein Fehler / aber iß doch hie viel
men Fleis angewendt / as sunsten wohl in Drukerey
geschicht. Aber was da anbelangt in dem Verteutschen
an sich selbert / hof ich nit daß da ein Fehler wert innen seyn / den ich hab nit aus meinem Kopf getahn /
das sey ferne und Friede / im Gegentheil / ich hab mich
bemühend gewesen / und alle Ausleger wol nachgesu-
chet / biß daß ich hab gefunden / welches Wort auf
Teutsch men der Einfalt am nächsten iß gewesen / das
hab ich erwehlend gewesen.

Wen nun einer möcht sagen / warum das Wort aso
geteutscht und diesem Ausleger warum nicht aso nach
dem andern / dem antwort ich / ich kan wieder anders

---

134 Die Gelehrten der Sepharden in Amsterdam.

sagen / hät ich dem nach geteutscht / hät man eben aso wohl auch gefragt / warum nit jenem nachgeteutscht.

Auch wen einer möcht wöln fragen / ob dem so daß aso viel iß an einer Ubersetzung gelegen / daß Ptolomäus[135] der König hat lassen sibenzig Aelteste hohlen von Jeruschalaim[136] / und hier tuht es ein Man alleint / is der Antwort Ptolomäus der König hat drum viel genummen / er hat wöln sehn / ob sie alle gleich werden schreiben einer as wie der ander / nun da iß ein Wundergeschicht geschehen / durch Eingebung des Heiligen Geistes / daß sie alle gleich verdolmetschet und geschrieben haben. Aber wen man wil fragen / man hat doch jo in der heiligen Synagog oder Versammlung Ferrara[137] gehat hundert berühmte Weisen / die da haben übersetzend gewesen / das Gesetz / die Propheten / und die H. Schriften / in die Sprach der Spanier / und auch hat die Provinz Holand im Jahr 5379. der Welt oder 379. unser special Jahr=Rechnung nach / in dem Ort Dort oder Dortrecht[138] gehat 15. Hochgelehrte / die da

---

135 Ptolemaios II. (Philadelphus) von Ägypten (308–246 v. Chr.).
136 Die Legende über die Entstehung der griechischen Übersetzung des Alten Testamentes, der Septuaginta, findet sich im pseudepigraphischen Aristeas-Brief. Danach sollen 72 jüdische Gelehrte, jeder für sich, die Thora (Fünf Bücher Mose) in Alexandria in 72 Tagen übersetzt haben. Alle Übersetzungen seien dabei identisch gewesen, ein Beweis ihrer Verlässlichkeit bzw. der göttlichen Führung.
137 Gemeint ist wohl die folgende Übersetzung ins Spanische: Biblia en Lengua Española Traducida Palabra von Palabra de la Verdad Hebrayca von Muy Excelentes Letrados, Vista und Examinada von El Oficio de la Inquisicion, Ferrara 1553. – Die Erzählung von der Versammlung der hundert Weisen dürfe eine Legende sein.
138 Im Anschluss an die reformierte Synode von Dordrecht (Dort) in den Jahren 1618–1619 wurde von den niederländischen Generalstaaten der Auftrag an eine Gruppe Gelehrter erteilt, die Bibel neu zu übersetzen. Diese Übersetzung ins Niederländische erschien als offizielle, vom Staat finanzierte Übersetzung (Statenvertaling) im Jahr 1637: Biblia, Dat is: De gantsche H. Schrifture, vervattende alle de Canonijcke Boecken des Ouden en des Nieuwen Testaments: Nu Eerst, Door last der Hoogh-Mog:

haben das Gesetz / die Propheten / und die Psalmen / übersetzend gewesen / und wie last man es den nun stehn auf einen Man / der es übersetzend iß / und an einen der die Ubersetzung helft überleienen; Da geb ich den Antwort / ich hab in einem Buch gelesent / daß einer schreibt in seiner Vorrede / und wirft eine schwere Frage auf / wie kumt es daß itzundert kumt ein gemeiner schlechter Schüler / und macht einen wichtigen Einwurf auf die ersten Herren welche die Gesetze vorschrieben haben / wie dem nun / haben es solche hoch und ansehnliche Leute nit gesehn / oder dran gestossen / äntwort er und spricht / es is ein Beyspiel / es geht da ein Ries der kan gar weit sehen / da kumt ein Gezwärglein das nemt er auf die Acksel / da kan das kleine Gezwärglein noch weiter sehen / as der grose Ries[139] / aso auch die hochansehnliche Leute haben gar weit gesehen / u. der gemeine Laye nemt ihre Bücher in die Hant und lerrent darinnen alle die Schwirigheiten / was den Gelahrten iß schwer gewesen hat er vor sich / mag den leicht daß er noch ein wenig weiter kan sehen / und ein schwere Frag ausfinden. Gewißlich. Vor dieser Zeit wär es tausent meines Gleichen eine Sach die nit möglich gewesen / aber heut Got Lob daß viel herliche Erklär= und Auslegungen seynen / da man sich innen besehen kan / wen man die Mühe tuhn wil / und die Ausleger alle wohl nachsehen / kan man es wohl tuhn / der da Verstand hat ein Buch übersetzend zu seyn. Darum geliebte Brüder und Meister bit ich um tausent Verzeihungen / ihr wert mir es nit abnehmen durch gewöhn-

---

Heeren Staten Generael vande Vereenighde Nederlanden, en volgens het Besluyt van de Synode Nationael, gehouden tot Dordrecht, inde Jaeren 1618. ende 1619. Uyt de Oorspronckelijcke talen in onse Nederlandtsche tale getrouwelyck over-geset. Met aenteeckeningen vande ghelijck-luydende Texten, ende nieuwe Registers over beyde de Testamenten. 's Graven-Hage 1637.

139 Siehe Text 1 Anm. 15.

liche Verleumdungen / und wert mich seyn den zur Waag=Schaal der Gerechtigkeit / rechent mir es doch jo vor keinen Tohrheit; den ich muß mich deut veräntworten kegen die Leut; den man muß vor den Leuten aso wol unschuldig seyn / as vor Got selbst hochgelobt / der da sicht in das Hertz hinein;[140] aso kan er sich verlassen auf den almächtigen Got / daß er nit kumt zu Schand und Spot; den es seynen ein Teil Leut vorhanden / die einen itlichen gern wolten machen zu Schanden; und tuhnen auch anderst niks trachten / als einen itlichen zu verachten; und einen itlichen verspotten und lachen / und wöln sich al Leut mit der Schand von einem andern schön machen; und Tag und Nacht anderst nit gedänken / as auf Kriegen und Zänken; und wöln sich in alle Sachen mängen / und tuhnen einem itlichen ein Kläk[141] anhängen; und schämen sich auch nit mit Lügen zu kummen vor den Tag / hört zu es is wahr was ich euch hie sag; ein jeder der sich beflekt durch sein Laster beflekt er sich. Das hat getahn der Herr Kusti:[142] er hat falsche Zeugnisse gebracht zu tragen / und hat mir wöln den Fluch auf den Hals jagen; und mich vor ein Verräther ausgescholten / und hat begehrt daß mich die Versammlung oder Gemeine / es behüte sie mein Fels und Erlöser / im Ban halten solten; und die Synagog oder Gemeine und das Consistorium oder Gericht mit eitel Lügen bericht / hört aber zu was da weiter geschicht; er hat sich sehr berufen auf seine Approbationes / und hat übertretend gewesen auf die grose schwere Flüche; und hat sein Buch aso gedrukt fort / und hat über mich ausgegossen viel böse Wort; aber da mir nun Got Lob die rechte Ubereinstimmung

---

140 Hier wie später noch einmal schreibt der Verfasser in Paarreimen: Got – Spot / vorhanden – Schanden usw.
141 Klecks, Fleck?
142 Nicht ermittelt.

von den vier Ländern / mein Fels und mein Erlöser behüte sie / haben bekummen / da hat er mit Schanden müssen verstummen; und ich had mit der Hülf Gottes / der da Recht gibt / mich verlassend gewesen auf die Approbationes; von die grosen Lichtern / Herschern und Führern / u. frag niks nach den Verläumdern; die auf einen itlichen schänden und schmähen / und einen Haus=Balken[143] in ihren eigenen Augen nit sähen, und hab diese Ubersetzung genummen an / wen ich gleich bin ein schlechter Man; und kein Herr as wie Rabbi Jekuthiel Blitz[144] / hab ich doch nit geschrieben sunder Sin und Witz; und hab Got Lob das Werk der Himmel getahn treulich oder in Wahrheit / und nit geschrieben sunder Witz und Verstand; den ich bin nit gewesen aso ein Nar oder Gek / daß ich in Genes. 31/10.12.[145] von den Bök / hät geschrieben aso eine grose Lügen / daß sie wären auf gestüpfelte gereiselte und geflekelte Schaf gestiegen; den es is grad umgekehrt gewesen / gleich as wie ihr in diesem Buch wert können lesen; aber gestüpfelt gereifelt und geflekelt warn die Bök / aso hat der andre Ubersetzer geschrieben vor sich hinwek / und hat den eigentlichen Sin von dem Vers nit verstanden / und andre unrecht geschriebene viel seynen noch vorhanden; er hat sich an viel Oerter geschnelt[146] / und oft ein Vers nit die Hälft gestelt; und viel Wörter lassen aussen bleiben / die ich nit al kan herschreiben; drum

---

143 Vgl. Mt 7,3.
144 Jekuthiel ben Isaac Blitz (ca.1634–1684), wahrscheinlich der erste Übersetzer des Alten Testamentes ins Jidische (Amsterdam 1679). Die Übersetzung von Blitz kam erst 1683 in den Handel, nachdem sich die von Witzenhausen schon etabliert hatte (Jewish Encyclopedia 1, 1906, 252); vgl. *Erika Timm*: Blitz and Witzenhausen, in: Studies in Jewish Culture in Honour of Chone Shmeruk, hg. von I. Bartal u. a., Jerusalem 1993, S. 39–66.
145 Gen 31,10.12.
146 Sich beeilen (DWb 15, Sp. 1298).

auch hat der Aufseher und Befelchhaber (der Buchdruker) Her Joseph Atias[147] dieselbige Ubersetzung nit begehrt / den sie is nit ein Heller wehrt; da hat der Haupt=Buchdruker geschikt nach mir / und hat die Sach geschlagen für / ich bedörfet mich nit schämen / diese Sach anzunähmen / und übersetzend seyn auf Teutsch das Gesetz die Propheten und H. Schrifften / dazu haben mir auch gerahten grose ansehnliche Leut; und haben zu mir gesagt du werst ein grose Belehrung tahn / es is ein herlich Buch vor Frau und Man; dazu werstu viel damit seyn seelig seyn / ich hab mich aber geforcht vor einen andern Streich; es möcht geben ein grose Verwirrung / da gedacht ich an Gbhihah Suhn von Psisa;[148] da die Weisen von Egypten warn gekummen / und hatten Jisrael vorgenummen; vor Alecsander dem Macedonier[149] und tähten viel Gelt begehren / dieweil Jisrael haben tuhn Egypten auslehyen; da sprach Gbhihah Suhn von Psisa ich will hingehn / und wil kegen[150] die Weisen von Egypten vor Gericht stehn; wen ich gleich solt verliern das Recht / aso könt ihr sagen / der Man is gewesen gar schlecht; wär es aber gewesen ein berühmter Man / aso hät ihr vor ihm nit können bestahn; wen ich die Sache aber werd gewinnen / aso könt ihr sagen zu ihnen; der Geringste von Jisrael is aso ein Man / daß er die Weisen von Egypten übertreffend seyn kan; aso hab ich auch gedacht in meinem Sin / wen ich gleich kein Gelahrter bin / und bin ein geringer

---

147 Siehe Anm. 3.
148 Geviha ben Psisa, jüdischer Weiser des 4. Jahrhunderts v. Chr. – Die Geschichte von Geviha ben Psisa und Alexander dem Großen ist eine rabbinische Legende. Alexander der Große repräsentiert hier den historischen Pompeius. Geviha ist ein Enkel des Makkabäers Jonathan. Die Legende verteidigt die jüdischen Rechte über das Land Israel, indem sie die Thora als Legitimitätsquelle im Völkerrecht etabliert.
149 Alexander der Große (356–323).
150 Gegenüber (mitteldeutsch; DWb 5, Sp. 2197).

Man / wil ich doch die Ubersetzung nehmen an; und
wil machen daß ich vor Got und vor sein Volk werd
seyn unschuldig / dieweil ich ein klein wenig bin geübt
in dem Vers oder Sin der Schrift und in andre Sachen /
die mir wohl zu Nutzen kummen / daß ich die Ubersetzung Got Lob wohl werd können machen; daß ich werd
seyn unsträflich. Aso wahr söln mir bald sehn an die
Tröstungen Zions und an den Bau Jerusalems; den ich
hab Tag und Nacht grose Müh und Aerbet gehat / aus-
zuschreiben und zu überleienen ein itlich Blat vor Blat;
vor der grosen Excellenz / gleich as wie der grose Meister unser Meisteren / das hat in dem Winter gar mänch-
mahl bis lang nach Mitternacht tuhn gewähren; das is
der grosen Excellenz[151] / deren ich vor gedacht / gewur-
den zu schwer / da hat er nit wöln überleienen mehr;
da er von dem 1 Buch Sam. bis Jerem. 2. hat überleient
gehat / vier und zwanzig gedrukte Blat; und von Exod.
21/1. bis Numer. 4/21. acht Bogen / hat er auch gelesen
/ das is mit einem andern Ubersetzer gewesen; es is
wahr was ich euch hie sag / danach hab ich es überleient
vor dem Gesetz=Lehrer oder Doctor der H. Schrift dem
grosen Magister Magistrorum oder Doctor Doctorum
dem Vor=Singer am Sabbath aus der heiligen Synagog
Prag;[152] bis dis köstlich Buch zum End is worden gebracht / und hab Tag und Nacht auf niks anderst gedacht; as das Werk von oben treulich zu tuhn / und daß
ich nit sölt / das sey fern und Friede / haben ein Schande
davun; wen ich aber ferne und Friede jo wo hät gefehlt
an einem Ort / und hät nit recht geteutscht ein Wort /
das mag man mir wol schenken / daß ich ein schlechter
Man bin muß man gedenken; ein gelehrter Man hät es
vielleicht gemacht besser / aber wen er hät gefehlt wär

---

151 Siehe Anm. 197; der Rückbezug ist undeutlich.
152 Siehe Anm. 199.

die Schande viel gröser; drum auch bit ich alle gute Frinden / ob jo einer ein Fehler möchte gefinden; der sol mir es gantz und gar nit vor übel haben / es stolpert wol ein Pfert mit vier Füs möcht ihr wol glaben; aber ich hof nit daß es solt geschehn / Fehler drinnen zu gefinden / leient es aso wert ihr es wol sehn; den ich weis es sey Man oder Weib / der in diesem Buch wert leienen / wert sich derfreuen sein Hertz in dem Leib; und wert loben und danken dem almächtigen Got / der ihn und alle Menschen würdigend gewesen hat in der Welt / zu haben auf Teutsch das Gesetz die Propheten und andere Schriften / aso wert ein gemeiner Man aus der Belehrung reden können mit gelehrten ansehnlichen Leuten; und wert den in andre Bücher auch zu lernen begehren / aso wert sich die Belehrung unter Jisrael mehren; drum auch kumt geschwind zu laufen / dis schöne köstliche Buch zu kaufen; und last euch nit gereuen was ihr davor tuht geben / den es derlängt euch euer Leben; und Got selbst hochgebenedeyet wert es euch wieder bescheren zweyfältig und mehr / und wert seyn zu sehen an die Tröstungen Zions / und an den Bau Jerusalems; und wert euch erfreuend seyn / zu sehen den Bau des Heiligtuhms hüpsch und fein; und zu derleben die Erlösung / und zu sehen Messiam den Sohn Davids in seiner Herlichkeit; eilig in unsern Tagen / Amen. Und also sey es wohlgefällig oder geschehe der Wille / das bit euer dienstwilliger Schreiber / Joseph Suhn meines Herren Vaters Alecsander / das Andäncken des Gerechten ist zum Segen / er heisset Josell Witzenhausen[153] / Setzer / Ubersetzer des Gesetzes der Propheten und der andern Schriften aus der heiligen oder Hebreischen Sprach in die Teutsche Sprach.

---

153 Joseph ben Alexander aus Witzenhausen (s. Anm. 8).

II. Eine Vorrede des Jüdischen Druckers:
ES spricht Joseph[154] der Suhn meines Herren Vaters / des heiligen Abraham Athias[155] / das Andänken des Gerechten is zum Segen / er ist lebendig verbrant worden auf den heiligen Namen des einigen Gottes in der Stat Korduba[156] / im Jahr 5427.[157] (der Welt / das ist 1666. sq. nach Christi Geburt:)

Die Belehrung hat angeschrieben im Buch Deut. 27/8.[158] und du solst schreiben auf die Stein al die dasigen Wort des Gesetzes wohl bescheidlich / da macht Raschi[159] / in sibenzigerley Sprach / die Gemara[160] sagt auch / warum is Jisrael gen Babel geführt / darum daß ihre Sprach der heiligen oder Hebreischen Sprach am nächsten war / damit das Gesetz nit in Vergessenheit gestellet würde von Jisrael. Drum auch hat der Heilige Hochgelobte Got geboten / man sol die Lehre schreiben wohlbescheidlich / auf solche Art wie macht Raschi / in sibenzigerley Sprach / den es is eine offenbahre und bekante Sache zu vor dem Heiligen und Hochgelobten Got gewesen / daß Jisrael werden verspreit werden in al die vier Seiten von der Welt / unter allerley Volk und Sprach / der Worten / daß sie überal wo sie werden seyn / in ihren Ländern / nach ihren Sprachen werden die Lehre haben / daß die Lehre das sey ferne und Friede nit sol vergessen werden von Jisrael / den anderst wär keine Hoffenung zu Jisrael / daß sie könten aus dem Exilio derlöst werden / den die letzte Erlösung

---

154 Siehe Anm. 3.
155 Abraham (da Castro) Athias (Mendes de Castro).
156 Cordoba.
157 Jüdische Jahresrechnung (beginnend mit der Schöpfung). Weil der Jahresanfang des jüdischen Jahres in den Monaten September/Oktober liegt und überdies beweglich ist, ergeben sich als äquivalente römische Jahren immer zwei Jahre.
158 Deut. 27,8.
159 Siehe Anm. 110
160 Gemara, Erläuterung und Ergänzung der Mischna (s. u.).

wirt seyn gleich as wie die erste Erlösung is gewesen / und es is männiglich bekant / daß Jisrael durch Haltung des Gesetzes seynen derlöst geworden von Egypten / as wie der Spruch sagt in Exod. 3/12.[161] Wen du das Volk hast ausgezogen von Egypten / sölt ihr Got dienen auf dem dasigen Berg / aso wert die zukünftige Erlösung auch seyn durch Haltung des Gesetzes. Aber heut des Tags sicht man an unsern überhäuften Sünden augenscheinlich / daß die heilige Lehre / das geschriebene Gesetz / fast gar is verworfen in einem Ek der Haus=Winkel / das brengt auch durch unsre überhäufte Sünden unser Verlängerung des Exilii / gleich as wie Jaakobh / unser Vater / über ihm sey Friede / hat gesagt Genes. 27/47.[162] Aso sicht man auch heutigs Tags / fast in gantz Pohlen und Böhmen und men andre Länder / daß asobald ein Kind neiert[163] ein wenig Buchstabiren kan / lernt der Rabbi ein Abteilung oder etwas mehr der fünf Bücher Mosis / danach hebt man Mischnijot[164] und Gemara mit ihm an / und legt sich auf Spitzfündigkeiten und Zwistigkeiten / aber den Haupt=Grund den Brunnen lebendiger Wasser das geschriebene Gesetz last man stehn / rechtschaffen klagt die Torah schäbi Cthabh / wie der Prophet sagt.[165]

Und auch sint die Zeit daß viel Polnische Gelehrte in Teutschland seynen gekummen / da man sunst jo hat pflegen Biblische Sprüch und Verse zu lernen / da haben sie auch / gleich as wie ihr Brauch is / wenig Sprüch mit den Kinder gelerrent / wens der Lehr=Meister nit kan wie sols der Schüler wissen / mitlerweile möcht

---

161 Ex 3,12.
162 Gen. 27,47; den Vers gibt es in der hebräischen Bibel nicht.
163 Nur.
164 Mischna, Niederschrift der mündlichen Tora, vor allem religiöse Bestimmungen.
165 Nicht ermittelt.

doch ferne und Friede das geschriebene Gesetz vergessen werden von Jisrael:

Ja auch man hat den Zennah ve Rennah[166] auf fünf Fünfteil vom Gesetz und fünf Bücher und Prophetische Texte / das is neiert ein Stük von der Lehre / und seynen meistenteil ausschweifende allegorische Auslegungen / alls Erklärungs=Weise / aber nit der Haupt=Grund von der Lehre / daß man solt verstehn / wie der Spruch in dem eigentlichen Begrif oder blosem Wort enander redt: Der fröh gejagte Hinde[167] und gesammelte Nachleft[168] und andere Bücher men / seynen sehr mächtige schöne Bücher auf das Gesetz / die Propheten und andere Schriften / seynen aber nit verteutscht von Wort zu Wort / neiert auf die schwere Wörter / und auch viel Erklärungs=Weise: nun der Maggid[169] auf die Propheten und andere Schriften is auch schwere Wörter und viel auf die Art einer Deutung / aber nit schlecht weg eine Auslegung der Sprache / und al diese Bücher seynen dazu auch gar schlecht gedrukt / seynen besudelt und nit wohl zu leien / und auch voller Druk=Fehler / und wen men sie jo aso nachenander leient / kan der gemeine Man der kein Gelahrter is / dem Text kein Verstand abhaben / den die Bücher seynen nit von Wort zu Wort verteutscht durch Auslegung der Worte / daß es ein itlicher es sey Man oder Weib / Jüngling oder

---

166 Ze'enah u re'enah (צְאֶנָה וּרְאֶינָה), eine gegen Ende des 16. Jahrhunderts erschienene altjiddische Paraphrase zur Tora, den Schriften (Hohes Lied, Rut, Klagelieder, Kohelet, Ester) der fünf Hauptfeste (Megillot) und den Haftarot (Abschnitt aus den Propheten zu den Toralesungen), von Jakob ben Isaak Aschkenasi aus Janów bei Lublin. Der Titel zitiert zwei Wörter aus Hhld 3,11 („kommt heraus und seht"). Die älteste erhaltene Edition dieses weit verbreiteten Buches entstand in Basel 1622 (Enzyklopädie jüdischer Geschichte und Kultur, Bd. 6, hg. von Dan Diner, Stuttgart–Weimar 2015, S. 500–503).
167 Gemeint ist wohl der in Anm. 129 genannte Kommentar.
168 Nicht ermittelt.
169 S. Anm. 130.

Jungfrau oder auch gemeine Leut / aso wohl könten die Folge von den Texten verstehn / aso wohl as ein Gelehrter / der Worten daß man sol können haltend seyn / und du solst sie schärfen zu deinen Kindern / und du solst davon reden wen du in deinem Haus sitzst / und wen du auf dem Weg tuhst gehn [etc]. Deut. 6/7.[170] Das geht doch[171] jo auf das geschriebene Gesetz / gleich as wie aus dem Zusammenhang der Verse oder Texte erhellet / den es stehet weiterbescheidlich / und du solst sie schreiben vers. 9.[172] Unsere Meinung is nit die oben gemelten Auslegungen / das sey ferne und Friede / zu verachten / das sey ferne. Sie gehen nach ihrer Weise / wir gehen nach unsrer Weise.

Unsere Meinung is mit der Hülfe Gots durch Ubersetzung der Sprache zu verteutschen das Gesetz / die Propheten / und Schrifften Wort vor Wort in einem guten Teutschen zierlichen Styl / daß es ein itlicher / er sey auch wer er sey / in den Ländern Pöhem[173] / Mähren / Oestereich / Pohlen und Teutschland wohl sol verstehn / und wissen was unsere heilige Lehre in sich habe / das bisher wie viele tausent ja zehn tausenten von Jisrael nit gewüst haben / was sich und wie sich alle Sachen haben zugetragen / dieweil mir[174] Könige und Propheten haben gehat.

Den last uns einmahl sehn / was haben doch die Völker getahn / daß sie haben nach ihren Geschlechtern / Sprachen / Ländern und Nationen / Gesetz / Propheten und Schriften dolmetschend gewesen / hat nit König Ptolomäus[175] lassen sibenzig Aeltesten von Jerucha-

---

170 Deut. 6,7.
171 Doch.
172 Deut. 6,9.
173 Böhmen.
174 Wir.
175 Ptolemaios (siehe Anm. 135).

laim kummen / die ihm das Gesetz haben übersetzend gewesen in die Griechische Sprach[176] / und er hat ihnen grose Geschenke gegeben / und hat sie mit groser Ehr und Ruhm wieder lassen hinzihn / gleich as wie man es ausführlich gefind in dem Buch / die Augen des Rabbinen Sadi vol rohter Ducaten.[177]

Auch hat man es in Jtalia Gesetz Propheten und Schrifften ubersetzend gewesen[178] in die Lateinische Sprach / in Korinten[179] / Steyermark / Tyrol / Bayern / Schwaben haben es in ihrem Sprach / in Sklavonia[180] / Ungern / Siebenbergen[181] / Walachey haben es in ihr Sprach übersetzend gewesen / in Böhmen / Pohlen / Reussen[182] / Moscovia[183] / Persia / Arabia / Jndia / Armenia haben es in ihrem Sprach übersetzend gewesen / Dennemarck / Norwegen / Schweden / Lappeland / Liefland haben es in ihrem Sprach übersetzend gewesen / Hoch=Teutschland / Nieder=Teutschland / Saksen=Land haben es in ihrem Sprach übersetzend gewesen / in Hispania / Franckreich / Portugal haben es in ihrem Sprach übersetzend gewesen / Engeland / Schotland und Jrland; ein itlich Landschafft / hat es in seinem Sprach übersetzend gewesen / und noch viel men[184] andre Länder / die uns hie viel zu lang zu schreiben seynen / den ich hab selbert[185] nun wie viel Jahr nachenander gedrukt / über zehnmahl hundert tausend Bibeln in Engelsch und Schotsch / den es is kein Knecht hinter dem

---

176 Zur Entstehung der Septuaginta siehe Anm. 136.
177 Nicht ermittelt.
178 Zu den hier gemeinten Übersetzungen ist die Literatur zu den jüdischen Bibelübersetzungen zu konsultieren.
179 Kärnten.
180 Slowenien.
181 Siebenbürgen.
182 Russland.
183 Großfürstentum Moskau.
184 Mehr.
185 Selber.

Pflug oder kein Dienst=Magd geschweige den andre in gantz Engeland oder Schotland / der da vier Schrit geht sunder seine Biblia bey sich zu haben / den alsobald einer ein wenig ledig is / und niks zu tuhn hat / aso nemt er seine Biblia hervor / zu bestätigen / wen du zu Haus sitzest / und wen du auf dem Weg thust gehn.[186]

Und warum söln mir sich den nit auch aso befleißigen in unsere heilige Gesetz / dieweil doch die Lehre zu uns is gegeben wurden / und zu keiner andre Nation und Sprach / den mir haben Got sey Dank die lautere reine Lehre in unserm der heiligen oder Hebräischen Sprach / das auch alle die Nationen uns derentwegen lieb haben / den sie selbert sagen / daß mir den klaren reinen Spiegel / die heilige Gesetz / sunder verfälscht haben / und ihnen vortragen.

Man sech zu / was haben die hochmächtige Hern Staten General von den vereinigte Nieder=Landen / (das meint die sieben Provincias Holand / Seland / und West= Friesland / Stifft Utrecht / Gelderland / Uber= Jsel / und Gruningen) dran gewent / und haben im Jahr 5379. (der Welt / Christi 1618. sq.) lassen zu enander kummen von nahenten und von weiten fünff und zwanzig grose Gelährte in das Ort Dort oder Dortrecht / und haben sich lassen Gesetz Propheten und Schrifften recht wol übersetzend seyn / al dem lautern wörtlichen Verstand nach / und haben solche grose Unkosten getahn / die nit zu beschreiben seynen:[187]

Aso seynen auch gewesen in der heiligen Synagog Ferrara[188] / hundert grosse Weisen aus Spanien / die

---

186 Diese Beobachtung bezieht sich wohl auf den Puritanismus in England und Schottland im 16. Jahrhundert. – Zu den Ausgaben englischer Bibeln des Athias siehe *Lajb Fuks* und *Rena G. Fuks-Mansfeld*: Hebrew Typography in the Northern Netherlands, 1585–1815. Historical Evaluation, and Descriptive Bibliography. Bd 2, Leiden 1987, S. 238f. Vgl. Anm. 170.
187 Zur niederländischen Staten-Vertaling siehe Anm. 138.
188 Zur Ferrara-Bibel siehe Anm. 137.

da haben übersetzend gewesen Gesetz / Propheten und Schriften in die Spanische Sprach Wort vor Wort / nach seinem eigentlichen wörtlichen Jnhalt / sunder einige Erklärungen oder Auslegungen. Is den einem gemeinen Man etwas schwer zu verstehen / daß er nit weiß was der Text meint / aso geht er hin und fragt einen Gelehrten ein Gesetz=Lehrer der da wolgeübt is in dem Biblischen Text in Gesetz Propheten und Schrifften / derselbige es Got sey Lob unter uns Spanier oder Portugiesen insgemein viel gibt / die gar wol versucht seynen in dem Biblischen Text / den man is doch jo erst schuldige einen Grund zu machen / eh daß man einen Bau aufstelt / aso gehört man den auch erst den Grund das Gesetz in Geschrift zu lernen.

Und nachdem daß der hochgelobte Nahm / gelobt sey er und gelobt sey sein grosser Nahme / mich nun hat würdigend gewesen mit Verstand in dem Werke des Buchdruckens / und ich hab es Got sey Lob in meinem Vermögen / aso bin ich hingegangen / und hab im Jahr 5426 (der Welt / Christi 1665. sq.) gedrukt Gesetz Propheten und Schrifften in Hebräischer Sprache[189] / übersehen und gesaubert von allen Fehlern in der Welt. Den sie seynen gereiniget von viel grosen Meistern des Gesetzes / von den Kindern unsers Volks und von den Herren Professores von der Universität der Stat Leida in Holand / und von den Herren Professores von der Stat und Stifft Utrecht[190] / und hab grose Unkosten

---

189 תורה נביאים וכתובים Biblia Hebraica Accuratissima, Notis Hebraicis et Lemmatibus Latinis illustrata A Johannes Leusden, Amsterdam 1661 und 1667.

190 Die Professoren der Universitäten Leiden (Johannes Coccejus [1604–1669]) und Utrecht (Johannes Leusden [1624–1699]). – *Theodor Dunkelgrün*: Like a Blind Man Judging Colors. Joseph Athias and Johannes Leusden defend their 1667 Hebrew Bible. In: Mapping Jewish Amsterdam. The Early Modern Perspective, hg. von Shlomo Berger, Emile Schrijver, Irene Zwiep (Studia Rosenthaliana, 44), Leuven 2012, S. 79–115.

darauf verwendend gewesen / daß es sol gereiniget seyn / daß durchaus kein Fehler in der Welt darinnen zu finden ist / Got Lob.

Da hat mir auch die Regierung / die Hoheit ihrer Herlichkeit werde erhoben / die Hochmächtige Herren Staten General ein Privilegium gegeben / daß niemant währender Zeit von 22. Jahren dergleichen Gesetz Propheten und Schrifften sol dörfen nachdruken / oder verkaufen / und haben mich verehrend gewesen mit einer güldene Ket / und ein Gnaden=Pfenning[191] dran / das auf einer Seit steht das Wafen von Holland / und auf der andre Seit das Wafen von den sieben Provinzies / wiegt 36 Loht fein Gold / welch Privilegium und Ehre von Menschen Dencken kein Jsraelit oder niemant hat gehat:

Da hab ich mir gedacht / dieweil mich der Hochgelobte Name / gelobet ist er / mit diesem Ehren=Zeichen hat würdigend gewesen / aso wil ich den der Welt auch weiter zur Seeligkeit behülfflich seyn / mit al demjenigen das in meinem Vermögen is / und hab nit angesehn Zeit oder Gelt / grad zum Wieder=Spiel von andre Buchdruker / die neiert auf Gewinst sehen / und druken aso schlecht hin / nehmen schlecht Papier / schlecht Tint / schlechte alte Druk=Lettern / und lassen neiert geschwind nach enander hinwek rumpfeln[192] / daß man es auch fast an viel Orten nit wol leienen kan / und dazu vol von Fehler fast ohne Zahl / dieweil sie keine besondere Aufsicht darauf / den sie gedenken neiert auf Gewinst.[193]

Aber bey mir is es Got sey Lob nit aso / damit folg ich meinem Vater über ihm sey Friede nach / der da sein

---

191 Nichts ermittelt.
192 In Falten ziehen?
193 Gewinn.

Leib und Leben hat sich übergebend zum verbrennen gewesen[194] / um des heiligen Namen des Einigen Willen / aso leg ich auch itzundert mein Gelt und Müh und Aerbet an zur Ehre des heiligen Namen / gelobet ist er / und hab nachgeforscht gewesen nach weisen und verständigen Leuten / gelehrte versuchte im Gesetz Propheten und Schrifften / die mir dis Buch söln übersetzend seyn aus der heiligen Sprach in die Teutsche Sprach / Wort vor Wort / in einem zierlichen Styl / schlechtweg durch Verdolmetschung der Wörter / gut Teutsch das man überal verstehn kan / in Pöhem / Mähren / Oesterreich / Pohlen und Teutschland / daß kein Wort in dem Text sol verfehlt seyn / und auch nit men as in dem Text steht sol setzen / und hab durchaus kein Gelt gespart / den ich hab dem Ubersetzer dem grosen Meister unserer Meister Joseln Witzenhausen[195] Setzer / bezahlt von aso viel as auf einem dieser gedrukten Bogen steht drey Reichstaler specie Gelt / auf Schillings zu rechnen nach Proportion sechszehen und ein halben Gülden Polnisch.[196]

Noch über dieses hab ich gegeben an dem grosen Doctor / das Licht der Juden / die Seule / der rechten Hand / ein starker Hammer / ein besonderer Mann / geehret ist sein Name / ein hochgelahrter Mann / unser Herr und Meister der Meisteren / das Haupt aller Vorsteher des Gericht=Hauses bey der heiligen Versammlung der Teutschen / mein Fels und mein Erlöser behüte ihn / in Amsterdam[197] / von itlichen gedruckten Bogen drey und einen halben Reichsthaler / neun siebenzehn Creutzer=Stücke specie / nach Polnisch Gelt auf Schil-

---

194 Siehe Anm. 155.
195 Siehe Anm. 8.
196 Zu diesen Währungen s. Text 1, Anm. 67.
197 Wohl der kabbalistische Rabbiner Mei(e)r Stern (vor 1661–1680), Vorsteher der deutsch-jüdischen Schule in Amsterdam (Jöcher 4, Sp. 831).

lings zu rechnen nach Proportion zwantzig Gülden /
daß er dem Ubersetzer Rabbi Josell / der oben gemeldet
ist / sol zuhören überleien die Ubersetzung Wort vor
Wort / daß kein Wort in dem Text sol aussen geblieben
seyn / und daß die Ubersetzung sol recht seyn / daß nit
bewahre Got und es sey Friede ein Fehler dadorch
möcht kummen / und genaue Acht darauf zu geben /
deß es sol seyn das vollkommene Gesetz des Herren /
das reine und lautere Wort Gottes / gleich dem siben-
mahl geläuterten Silber. Aber da ich hab gesehn / daß
die vorerwehnte grose Excellenz gar beschäfftigt is gewesen im Studiren und Richten gantzer Gemeinen in
göttlichen Sachen / daß er mänchen Tag nit hat Müße
gehabt zu essen / und hat mich nit wol können befördern
seiner Geschäfte halber / und hat mich gar lang aufge-
halten / viel über ein Jahr / und hat die Dritte von dem
Buch noch nit überleient / da hab ich gesehn / daß in
aso einem Circel=Rad[198] das Buch / das sey ferne und
Friede / wie viel Jahr solt müssen unter Handen seyn /
eh es zum Stande käme / und wer gibt einem Gelt genugen / oder Zeit genugen / und wer weiß was der Tag
oder die Zeit noch gebracht hätte / ein Menschen=Kind
is übernächtigt / und auch kan man nit die Leut alzeit
aso kriegen / die da geschikt seynen / aso ein Buch
übersetzend zu seyn in die Teutsche Sprach / in einem
schönen zierlichen Styl / und auch daß ein aso herlich
Buch nit länger sol vor der Welt verborgen seyn / daß
ein itlicher Menschen=Kind sol können seines Lichts
sich bedienend seyn / da hab ich nachforschend gewesen
/ nach warhaftige und der Gewinsucht nit ergebene
Männer / die eben nit alls von Gelts wegen tuhn / sunder
allein nach allen Kräften ihres Vermögens sich bestre-
bend seynen / an aso einem herlichen Buch Fleiß anzu-

---

198 Nicht ermittelt.

wenden / ihrer viele damit sich verbindlich zu machen / und das Verborgene ans Licht zu bringen,

Aso hat mich Got geführet zu dem Doctor der H. Schrifft oder des Gesetzes / as nemlich zu dem Meister unser Meister / dem Bas=Singer aus der heiligen Synagog Prag / einem rechtschaffenen redlichen Man / der Got fürchtet und das Böse scheuet / einem weisen und verständigen Man[199] / der fast alle unsere Bücher sich bekant gemacht / gleich as wie man wol sehen kan an seinem Buch *Siffsi Jeschaynim*[200] das er hat verfertigend gewesen / da hab ich mich erfreuend gewesen / gleich einem der eine grose Beute findet / daß ich aso einen Man hab gefunden / der auch wol geübt is in den Sprachen von den Ländern Pöhem / Mähren / Oestereich / Pohlen und Teutschland / der Worten daß man es überal wol sol können verstehn / und keine Wörter in diesem Buch gebraucht / die hie in Holand oder Friesland gebräuchlich seynen / den man versteht sie anderstwo nit / und hab ihm wol bezahlt / daß er hat angenummen die Ubersetzung von diesem herlichen Buch zu überleienen mit dem Ubersetzer / nemlich den Meister unser Meister Josel Witzenhausen / dessen vorhin schon gedacht worden / das da noch nit überleient is / bis ganz aus / mit grosem Bedacht u. Aufmerksamkeit / gleich as wie er auch getahn hat / und hat sehr aufmerksam gewesen in alle Ausleger / daß oberwehnter Ubersetzer itlich Wort recht wohl verteutscht hat / der Worten daß nit ein unangenehmes

---

199 Rabbi Shabtai ben Yosef, der Bass (1641–1718), polnischer Jude, Vorsänger der Schule in Prag; er stand mit Johannes Leusden in Utrecht (Anm. 190) in Kontakt und wohnte einige Zeit in Amsterdam bei Athias (Historisch-Critischer Nachrichten von der Braunschweigischen Bibelsammlung Erster Band, Wolfenbüttel 1754, S. 199–213, bes. 207f.).
200 *Shabtai ben Yosef*: Sefer Śifte yeshenim [deutsch: Das Buch der Lippen der Schlafenden, Greifswald 1708].

Wort sölt das sey ferne und Friede seyn unter der Hant ihm entfallen / und daß dis vortreffliche Buch möcht zu völligem Stande kummen / den wie viel hundert Männer und Weiber und kleine Kinder sehr nach diesem Buch verlangen / Wasser aus dem Brunnen der lebendigen Wasser zu schöpfen.

Auch hab ich durchaus kein Gelt gespart / und genummen auserlesenst Papier / gute Tint / schöne neue Druk=Lettern / die beste Werk=Meinster / den auch der Ubersetzer / dessen ich schon gedacht / hat es auch selbert gesetzt / und wohl Achtung gegeben auf die Correctur / und alle Sachen gar hüpsch ordentlich gestelt. Zum ersten seynen dorch das ganze Buch gezeichent die Kapitul / und in den Kapitul einen itlichen Vers besunder gezeichent mit 1.2.3. Zum andern is in den fünf Büchern des Gesetzes die ordentliche Abteilungen des Gesetzes gezeichent mit 1.2.3. daß man alzeit kan wissen dorch das ganze Jahr / die wie vielste Abteilung das es is. Zum dritten is in den fünf Büchern des Gesetzes überal auf dem Rand gezeichent das Leienen / was man an Feyer=Tägen / unbeweglichen Festen / Neu=Monden / algemeinem Fasten / Einweihung / Hamans=Fest[201] / und vier grose Sabbather[202] leient / neiert von Exod. 21. bis Num. 7 acht gedrukte Bogen / da is niks gezeichent / den die acht Bogen hat ein anderer[203] ubersetzend gewesen. Zum vierden is in einer itlichen Abteilung des Gesetzes auf dem Rand gezeichent die Prophetische Lection die dazu gehört / und wo man sie gefinden sol / und in den Prophetischen Büchern seynen die Prophetischen Lectionen auch aso gezeichent / wo

---

201 Purim.
202 Der große Sabbat (vgl. Lev 23,32) ist eigentlich der Sabbat vor Pessach; zum Teil werden auch die Sabbate vor Schawout (Erntedankfest, fünfzig Tage nach Pessach) und Sukkot (Laubhüttenfest) so genannt.
203 Nicht ermittelt.

sie anheben / und wo sie auslaufen. Zum fünften al die Hebreische Wörter / oder die Nähmen von Menschen / Ländern und von Plätzen / oder sonst ein fremd Wort / hat man gestelt zwischen solche () zwey halbe Monden. (NB. Dieser 4te / und 5te Punct ist in diesem Deutschen Druck nicht observiret worden. Jtem auch der 7de Punct nicht / hingegen sind an dessen Stat die zwey grosse Abteilungen eines jeden Verses nach / Atnach u. Silluk[204] / die im Hebräis. befindlich / alezeit mit beygefüget.) Zum seksten / wen man wert gefinden ein Wort oder men Wörter zwischen aso [] einem Klammer=Zeichen / das weist daß die Wort nit in dem Hebreischen Grund=Text stehn / neiert man hat sie müssen setzen von Verbindung der Sprache wegen / oder der Worten daß man den eigentlichen Wort=Verstand von dem Text sol recht können verstehn. Zum sibenden is / alwo ein Satz oder Rede aufhöret / ein Stüfelchen[205] gestelt / daß man sol wissen / welches herauf oder herab geht / das dem Leienen einen sunderlichen Nachdruk oder Geschmak gibt.

Und drum sol ein itlicher mit Aufmerksamheit in dem Buch leienen / aber nit eilendig hinwek schlupfern[206] / neiert in acht nehmen / was er leient oder wo er leient / in welchem Buch in welchem Kapitul / in welchem Vers / der wert den verborgenen Grund von dem Gesetz gewahr werden / und unsre heilige Gesetz in sich hat / und dadurch verhof ich wegen Aemulation[207] der Nachforscher die Weisheit mehren / der ein gemeiner Man / es sey auch wer es sey / darinnen wert leienen und sehn und erfahren wunderwürdige Sachen / die er vor Tag nit gewüst hat / und wert bisweilen wol

---

204 Silluk; vgl. Anm. 109.
205 Komma; siehe S. 79.
206 Schlupfen?
207 Mißgunst.

davon reden mit einem Gelahrten oder wol ein Schwürigkeit frägen / und ein Gelahrter hat sein Lebtag kein Biblischen Text gelerren der wert nit wissen / wer dem Menschen die Reden beygebracht hat kumt dem das her / und wert auch hingehn und vor sich nach dem Gesetz Propheten und Schrifften zu lernen / mit al den Satzungen / der Worten wen er möcht etwas gefragt werden von einem gemeinen Man / daß er wert können sein Antwort geben und nit zu Spot werde. Auf diese Weise wert sich die Gesetz=Lehre mehren unter Jisrael / und wert bestätiget werden Spruch Jerem. 31/34.[208] und sie werden nit men ein itlich Man seinen Gesel und ein itlicher Man seinen Bruder soln zu sagen / kent Got / den sie alzumahl werden mich kennen von den Kleinen und bis zu dem Grosen / den ein itlicher wert die Lehre können verstehn / und die Erd wert derfült werden mit Wissenschaft / gleich as wie die Wasser den Bodem vom Meer zudeken Habac. 2/14.[209] und verhof ein itlicher der um so viele verdient machen wirt / der wirt auch vieler Gerechtigkeit teilhaftig seyn / aso wert der Verdienst von meinem Vater und Heiligen / und der Verdienst des herlichen Buchs bleiben biß auf den Jüngsten Tag und biß in alle Ewigkeit.

Und da die hohe Regierung / die Hoheit ihrer Herschaft werde erhoben / die hochmächtige Hern Staten von Holand und Westfriesland und von dem Stift Utrecht haben gesehn / wie nach allen Kräften meines Vermögens mich befleissigen / ein schön neu Buch zu druken / das von Anfang der Welt nit is gedrukt worden / und aso viel Gelt hab da auf verwand gewesen / und durchaus kein Gelt da an gespart / der Worten daß alle zuletzt rechtfertig und schön sol seyn / haben sie mir ein Privilegium gegeben / währender Zeit von sechzehen

---

208 Jer 31,34.
209 Hab 2,14.

Jahren von dem Tag an folglich zu rechnen daß niemant es sey auch wer es sey sol vermögen des dasige Buch nachzudruken oder herbrengen zu verkauffen. Auch haben mir die Doctores Häubter und Anführer und Excellenzen der Ewigkeit Regenten der vier Landschaften Pohlen[210] / und die Vornehmsten die grosen Lichter und Häubter der Academien / die in den vier ob erwehnten Landschafften ihr Approbation da auf gegeben / mit dem Nachdruk aller Bestärkung und Flüche / daß sich niemant sol derwägen / dieses wehrtgeschätze Buch innerhalb sechzehn Jahren von dem Tag an nach zu druken / gleich as wie ihr ein oder zwey Blat vorwerts könt die Approbationes[211] leienen. Darumb ein itlicher der da genennet ist auf den Nahmen Jisrael / und wert sehen den grosen Nutzen von diesem Buch / und daß ich aso ein groß Stük Gelt hab drauf verwendend gewesen / der Worten daß ich vielen zu Dienst wil seyn / nit sparsam sol; seyn auf das wenig das er vor dis Buch wert geben / den er kauft sich damit das ewige Leben / wen er wert halten was dainnen thun stehn / drum kumt zu laufen tudt nit lanzum gehn / den es is ein Wesen da / ein Baum des Lebens denen die sich daran fest halten / wen ihr ernstlich drinnen werd leuen / aso wert sich euer Hertz derfreuen / und wen ihr es wert halten / aso wert ihr in Ehrn alten / drum auch last euch euer Gelt nit verdriessen / den ihr wert es noch in der zukünfftigen Welt geniessen / as wie der Spruch[212] sagt / daß wer mich find das Leben find / und wert euch beleiten in das Land der Lebendigen. So steht im Biblischen Text / wenn du gehest in jener Welt / so laß sie

---

210 Die Juden der vier polnischen Provinzen Großpolen mit Masowien, Kleinpolen, Reußen und Litauen, vertreten in der jüdischen Vierländersynode (1581–1764).
211 Zustimmungen.
212 Spr 8,35; vgl. 6,22.

dich behüten / und wenn du wachest / so rede von dem Gesetz. Und der Got des Lebens / der da reitet oder beherschet die Himmel / mache euch würdig zu sehen an die Tröstungen Zion und an den Bau Jerusalems / eilendig in unsern Tägen / es geschehe / und dis sey der Wille oder Wolgefallen. So weit die Reden des Drukers Joseph Athias / vom Stam der Spanier oder Portugiesen.

Der Titul / so für die Jüdische Ubersetzung befindlich:[213]

DAs Gesetz / die Propheten / und die Psalmen aus der heiligen oder Hebräischen Sprach übersetzend und in Teutscher Sprache beschrieben / nach Anweisung groser und berühmter Ausleger / sind sie nicht die grosen Lichter / nahmentlich ausgedrukt Targum Jonathan / Raschi / Aben Aesra / und Rabbi David Kimchi / unser Meister Jeschajah / und unser Meister Saadijah groser Her / und Rabbi Levi der Suhn Gersom / Beer Moschäh / Maggid / Ajalah Scheluchah / Chibbure Läkät / Miclol Jophi;[214] schlechtweg dem wörtlichen Verstand nach / sunder Schand oder Anstos zu legen.

Durch Vermittelung des Grau[215] und Greisen des grosen Meisters unserer Meister Joseph[216] Suhn von Alecsander / das Andänken des Gerechter ist zum Segen / in einem feinen und schönen Styl / ausgesiebt in dreyzehn Sieden[217] (das ist:) auf das allerbeste.

Dis Buchs gleichen is vor diesem nit men wurden gedrukt in der ganzen Welt / und man hat auch dran gespahrt kein Gelt; und hat dazu genummen gute neue Lettern schön Papier und gute Tint / daß es kan leienen

---

213 Übersetzung des hebräischen Titels (siehe Anm. 7).
214 Siehe Anm. 126–133.
215 Nicht ermittelt.
216 Siehe Anm. 1.
217 Wohl Druckfehler für Sieben.

ein itlich Kint; und wen ihr irgent möcht sehn aso ein Buch / as wen es wär gedrukt vor zwey oder drey Jahr / glaubt es nit den es is nit wahr; am zwey und zwanzigsten des Monds Casleu[218] / im Jahr 439. nach der mindern Jahr=Rechnung[219] (das is Anno 1678. oder 79.) is es geschehn / daß dieser Bücher eins das erste mahl is worden gesehn; bey den Weisen der heiligen Versamlung oder Synagog der Spanier oder Portugiesen zu Amsterdam in ihr Schul=Häuser / und haben es aufgeschrieben zum Andänken daß es is innenwendig was neues; drum auch meine Liebe Meister tuht keine Lügen zuhören / in dieser Rechtfertigheit werden mir wieder in das Land Jisrael kehren; und der hochgelobte Namen wert uns von allen vier Eken der Welt brengen zusamen / und wert uns schiken Meßiam den Sohn Davids es geschehe; eilendig in unsern Tagen und also sey es wohlgefällig oder geschehe der Wille.

Mit Approbation / Gutheissen / oder Ubereinstimmung der grossen Lichter der Häupter auf Academien / mit Zutuhung oder Beystimmng der Herscher und Anführer vierer Landschaften der Provintzen oder Herschaften Pohlens / und mit Derlaub[220] der Edele Herren Staten von Holand und Westfriesland. Gedrukt im Haus und auf Befehl des gewünschten Jung=Mans Emanuel[221] Atias Sohn / des Doctors und Anführers Joseph Atias / Sohn des Heiligen Abhraham Atias / es behüte ihn mein Fels und mein Erlöser. Jn oder zu Amsterdam im Jahr TebhVA tah Lerosch Joseph[222] (Joseph bringt

---

218 Kislev (zwischen Anfang November und Anfang Dezember).
219 Diese (kürzere) Zeitrechnung beginnt also 1240.
220 Erlaubnis.
221 Emanuel Athias, Buchdrucker in Amsterdam, Sohn von Joseph Athias.
222 Es handelt sich um ein Chronogramm aus den großen hebräischen Buchstaben der vier letzten Wörter. Danach wäre das Jahr zu bestimmen: 400+6+1+30+10 = 447 (1687).

den Segen) das ist 447 nach minderer Jahr=Rechnung der Welt / oder 1686.

Am Rande des Titel=Blats liest man (1) oben: Dieses ist das Gesetz das Moses gestellet hat zu vor die Kinder Jisraels. (2) auswendig herabwerts: Das Gesetz oder die Belehrung hat uns Moses anbefohlen als ein Erdtheil[223] der Gemeine Jacobs / ein Baum des Lebens ist sie denen die sich fest daran halten / und der sie umfasset ist selig. (3) Unten: Jhre Wege seynen lustige Wege / und alle ihre Steige friedlich. (4). inwendig aufwerts: Laß das Buch dieser Belehrung nit abweichen von deinem Munde / vielmehr soltu darinnen nachsinnen Tag und Nacht / der Her hat Wolgefallen daran von wegen seiner Gerechtigkeit / er wird gros machen und verherlichen die Belehrung des Gesetzes.

Für der Holländischen Ubersetzung wird folgender Bericht gefunden:

De Staaten Generael der vereenigde Nederlanden /
ALlen den genen die desen sullen sien ofte hooren lesen / Saluyt! Doen te weten: dat wy van den aen=beginne der Reformatie af in dese Landen ter Herten genomen / ende met alle Vlijt ende Sorgvuldigheydt getracht hebben te besorgen alles wat tot goeden Welstant ende Voortplantinge van de oprechte / ware / christelicke gereformeerde Religie / ende den suyveren Godts=dienst heeft mogen strecken ende noodig was: ende onder anderen mede dat Gods heylig Woordt / nae den rechten Sin / Oog=merck ende Verstant van den Gront=Text ende Sprake / daerinne Godt de Heere almachtig genadelick gelieft heeft sijne Leere ende Godts=Dienst door Jngeven des Heyligen Geest te openbaren / mochte wor-

---

223 Wohl: Erbteil.

den uytgeleyt / geleert / ende gepredickt / op dat daer door de Saligheyt der Zielen / ende 't eeuwig Wel=varen meer ende meer gevordert soude worden.

Doch aengemerckt zijnde dat noyt eenige Oversettinge van de H. Schriffture uyt den originelen Text in de Nederlantsche Sprake en was gedaen / hadden wy al over lange versocht ende gecommitteert eenige voorname geleerde Mannen / Theologanten ende Dienaren van de gereformeerde Kercken / om een nieuwe Nederlantsche Oversettinge der Heylige Schrifture uyt de oorspronckelicke Talen te Voorschijn te brengen / by dewelcke dit Werck van Tijdt tot Tijdt loffelicken begonnen wesende / is de Voortganck daer van nochtans door haerluyder ontijdijg Afsterven tot noch toe verhindert geworden. Waeromme / op dat dit soo noodig ende Goddelick Werck eyntlick eens ten Effecte gebracht / ende dese onse Christelicke Yver ende Voornemen voldaen mochte worden / hebben wy volgens het Exempel der eerster Kercken by de Tijden der Outvaderen / als oock op het Exempel der Naburige ende andere Gereformeerde Rijcken / Furstendommen / ende Republijcken / goet gevonden gehadt / die van de Synode Nationael in den Jare 1618 / ende 1619 / tot Dordrecht vergadert / te versoecken / authoriseren ende lasten / de voorseyde Oversettinge by der Handt te nemen / ende daer toe / als oock tot de Revisie van dien / eenige geleerde ende ervarene Theologanten te deputeren. Ende de Oversettinge door den genadigen Zegen van Godt almachtig by de Voorsz voortreffelicke Mannen in de Hebreeusche ende Griecksche Talen ervaren / ten Eynde gebracht / ende door andere geleerde Theologanten naerder oversien zijnde / hebben het Bedencken ende Goet vinden der selver doen hooren / ende daer uyt bevonden hebbende dat in dese Oversettinge alles was by=gebracht / dat de Waerheyt / de Eygenschap van de Woorden / ende de Sin der selver / kan vereyschen. Soo ist / dat wy nae rijpe Deliberatie / ende hier op gehadt hebbende 't Advijs van den Rade van State deser vereenichde Nederlanden / de meergemelte Oversettinge hebben geapprobeert ende geauthoriseert / gelijck wy deselve authoriseren ende approbren mits desen: ten Eynde dat deselve in de Kercken ende publijcke Scholen der vereenichde Nederlanden / ende andere Rijcken ende Lantschappen onder onse Gehoorsaemheyt resorterende / moge worden aengenomen ende gebruyckt / ende dat dien volgens alle Kerckelicke Vergaderingen / Kercken=Dienaren / Professoren ende Doctoren in de H. Theologie / Regenten van Collegien / ende voorts allen ende een yegelicken / die dit eenigsins aengaen mach / in 't exerceren van der selver Diensten ende Bedieningen haer daer nae mogen reguleren / omme alsoo de Eenigheydt / Welstant ende Dienst der gemelte Nederlantsche Gereformeerde Kercken ende Scholen meer ende meer te vorderen: Gaer toe Godt almachtig genadelick gelieve sijnen Zegen te verleenen.

Gedaen ter Vergaderinge van de Hoog=gemelte Staten Generael. Jn den Hage den 29. Julij 1637.

Was geparaphreert /

A. Ploos van Amstel /[vt. 224]

Onder stondt /
Ter Ordonnantie van de selve.
Geteyckent /
Cornelis Musch.[225]

—

---

[224] Adriaen Ploos van Amstel (gest. 1641), Ratsherr am Hof in Utrecht und Vertreter der Generalstaten auf der Dordrechter Synode. Vt: *Vidit*: Er hat es durchgesehen.

[225] Cornelis Musch (1592–1650), Sekretär der Generalstaaten der Niederlande.

Ordnung der Bücher dieses ersten Theils Altes Testaments / wie sie nach einander folgen:

1. Das I. Buch Mose / genant *Genesis*.	pag. I
2. Das II. Buch Mose / *Exodus*.	173
3. Das III. Buch Mose / *Leviticus*.	311
4. Das IV. Buch Mose / *Numeri*.	411
5. Das V. Buch Mose / *Deuteronomion*.	551
6. Das Buch Josua.	673
7. Das Buch der Richter / *Judicum*.	757
8. Das Buch Ruht.	840
9. Das I. Buch Samuelis.	851
10. Das II. Buch Samuelis.	960
11. Das I. Buch der Könige / *Regum* I.	1048
12. Das II. Buch der Könige / *Regum* II.	1152
13. Das I. Buch der Chronica / *Paralipomenon* I.	1250
14. Das II. Buch Chronica / *Paralipomenon* II.	1343
15. Das Buch Esra.	1456
16. Das Buch Nehemia / oder das zweyte Buch Esra.	1490
17. Das Buch Esther.	1537
18. Das Buch Hiob.	1564[226]

Nota wegen der Reformirten Ubersetzung:
Wo ein Wort von dieser Verdolmetschung genommen und ein bequemeres aus des *Piscatoris Noten* oder ein mehr bekandtes Deutsches an dessen Stelle gesetzet / da ist gleichwol das Ausgelassene unter den Vers bey die gleichlautende Oerter / mit einem * oder + bezeichnet / gesetzet / damit man wissen möge / welch Wort im Text gestanden habe. Was aber mit kleinern Buchsta-

---

[226] Das Verzeichnis wird im Bd. 2 (Ps–Mal; Apokryphen des Alten Testamentes) weitergeführt.

ben / zwischen Klammern / gedruckt ist / solches ist nur zu besseren Verständniß von *Piscator* zwischen ein gesetzet worden / befindet sich sonst im Hebreischen oder Griechischen nicht. Dieses letztere ist auch in der *Holländischen Ubersetzung* zu *observir*en.

Nota wegen der Jüdischen Ubersetzung
[] Die Wörter / so in solchen zwey Klammern eingeschlossen / und aus einerley Buchstaben mit dem Texte bestehen / sind ein Zusatz oder Erklärung der Juden. Was aber
() in solche Zeichen eingeschlossen / und mit kleinen Buchstaben gedruckt ist / das ist eine Verdeutschung vorstehenden Hebräischen oder *Rabbini*schen Wortes.
(:) Ein solch doppeltes Punct bedeutet / daß daselbst die größte *Distinction* im Hebräischen / *Silluk* genant / zu finden / und machet allemal die Endigung eines Verses.
(*) hochstehende Punct aber / zeiget an den im Hebräischen befindlichen *Atnach*, welcher in der *Distinction* was geringer ist wie der *Silluk*, wie den Gelehrten bekant.

[Zwischentitel]

Das Neue Testament / Oder: Der Neue Bund / Welchen GOtt Durch JEsum CHristum Mit Uns Menschen gemachet / Und durch dessen Apostel und Lehr=Jünger erstlich in Griechischer Sprache schriftlich aufzeichnen lassen. Jetzo Nach den gebräuchlichsten 4. hochdeutschen Ubersetzungen nebst der Holländischen / da immer eine die andere erklähret / dem Christlich=Deutschen Leser zu Dienst zum Druck befordert. Wobey noch mit angehänget sind Einige zur Erläuterung des Neuen Testaments dienliche Apocryphische Bücher. –

Gedruckt und verlegt durch *Herman Heinrich Holle*, Buchdr. in Wandesbeck bey Hamburg. *Anno* 1710.

[Vorrede]

Kurtzer Begriff
Des Neuen Bundes / welchen GOtt durch
JEsum Christum
mit uns Menschen gemachet /
Wie er im KupferTitul zum weitern Nachdencken
bildlich fürgestellet ist.[227]

JEsus Christus / der Gecreutzigte / lebe und
herrsche in uns!

ES bezeuget der Apostel Paulus 1 Cor. 1/23.24.[228] für sich und alle Apostel / daß ungeachtet der Juden Aergerniß / und der Heyden Verspottung / der Einhalt[229] ihrer gantzen Verkündigung sey:

Ein gecreuzigter Christus.

Wir / spricht er / verkündigen einen gecreutzigten Christum / der den Juden eine Aergerniß / und den Heyden eine Thorheit ist. Denen aber die beruffen sind / beydes Juden und Heyden / einen Christum der Gottes Kraft und Gottes Weisheit ist. Ja eben dieser Apostel bezeuget in folgenden 2 Cap. v[er]s 2.[230] Daß er auch nichtes anders wolle wissen / als nur *JEsum Christum* und zwar *als einen Gecreutzigten.*

So theuer war bey denen Boten des Friedens[231] *das Wort vom Creutz /* daß sie auch den Einhalt ihrer gantzen Verkündigung der guten Botschafft / die sie von Gottes

---

227 Das originale Druckbild ist von hier an zweispaltig.
228 1Kor 1,23f.
229 Inhalt, Summe (DWb 3, Sp. 194).
230 1Kor 2,2.
231 Jes 33,7.

wegen an alle Welt auszurichten hatten / eintzig und alleine dadurch bekandt machten / und den *wahren Christum* / nemlich *den Gecreutzigten* / eben durch das *Creutz* von alle *falsche Christos* unterschieden / die etwan künfftighin nach des Geistes Weissagung kommen möchten / und ein ander Evangelium / dem Fleische annehmlich / in Christi Namen betrieglich verkündigen würden.[232]

Gelobet sey GOtt für solches *gewisse Kennzeichen seines rechten Gesalbten* / und gelobet sey sein herrlicher Name / für das köstliche *Evangelium vom Creutz* / dadurch *JEsus Christus für uns* mit GOtt uns *versöhnet* / und in uns von allen Bösen uns *erlöset*.

Dieses ist die wahre Grund=Lehre von unserer Seligkeit / und der Einhalt aller heiligen Schrifften / begreiffet auch alles / was zur Erlangung der Seligkeit / beydes im *Glauben und Leben* / *zu wissen* und *zu thun* nöthig ist; daraus Christus völlig als Gottes Krafft und Gottes Weisheit von denen Beruffenen aus allen Völckern erkandt und offenbahr ist.

Auff daß aber auch die Mühselige und Beladene / die Krüppel / die Lahmen / die Blinden[233] / welche in ihrem Hertzen geruffen werden / dis Geheimniß des *Neuen Bundes* verstehen mögen / und den Grund des *Creutzes Christi* in göttlicher Krafft und Weisheit einsehen lernen / so ist zu forderst zu wissen nöthig: *Wer JEsus Christus der Gecreutzigte in seiner Person* eigentlich sey / auff daß nicht der *Wieder=Christ*[234] mit seinem Evangelio die hungerige Seelen mehr und mehr betriegen möge.

Es bezeuget dann die Salbung des H. Geistes / so wol durch die Propheten und Apostel / als auch noch in

---

232 Mt 24,24.
233 Mt 11,28 und Lk 14,13.
234 Antichrist (1Joh 2,18 u. ö.)

allen die durch ihn wieder zu GOtt kommen / daß *JEsus Christus der Gecreutzigte des lebendigen Gottes Sohn sey*;[235] nach dem *Geist* zwar das wesentliche Wort Gottes des Vaters / aus GOtt von Ewigkeit her ausgehend und gebohren; nach dem *Fleisch* aber unser Mit=Bruder / Fleisch von unserm Fleisch / und Bein von unserm Bein[236] / genommen aus dem Königlichen Samen Davids / geführet in die göttliche Geheimnisse / verherrlicht zum Ebenbilde Gottes / und mit GOtt vereiniget / und als der andere Adam[237] wieder ins Paradis gesetzet; von dannen er das Elend seiner Brüder auff der verfluchten Erden mitleidentlich angesehen. Dahero er aus Brüderlicher Liebe bewogen worden / nach dem Willen und Wohlgefallen Gottes seines Vaters / jedoch freywillig / um unsernt willen / seine Herrlichkeit zu verlassen / sich zu erniedrigen / auff unserer verfluchten Erde zu uns zu kommen / den Fluch und die Knechts=Gestalt wahrhafftig anzunehmen / und für uns in den Tod zu gehen / auff daß er die Liebe Gottes wiederum in den Fluch bringen / den gerechten Zorn des Vaters stillen / oder uns mit GOtt *versöhnen* möchte. Und darauff uns den geöffneten schmahlen Weg[238] ins Paradis zu zeigen / so wol zum Fürbilde an seinem Exempel / als in uns wohnend durch seinen guten Geist / auff daß wir *erlöset* aus der Hand unserer Feinde ihme dieneten ohne Furcht unser Lebenlang von nun an bis in die Ewigkeit. *Philip.* 2,6–11.[239]

Also ist er dann nach der Engel / Evangelisten und Apostel Verkündigung als das *Heilige* von Marien der Jungfrauen gebohren / und JEsus Christus Gottes Sohn

---

235 Vgl. Mt 16,16.
236 Gen 2,23.
237 Röm 5,14; 1Kor 15,45.
238 Mt 7,14.
239 Phil 2,6–11.

genant worden / und hat also unsern Fluch angenommen / das ist / er ist uns seinen armen Brüdern in allem Elende / Jammer / Noht und Tode / welches alles von der Sünde hergekommen / gleich geworden / wiewol er selbst ohne Sünde war;[240] alles zu dem Ende / daß er uns mit mächtiger Hand und starcken Arm aus diesem Dienst=Hause des Teufels (aus Gosen[241] / aus Egypten dienstbahr geworden) erlösen / und in das gelobte Land / welches unser Vater Adam besessen / und in seiner geschenckten Herrlichkeit wieder einführen möchte.

Gleich wie er selbst nach vollbrachten Leiden und Versuchungen des Teufels / da er in Knechts Gestalt bis in den Tod so getreu geblieben / als nicht der erste Adam in seinem herrlichen Stande gewesen war / wiederum von GOtt auffgenommen in seine Herrlichkeit / und ihme für solcher Treue und Liebe zu GOtt und seinen Brüdern noch über voriges gegeben ist zu sitzen zur Rechten Gottes / und als *König* über alle Thronen und Fürstenthumen der Engel erhaben; woselbst er zugleich als ein ewiger *Hoherpriester* in dem Allerheiligsten noch täglich und immer für uns opfert / bittet / und alle heiliget die durch ihn zu GOtt kommen.[242] Uber dem lehret er durch seinen göttlichen Geist / als ein immerwährender *Prophet*[243] und Lehrer / seine Jünger die ihme nachfolgen die Geheimnisse des Reichs Gottes in ihren Hertzen / denen andern aber in Bildern und Gleichnissen / so lange bis sie auch seine Jünger werden und ihme folgen wollen. Diß ist nun *JEsus Christus der gecreutzigte* / so wie er uns von GOtt gemacht ist zur *Weisheit* / *Gerechtigkeit* / *Heiligung* und

---

240 Hebr 4,15.
241 Gebiet in Ägypten (Gen 45,10 u. ö.).
242 Hebr 4,14–5,10.
243 Glüsing greift hier auf die protestantische Lehre von den drei messianischen Ämtern Christi als König, Priester und Prophet zurück.

Erlösung[244] / und wie er von denen Propheten / Evangelisten und Aposteln verkündiget ist / und wie er auch selbst in unsern Hertzen sich offenbahret / und gerne offenbahren will. Und in diesem *Christo* dem *Gecreutzigten* hat *GOtt den Neuen Bund* mit *uns* auffgerichtet / welcher eigentlich nicht mit Dinten[245] auff Papier beschrieben / noch in steinernen Tafeln gehauen / sondern mit dem Blute JEsu in dem Hertzen aller geschrieben und versiegelt wird / die den *Bund* für sich wollen eingehen / das ist / *wenn sie an Christum glauben oder ihn für den Heyland der Welt erkennen / seine Lehr=Jünger werden / und seiner Lehre treulich bis ans Ende folgen*; nicht bloß wie solches zur äussern Nachricht in den Evangelischen und Apostolischen Schrifften verfasset ist / sondern wie *er selbsten* in dem Hertzen und Gewissen sich als den wahrhaftigen Messiam in Worten und Thaten offenbahret. Hieher nun gehöret die fürnehmste Bedingung / welche der HErr JEsus von allen / die seine Lehr=Jünger werden wollen / nothwendig einzugehen / fodert / nemlich: *Daß sie ihme sein Creutz sollen nachtragen*; wer nicht täglich sein *Creutz* auff sich nimt / und ihme nachfolget / der kan nicht sein Jünger seyn.[246] Denn

So wir mit gestorben / so werden wir mit leben; so wir gedultig ausharren / so werden wir mit Königlich regieren. 2 Tim. 2/11.12.[247]

Der Grund davon ist einfältig dieser: Wir Menschen leben in Fleisch und Blut / so es anders ein Leben ist / unter der Herrschafft der Sünden und des Teufels / wir sind mit unsern Willen aus GOtt ausgegangen / und in

---

244 1Kor 1,30.
245 Tinte.
246 Vgl. Mt 10,38.
247 2Tim 2,11f.

die Creatur wieder eingegangen / dahero komt Augen=
Lust / Fleisches=Lust und hoffärtiges Leben / wir begehren das Böse und den Fluch / und hassen das Gute und
den Segen; Und stehen also nach der verderbten Natur
in einem solchen Zustande / daß so wir von uns selbsten
tausendmal wolten wieder zum Guten uns wenden / so
können wir nicht / und wenn wir tausendmal könten
zum Guten uns wenden / so wollen wir nicht / nemlich
von uns selbst / denn durch Christum haben wie beydes
das *wollen* und das *können*.[248] Ob wir nun also gleich
im Fleisch und Blut die elendesten seyn / so bildet sich
doch der natürliche Mensch wunderbahre Glückselig-
keit ein / wann er dieses vermeynten Lebens recht satt
geniessen kan / zu welchem Endzwecke er alle Kräffte
anwendet / in Ungerechtigkeit / Geitz und Boßheit /
grober und subtiler weise / diese seine Herrlichkeit zu
behalten. Weil aber das Ende desselben der Seelen völliger Tod ist / und GOtt die Menschen liebet / so hat er
nach seiner Weisheit in Christo verordnet / daß der
alte Mensch / der Sünden / im Fleisch und Blut / alleine
in den Tod sol gehen / auf daß der *Neue* (Jnwenige)
leben möge.

Hat nun *JEsus Christus* / *der rechte Neue Mensch* /
seine wahrhafftige Herrlichkeit verlassen / ist ein
Knecht geworden / und um unsernt willen in den Tod
gangen: wie vielmehr müssen wir nach dem alten sündlichen Menschen im Fleisch und Blut die eingebildete
Herrlichkeit dieser verfluchten Welt und des sündlichen
Lebens verlassen / ihn zum Knecht machen / und nach
seinen Lüsten und Begierden tödten / bis endlich der
natürliche Tod die völlige Auflösung giebet. Und also
müssen wir mit Christo nach dem *alten Menschen* im
Fluche / sterben / auff daß wir mit ihm / nach dem

---

248 Vgl. Phil 2,13.

*neuen inwendigen Licht=Leibe*²⁴⁹ / welches ist der Leib Christi / leben mögen. Kan doch keine Creatur die unter dem Fluche stehet / ohne Leyden / nach seine Art / gereiniget werden / durch das Feuer werden die Schlacken vom Golde geschieden / und alle grobe Cörper verkläret; durch die Kelter wird der Wein aus seiner Traube gepresset / und durch das Absterben und die Verwesung bekomt das Korn seine fruchtbahre grüne Halmen und Aeren / wie solte denn der Mensch / um des willen die Creatur dem Fluche unterworffen²⁵⁰ / ohne Leyden / ohne Feuer / ohne Kelter / ohne Absterben / zu seiner Herrlichkeit wieder gelangen können? Hierwider murret zwar der fleischliche Mensch / und wil dieses für kein Evangelium annehmen / weil es sein Leben gilt / beruffet sich dannenhero auff das fleischliche Evangelium des Widerchrists / welches der sieben= köpfigte Drache²⁵¹ / die alte Schlange / ihme zu gefallen erdacht / indem er sich in Gleißnerey²⁵² des Evangelii Christi nach dem Buchstaben angenommen / solches zur Lust des Fleisches verdrehet / und Christi Leyden am Creutz zu seinem Deckmantel darüber gebreitet / daraus denn ein gantz ander Evangelium und ein gantz ander Christus / als ihn die Evangelisten und Apostel und die Apostolische Männer verkündiget / erwachsen und herfür kommen ist; Aber JEsus CHristus der gecreuzigte / nachmals verherrlichte König / wird

---

249 Spiritualistischer Terminus für den ganzheitlichen, seelisch-leiblichen neuen Menschen, der der Materie enthoben ist (vgl. Mt 17,2 für Christus). Es handelt sich auch um einen neuplatonischer Begriff, z. B. bei Hermeias von Alexandrien [ca. 410–450], zur Bezeichnung der höchsten Seelenform neben der vegetativen und rational-pneumatischen Seele. Vgl. *Alois Kehl*: Art. Gewand (der Seele), in: Reallexikon für Antike und Christentum, Bd. 10, 1978, Sp. 945–1025, bes. 962.
250 Röm 8,20.
251 Apk 12,3.
252 Heuchelei.

ihn verzehren mit dem Geiste seines Mundes / und vertilgen bey seiner Zukunfft. *So auch ein vermeinter Apostel / oder ein Engel vom Himmel uns ein ander Evangelium verkündigte / als welches die Apostel verkündiget haben / nemlich / das von Christo dem Gecreutzigten / und von seiner Creutzes Nachfolge / der ist verflucht.*[253]

So nun jemand dem *wahren Evangelio vom Creutz* wil gehorsam werden / und in den *Neuen Bund* treten / umb theilhafftig zu werden des *Lebens und der Herrlichkeit JEsu CHristi* / der muß zuvorderst / in *der Verleugnung aller Dinge* / diesem seinen Meister nachfolgen / und also kan er sein Jünger werden.

Wer es fassen kan / der fasse es.[254] Zu dem Ende muß er *freywillig* / allein um Christi willen / seiner theilhafftig zu werden / über sich nehmen:

1. *Christi geistliche und leibliche Armuth.*

Belangend die *geistliche Armuth* / so muß er mit Christo sanfftmüthig und von Hertzen demüthig[255] erfunden werden / er muß allein geistlichen Stoltz und Einbildung von seinem elenden Zustande und von sich selbst erkennen / und in Nieder=Geschlagenheit / Armuth und grosser Betrübniß über seine Sünden und Elend / sich mit dem verlohrnen Sohn / auf Antreiben des Geistes Christi / zu GOtt dem Vater nahen / und für ihme alles bekennen / und nichts mehr begehren / als nur einem seiner Tagelöhner gleich zu werden;[256] also muß er hungern und dursten nach der Gerechtigkeit[257] und nach GOtt / so dann wird er gesättiget werden mit den rei-

---

253 Gal 1,8.
254 Mt 19,12.
255 Vgl. Mt 11,29.
256 Vgl. Lk 15,11–32, bes. V. 19.
257 Vgl. Mt 5,6.

chen Gütern des Hauses GOttes / nemlich mit dem herrlichen / himmlischen und verklährten Leibe und Blute JEsu Christi / und mit dem Wasser des Lebens getauffet und von Sünden abgewaschen werden.

Auf daß ihme aber an dieser Geistlichen Armuth / das wohllüstige Fleisch und Blut auswarts nicht hinderlich seyn möge / so muß auch ein Jünger Christi in der äusserlichen *leiblichen Armuth* seinem Lehrmeister folgen: Gehe hin / heisset es / verkauffe alles was du hast / und gibs den Armen / komme dann / und folge Christo nach.[258] Dann den Armen wird das Evangelium geprediget[259] / den Armen dieser Welt *NB.* die im Glauben reich sind / Jac. 2/5.[260] Denn *wir sehen an denen Beruffenen / daß nicht viel Weise nach dem Fleisch / nicht viel Mächtige / nicht viel Wohlgebohrne da sind / sondern das Thörichte der Welt hat GOtt auserwählet / daß er die Weisen beschämen möchte / und das Schwache der Welt hat GOtt auserwählet / daß er das Starcke beschämen möchte / und das Unedle der Welt / und das für nichts Geachtete / und das nichts ist / hat GOtt erwählet / daß er zu nichte machte / das etwas ist.* 1Cor. 1/26.[261] Nicht ist gemeinet / daß jemand von allen Menschen / sie sein reich oder arm / Edel oder Unedel / vornehm oder geringe / aus dem *Neuen Bunde* überall ausgeschlossen sey; sondern nur diejenige / welche ihren Reichthum und zeitliche Güter / ihren Adel und Stand / oder etwas dergleichen Vergängliches / lieber haben als Christum / der sein Himmelreich verleugnet um ihrentwillen / und nicht so viel Eigenthümliches behalten / wo er sein Haupt hinlegen möchte;[262] die

---

258 Mt 19,21 par.
259 Mt 11,5.
260 Jak 2,5.
261 1Kor 1,26.
262 Mt 8,20.

also von ihnen das Jhrige in der That um Christi Willen wieder verleugnen / und ihr Vermögen den Armen geben / können Christo nachfolgen / und ihr Schatz im Himmel wird nicht verrosten[263] / noch ihr Adel verwelcken / noch ihr Ehren=Stand ein Ende nehmen.

Der Grund hievon ist dieser:

So lange der Mensch sich äusserlich nach seiner Gewohnheit wohllüstig mästen und pflegen / ergötzen und belustigen kan / so lange er etwas Sichtbares hat oder suchet / worauf er sich verlassen und stützen kan; so lange ist er starck / und kan sich dem inwendigen schwachen neuen Menschen widersetzen / begehret nicht abzusterben / und wil sich nicht unter GOtt beugen / noch ihme vertrauen. Er hindert stetig mit seinem Thun / Tichten und Trachten / der inwendigen anklopfenden Gnade und Belehrung des Geistes / daß solche nicht beständig wircken und arbeiten kan / und wenn das Gemüth sol in der Stille zu GOtt gekehret seyn / so ist es auswarts wo sein Schatz ist / er sey von Gold / Silber / Kleidern / Speisen / oder wovon es sonsten wolle; Ja Vater / Mutter / Bruder / Schwester / Weib / Kind / und das eigene Leben / müssen uns nicht von Christo und seiner Liebe scheiden / wo anders / so müssen entweder sie oder Christus gäntzlich verlassen werden. *Armuth* ziehet nach sich die gäntzliche Verachtung der Welt / in welcher Verachtung der inwendige *neue Mensch* zu GOtt schreyet / und von ihme herrlich erquicket wird. *Armuth* lehret glauben / beten / lieben / hoffen / und auff GOtt alleine zu sehen. *Armuth* offenbahret in uns den *Neuen* und den *Alten Menschen* / wie schwach oder starck beyde seyn / das Böse und das Gute / und hebet des Fleisches Decke auf / worunter es in falscher Ruhe sich verbirget / und sich selbst betreugt

---

263 Jak 5,3.

/ als ob es gläubig / geruhig / gelassen und ein guter Christ wäre. *Armuth* ist ein Zügel / dadurch die wilden Begierden des Fleisches öffters mit zurück gehalten und verhindert werden / diese oder jene Wohllust zu vollbringen. *Armuth* lehret mit den Nothleidenden / Armen / Verlassenen / Angefochtenen / Betrübten / Schwachen / Kleingäubigen und allerhand Elenden / Mitleiden zu haben.

O seelige *Armuth Christi!* das ist / die freywillig um Christi willen / seiner zu geniessen / erwählet wird / da man im Glauben am GOtt das sichtbare Zeitliche / als den Fluch / verlässet / umb des unsichtbaren Ewigen / als des Segens / theilhafftig zu werden. Diese *Armuth* ist weit unterschieden von der gezwungenen Armuth in der Welt / da einer nichts hat / aber gerne viel hätte; ein solcher / so er will ein Lehr=Jünger Christi werden / muß die Begierde zu dem fahren lassen / was er nicht hat / und nichts wollen / als unmittelbar auf GOtt sehen / der Mittel nach seinem Willen gebrauchet; alsdann stehet er in der Armuth Christi / und ist ein Lehr=Jünger. Diese *Armuth Christi* ist auch weit entfernet von denen Heuchlern / die das Jhrige zwar verlassen / aber in reiche *Societ*äten und Gesellschaften[264] sich begeben / auf daß sie gewisses Futter für dem Bauch Lebenslang geniessen mögen; was einer säet / das erndtet er auch.

Die *Armuth Christi* ist der eintzige schmale Weg zur Vollkommenheit. Diesen Weg haben nach Beschaffenheit ihrer Zeit erwählet die Alt=Väter im Alten Bunde / so viel ihrer auf Christum gehoffet haben. Abraham / Jsaac und Jacob haben alle auf Göttlichen Befehl ihr Vaterland / Bequemlichkeit und alle verleugnet / und als Fremdlinge sich balde hie / balde da / aufhalten

---

[264] Gemeint sind wohl Mönche oder Mitglieder von monastischen Gemeinschaften.

müssen; obwol / zum Fürbilde der zukünftigen Güter / GOtt sie allezeit wieder mit den Gütern dieses Lebens gesegnet / welches zur Zeit des Alten Bundes / um der Figur willen und wegen des kostbahren äusserlichen Gottesdienstes / so in Schlacht=Opfern und dergleichen bestunde / ein nöthiger Segen war.

Moses / der getreue Knecht GOttes / und Mittler des Alten Bundes / erwählete durch den Glauben die Armuth Christi / *und wegerte*[265] *sich eines Königs in Egypten Sohn zu heissen / er erwählete vielmehr übel gehalten zu werden mit dem Volck GOttes / als den zeitlichen Genuß der Sünden zu haben; er achtete die Schmach Christi für einen grössern Reichthum / als die gesamlete Schätze in Egypten / dann er sahe auf die Belohnung /* Hebr. 11/24. [etc].[266] Und so haben ihm gefolget die Propheten / und alle / welche Christum im Glauben recht erkant haben.

Aber *Christus* selbst ist in diesem Theile das vollenkommenste Fürbild / welches bekant ist. Der Satan sprach zwar zu ihm: *So du niederfällest / und mich anbetest / wil ich dir alle Reiche der Welt und ihre Herrlichkeit geben;*[267] aber verflucht sey diese listige Schlange mit ihren Schlacken.

Diesen schmahlen Creutzes=Weg in *Christi Armuth* / erwähleten seine Apostel und alle seine Lehr=Jünger / so viel auch ihrer Anfangs in den *Neuen Bund* getreten; und ob jene wol in Schwachheit fragten: *HErr / wir haben alles verlassen / und sind dir nachgefolget / was wird uns dafür?* so versichert sie doch der Heyland / daß diejenige / welche ihm solcher Gestalt in der Wieder=Gebuhrt gefolget / daß sie solten sitzen auf Stühlen

---

265 Weigerte (DWb 28, Sp. 635).
266 Hebr 11,24–26.
267 Mt 4,8f.

/ und die Welt richten / auch daß ihnen die Herrlichkeit des Vaters solte zu theil werden / und was sie verlassen / doppelt in jenem Leben wieder finden / ja auch in dieser Welt.[268]

Und diese *geistliche und leibliche Armuth* ist das erste Kennzeichen der wahren Jünger Christi nach dem *Neuen Bunde* / und die hierin den schmahlen Weg zum Leben nicht scheuen / tragen desto freudiger ihr ander Kennzeichen an sich / welches ist:

2. Christi geistliche und leibliche Verfolgung von dem Satan und der Welt.
Von Christo dem HErrn selbst ist bekant gnug / wie er vom Satan nicht nur äusserlich / sondern auch innerlich im Geist versuchet und verfolget worden / als er *vom* Geist und *im* Geist in die Wüsten geführet worden[269] / *ja er ist versuchet in allen Stücken gleich wie wir / aber ohne Sünde* / Hebr. 4/15.[270] Wie er aber von der Welt / fürnemlich von denen Schrifftgelehrten und Pharisäern / auf allerhand Art und Weise zugesetzet / und bis in den Tod verfolget worden / bezeugen breiter alle Evangelisten / und ist bekant. Wer nun mit Christo wil leben und Königlich regieren / der muß auch in diesem Stücke ihm nachfolgen und ausharren.

Zuvorderst setzet der Satan geistlich alle Kräffte zu / das neu=gebohrne Kindlein in der Seelen arglistig und boßhafftig zu tödten; in der Vernunfft spricht er / die Wahrheit sey Lügen / und seine Lügen Wahrheit; Christus sey ein Teufel / und er sey Christus. Zu dem Ende bildet er sich in der Vernunfft in Engels Gestalt ab / und quälet die arme Seele mit so vielen zerstreuten

---

268 Mt 19,27–29.
269 Mt 4,1–4.
270 Hebr 4,15.

Bildnissen und Gedancken / daß sie ohnmächtig darnieder sincket. Er erwecket im Fleisch und Blut / Zorn / Geitz / Neid und Hoffart / böse Lust und dergleichen / und spricht zur Selen: Besiehe dich ob das Christi Rock sey / segne deinen GOtt / und stirb! so muß der matte Geist bey dem Anfang der Reinigung seinen eigenen Unflath riechen. Jnzwischen grünet der gecreutzigte Christus in dem inwendigen Menschen herfür / und reichet der Seelen verborgene Krafft / dem Satan zu widerstehen / zuvorderst lässet er in ihr aufgehen die Morgen=Röthe[271] von seinem Lichte / welches zwar ihren Unflath erst recht offenbahret / aber sie auch munter machet in seiner Kraft den alten Sauerteig allmälig auszufegen;[272] die Seele siehet und erkennet ferner / daß der Satan zu ihr in Gedancken gesprochen / und im Fleisch etwas erreget / aber ihr Wille nicht mit zugestimmt / inzwischen schreyet sie um Hülffe zu ihrem gecreutzigten Heylande wider ihren mächtigen Feind / der so dann auf eine Zeitlang weichen muß / bis der neue Mensch besser zu Kräfften kommen / und den Streit ausführen kan; denn es muß das gelobte Land mit Streit erobert werden / unter dem Fähnlein CHristi.

Doch feyret[273] der böse Feind nicht gar / sondern suchet von aussen die Schale zu zerbrechen / und die neue Frucht zu verderben. Zu dem Ende erwecket er seine Knechte der Finsterniß / und erreget durch sie die gantze umliegende Gegend / daß sie sich sollen aufmachen / und Christum aus ihren Gräntzen treiben: Denn gleichwie dorten der nach dem Fleisch gebohrne verfolgete den nach dem Geist gebohrnen / also auch jetzt. Gal. 4/29.[274] Schelt=Worte / Lästerungen / Verdam-

---

271 Hos 6,3; Jes 58,8; vgl. 2Petr 1,19.
272 Vgl. 1Kor 5,7.
273 Müßig sein (DWb 3, Sp. 1436–1438).
274 Gal 4,29.

mungen / Haß / Schläge / Gefängnisse / Verbannungen / ja gar der Tod / sind die Merckmale des Creutzes. Aber unter solchem Druck und Dornen wachsen die Rosen[275] / und woferne der HErr sich der Seelen nicht vorhin offenbahret / so geschichts alsdann gewiß / sein Licht nimt dermassen zu / daß es Tag wird / eher als man gemeinet / und die Kräffte der Seelen wachsen also / daß sie denen Kräfften des alten Menschen gleich werden / ja gar übertreffen; da erhält der neue Mensch einen Sieg nach den andern / über alle Feinde die sich um ihn her lagern / also daß die Leyden dieser Zeit nicht werth seyn der Herrlichkeit die hier / viel weniger die dort / an uns sol offenbahret werden.[276]

Doch sind dieses die Gefährlichkeiten und Verfolgungen nicht alle / auch entziehet sich die inwohnende Gnade bisweilen der Seelen / und prüfet dieselbe / auf daß sie lerne im Glauben bleiben / und durch viel Drangsal ins Reich GOttes einzugehen. Also erfüllen die Glieder Christi was zurück geblieben ist von Christi Drangsalen an ihrem Fleisch; und wie sie Gemeinschafft haben an den Leiden Christi / so freuen sie sich / auf daß sie auch in der Offenbahrung seiner Herrlichkeit sich freuen und frölich aufhüpfen mögen. 1 Petr. 4/12.13.[277]

Der Grund von solcher geistlichen und leiblichen Verfolgung ist aus vorigen klar. Wann der Saame wohl eingeweichet wird / so wächset er desto schleuniger herfür / weil seine äussere Schale erweichet und zum Sterben bequem gemacht ist; je heisser das Eisen im Feur gemachet / je leichter kan es der Meister hämmern und nach Gefallen zwingen. Also / sol der in uns gelegte Göttliche Saame Früchte bringen / so ist gut / daß unser

---

275 Sprichwort (*Karl Friedrich Wilhelm Wander*: Deutsches Sprichwörter-Lexikon, Leipzig 1867 (Ndr. Augsburg 1987), Bd. 1, Sp. 677 (s. v. Dorn, 2–3).
276 Röm 8,18.
277 1Petr 4,12f.

äusserer Mensch wohl erweichet werde durch dergleichen Trübsal und Verfolgung / auf daß wir die Frucht davon desto eher geniessen. Auch muß niemanden solches Feur befremden / als widerführe ihm etwas Fremdes / denn der HErr prüfet das Hertz / und schaffet es neu. Siehe Matt. 5/10.11. cap. 24/9. Joh. 15/18.19.20. Act. 14/22. 2Tim. 3/12. Jac. 1/2.3. Hebr. 12. 2Cor. 1/3.4.5.6. cap. 6/8. c.8/2. Apoc. 3/19.[278] Endlich ist das letzte Kennzeichen des gecreutzigten Christi in seiner Nachfolge nöthig / nemlich:

3. Christi geistliches und leibliches Absterben und völliger Tod. Denn so wir mit Christo gestorben und gedultig ausharren / so werden wir auch mit leben und Königlich regieren.[279]

Der *Tod* ist die gäntzliche Entbehrung aller sichtbaren und unsichtbaren Dinge; wenn solches wider Willen geschicht / so ist es die Hölle und der ewige Tod / darinnen der Teufel mit den Seinigen gequälet wird; wenn aber der Wille sich gelassen darinn GOtt übergiebet / so ist es der *Tod Christi* / und führet wieder ins ewige Leben. Also ist der HErr CHristus seinem Himmlischen Vater gehorsam geworden bis zum Tode zu / und hat freywillig nach dem Rathschluß GOttes des Vaters alles verleugnet / seine Himmlische Herrlichkeit und jenes Leben / wie auch bey seiner Erniedrigung alle Lust dieses Lebens / bis ans Creutz / und Beraubung Leibes und Lebens.

Alle diejenige nun / welche als Lehr=Jünger des HErrn sich in seinem Tode wollen tauffen und eintauchen lassen / und die mit Christo das letzte Abendmahl

---

278 Mt 5,10f.; 24,9; Joh 15,18–20; Apg 14,22; 2Tim 3,12; Jak 1,2f.; Hebr 12; 2Kor 1,3–6; 6,8; 8,2; Apk 3,19.
279 Vgl. Apk 20,4; 22,5.

halten und seinen Tod verkündigen wollen / die müssen dem Leben ihres äussern Menschen gäntzlich absagen / nicht allein in seinen Lüsten und Begierden / sondern auch nach dem äusserlichen Leibe; nicht daß sie Selbst=Mörder solten werden / sondern daß sie viel lieber wünschen aufgelöset zu werden[280] / als dieser Welt Eitelkeit lange zu geniessen / da auch die Creatur seufftzet und sich sehnet nach der herrlichen Auflösung der Kinder GOttes.[281] Denn wer sein Leben liebet / der wird es verliehren / und wer sein Leben in dieser Welt hasset (um Christi willen) der wird es bewahren ins ewige Leben. Joh. 12/25.[282]

Solches Absterben geschicht also täglich / da Stück=weise der äussere Mensch verdirbet / hingegen der Jnnere von Tage zu Tage erneuert wird / 2Cor. 4/16.[283] Zuvorderst tödtet die inwohnende Gnade alle seine viehische Begierden / und benimt ihme dadurch sein Blut und seine Lebens=Krafft / bereitet also den thierischen Leib zum GOTT=gefälligen Schlacht=Opfer. Da gilt es dann dem Neuen Menschen gleich / ob sein äusserlicher Leib verdirbet / gecreutziget / oder sonst getödtet wird / denn er weis / daß sich also die völlige Erlösung nahet. Der Grund hievon ist dieser:

Was man säet / wird nicht lebendig / es sterbe dann / und der inwendige Krafft=Leib im Saamen kan nicht mit einem schönen grünen neuen Leibe herfür kommen / wo nicht der Saame in die Erde geworffen / und der grobe harte Leib davon geschieden wird / und abstirbet. Wir Menschen sind der Saame / Christi verherrlichter Leib ist unsere Erde; es sey dann / daß wir in ihme ge-

---

280 Vgl. Phil 1,23.
281 Röm 8,22f.
282 Joh 12,25.
283 2Kor 4,16.

worffen seyn / und durch ihn an dem äusserlichen groben Menschen absterben / anders sind wir keine Pflantzen / die der Himmlische Vater gepflanzet hat / und in dem Paradiese grünen. Fleisch und Blut kan das Reich GOttes nicht ererben[284] / denn nichts Unreines gehet in das Neue Jerusalem.

So muß dann zwar der *alte Bund* an dem *alten Menschen* erfüllet werden: *Mensch! Du must sterben,*[285] aber nach dem *Neuen Bund* sol wiederum der *Neue Mensch* mit Christo leben. *So wir mit gestorben / so werden wir auch mit leben*[286] */ so wir gedultig ausharren / so werden wir auch königlich regieren.*[287] Dadurch die Herrlichkeit der *Erstgebohrnen* fürgestellet wird / welche nemlich in diesem Leben an Christum den Gecreutzigten glauben / seine Lehr=Jünger werden / und seiner Lehre bis ans Ende folgen / sie mögen nun Kinder / Jünglinge / Männer oder Väter in Christo / Schwache oder Starcke / gewesen seyn; so sie nur auf dem schmahlen Weg / in der Nachfolge Christi / im Tode / ergriffen worden. Diesen ist ein *Sabbath=Tag* der Ruhe / für ihre Mühe und Arbeit / insonderheit verheissen / nicht alleine innerlich in diesem Leben / sondern auch äusserlich zu bestimter Zeit / in der *Ersten Aufferstehung*[288] / da es heissen wird: *Siehe / die Hütte GOttes ist bey den Menschen / und er wird bey ihnen wie in einer Hütten wohnen / und sie werden sein Volck seyn / und GOTT selbst wird bey ihnen seyn als ihr GOtt. Und GOtt wird abwischen alle ihre Thränen von ihren Augen / und der Tod wird nicht mehr seyn / noch Leidwesen / noch Geschrey / noch Mühe*

---

284 1Kor 15,50.
285 Vgl. Gen 3,3.
286 Röm 6,8.
287 Siehe Anm. 247.
288 Apk 20,5f. – Zu den Anfängen der (radikal-) pietistischen Interpretation der Ersten Auferstehung (auf Erden) siehe *Matthias*: Das pietistische Ehepaar (wie Text 2 Anm. 17), S. 191–193.

wird mehr seyn / dieweil die erste Dinge dahin gegangen sind. Offenb. 21/3.4.[289] Welcher Gestalt hiernechst *JEsus Christus / der Gecreutzigte /* an dem grossen allgemeinen Gerichts=Tage / einen jeden *nach seinen Wercken* richten / und die Schaafe von den Böcken scheiden wird[290] / da ein Theil / die da Gutes gethan haben / werden aufgenommen werden in den Hütten der Gerechten[291] / das andere Theil aber / die da Böses gethan / in das ewige Feur werden gehen müssen. Solches mag mit mehrern nach seinem Grunde in den Heiligen Schrifften des *Neuen Bundes* gelesen / und durch Aufschliessung des Heiligen Geistes tieffer erkandt werden.

Jnzwischen ruffet das lebendige Wort / JEsus Christus / in unsern Hertzen: *Kommet her zu mir alle / die ihr mühselig und beladen seyd / ich wil euch erquicken. Nehmet auff euch mein Joch / und lernet von mir / denn ich bin sanfftmüthig und von Hertzen demüthig / so werdet ihr Ruhe finden für eure Seele. Denn mein Joch ist sanfft / und meine Last ist leicht.* Matt. 11/28.29.30.[292]

So unser Evangelium verdeckt ist / so ists in denen die verlohren werden verdeckt. Jn welchen der Gott dieses Welt=Lauffs die Gedancken der Ungläubigen verblendet hat / daß ihnen nicht scheinen möge die Erleuchtung des Evangelii der Herrlichkeit Christi / welcher ist GOttes Bilde. 2Cor. 4/3.4.[293]

---

289 Apk 21, 3f.
290 Mt 25,31–46.
291 Ps 118,15.
292 Mt 11,28–30.
293 2Kor 4,3f.

Johann Otto Glüsing

[Vorbericht]

Vor=Bericht.
Christlich=gesinneter Leser!

ES ist nicht ohne Göttliche sonderbahre Schickung / Hülffe und Beystand / dieses *Neue Testament nach den 4. gebräuchlichsten Hoch=Deutschen Ubersetzungen / nebst der Holländischen* / durch den Druck / mit grossen Kosten / Mühe und Fleiß / ans Licht gebracht; in der guten Hoffnung / daß es einigen / wo nicht vielen / die mit den *Berrhoensern*[294] fleißig in den Schrifften forschen / ob sichs also verhalte / was gelehret wird? zu einer bequehmen Anleitung dienen werde / die Heiligen Schrifften des *Neuen Bundes* / durch Beystand des Heiligen Geistes / recht einzusehen. Denn weilen bekant / daß nach den unterschiedlichen Kräysen[295] Deutschlandes / die Sprache und viele Wörter hie anders lauten als dort; und aber die unterschiedliche deutsche Ubersetzer auch verschiedene Mund=Arten gehabt / die von allen nicht können verstanden werden; als hat man für gut befunden / gegenwärtiger massen einige und zwar die *4. bekanteste Hoch=Deutsche Ubersetzungen / nebst der Holländischen / Columnen*=Weise gegen einander über zu stellen und auszufertigen / auf daß im Lesen nach einer selbsterwählten und beliebigen *Columne* oder Ubersetzung / wenn darin etwan einige Undeutlichkeit oder dergleichen fürkommen möchte / der suchende Leser gleich gegen über nach denen andern Ubersetzungen sehen und vernehmen könne / ob ihme selbige deutlicher reden.

---

294 Vgl. Apg 17,11.
295 Landschaft, Landkreis (Dwb 11, Sp. 2150).

Es kan und wird also dieses Werck an statt vieler *Commentarien* und Auslegungen dienen / auch zu einer so viel als müglich ist vollenkommenen Aufschliessung des Griechischen Grund=Textes.

Denn es wird auch dem einfältigsten Leser nicht so gar unbekandt seyn / daß die Evangelisten und Apostel in der damaligen bekandtesten Sprache des Morgen=Landes / nemlich in der Griechischen / geschrieben / und darinnen den damaligen Gemeinden den Weg GOttes zur Seeligkeit mündlich und schrifftlich gelehret; nicht darum / als ob der Heilige Geist sich an solcher Sprache gebunden / sondern die damalige Welt.

Heute zu Tage redet eben derselbige Heilige Geist JEsu Christi noch zu allen Nationen in ihrer Sprache durch wahrhafftig bekehrte treue Zeugen / und auch fürnemlich / aus sonderbahrer Erbarmung GOttes / zu uns Deutschen / daß also der Heilige Geist / und sein Licht in der Seelen / eigentlicher der *Grund=Text* mag genant werden / die Sprachen aber nur dessen Ausdruck und Abbildung.

Jnzwischen da die Schrifften der Evangelisten und Apostel in ihrer Griechischen Sprache der Grund=Text genant werden / so ist noch zu wissen / daß die Ubersetzungen nach demselben / in so weit sie den tieffen Sinn des Geistes / aus Schwachheit des Ubersetzers / nicht so nachdrücklich fürstellen / noch von geringerer Würde sind / als jener. Und wäre zu wünschen / daß niemand mit ungewaschenen Händen[296] / das ist / ohne die Tauffe des Heiligen Geistes / und ohne genugsame Göttliche Erleuchtung / zu einem so wichtigen Ampte eines Ubersetzers und Schreibers der Göttlichen Geheimnissen sich gebrauchen liesse / so würde denen Einfältigen ihre Mutter=Sprache selbst nicht mit zum

---

296 Vgl. Hesiod (vor 700 v. Chr): Erga (Werke und Tage), V. 702.

Babel und zur Verwirrung[297] dienen / und man hätte nicht nöthig mehr zu sagen: *Jm Grund=Texte lautete es so und so;* sondern: *Dis ist der Sinn des Heiligen Geistes; wir beruffen uns auf euer Gewissen!* 2Cor. 4/2. und 5/11.[298]

Was übrigens in diesem Wercke von jedweder Ubersetzung insonderheit zur Historischen und *Theologi*schen Nachricht dienet / solches kan zum Theil aus der Herren Ubersetzer ihren eigenen Vor=Berichten erkant werden. Wiewol man bey der ersten *Columne, als der Catholischen* / und bey der *letzten* / *als der Holländischen* / keine Vorrede des Neuen Testaments gefunden / und also an deren Stelle einen blossen Historischen Bericht kürtzlich setzen wollen;

1. Catholi*sche Ubersetzung.*

Es hat solche Ubersetzung / auf sorgfältiges Antreiben *Ferdinandi,*[299] Churfürstens von Cölln / verrichtet / *Caspar Ulenbergius,*[300] von der Lippe aus Westphalen bürtig / *Theol. Lic. Rector* und Priester zu Cölln. *Anno* 1630. kam solche zum ersten mal durch den Druck ans Licht.[301] Diese Ubersetzung ist nicht nach dem Griechischen / sondern nach des *Pabstes Sixti* V.[302] Lateinischen *Vulgata* gemachet. Weilen aber die Westphälische Mund=Art des Ubersetzers etwas hart fiele / so ist auf Verordnung des Churfürstens von Mayntz / *Jo*-

---

297 Babel steht hier für (Sprach-) Verwirrung (Gen 11,9).
298 2Kor 4,2; 5,11.
299 Ferdinand von Bayern (1577–1650) war von 1612 bis 1650 Kurfürst und Erzbischof von Köln.
300 Caspar Ulenberg (1548–1617) war ein deutscher katholischer Theologe, Bibelübersetzer, Dichter und Rektor der Universität Köln.
301 Biblia Sacra. das ist, Die gantze H. Schrifft Alten vnd Newen Testaments nach der letzten Romischen Sixtiner Edition Durch H. Casparen Vlenberg, der H. Schrifft Licentiaten, mit fleiss vbergesetzt, Köln [1630].
302 Papst Sixtus V. (1585–1590) promulgierte eine eigene Version der in Arbeit befindlichen Überarbeitung der Vulgata (*Vulgata Sixtina*, 1590).

hannis Philippi von *Schoenborn*,[303] solche nachgehends verbessert / und also *Anno* 1666. zum andernmal heraus gegeben worden / und nachhero zum öfftern wiederholet.[304] Und weil diese verbesserte *Ulenbergi*sche Ubersetzung die gebräuchlichste in der Römisch=*Catholi*schen Kirchen ist / so hat man dieselbe dieses Ortes herfügen wollen. Sonsten ist hiebey gelegentlich zu wissen / daß lange vorhin und schon vor *Lutheri* Zeiten in der Römisch-*Catholi*schen Kirchen die Biebel in Deutscher Sprache übersetzet gewesen / nemlich schon *Anno* 1405. auf Befehl des Käysers *Wenceslai*,[305] ohne daß man weis / wer der Ubersetzer sey; hernacher *Anno* 1464. eine andere Ubersetzung durch Joh. Lichtenstern von Munchen / aus Bayern bürtig / und noch andere mehr / die aber nur geschrieben in alten Bibliothecken zu finden / und nicht zum Druck kommen.[306] Wie man

---

303 Johannes Philippus von Schönborn (1605–1673), Kurfürst und Erzbischof von Mainz.

304 Biblia Sacra das ist Die gantze H. Schrifft Alten vnd Newen Testaments nach der letzten Romischen Sixtiner Edition, Durch H. Casparen Vlenberg der H. Schrifft Licentiaten mit fleiss vbergesetzt, Köln 1666 (weitere Auflagen 1701, 1734).

305 Wenzel (Wenzeslaus) von Luxemburg (1361–1419), seit seiner Krönung im Kindesalter 1363 bis zu seinem Tod als Wenzel IV. König von Böhmen und von 1376 bis zu seiner Absetzung 1400 römisch-deutscher König. Die Wenzelbibel ist eine 1385 in Auftrag gegebene, zwischen 1390 und 1400 in Prag entstandene handschriftliche, deutschsprachige Ausgabe weiter Teile des Alten Testamentes und befindet sich in der Österreichischen Nationalbibliothek in Wien. Vgl. *Heimo Reinitzer*: Biblia deutsch. Luthers Bibelübersetzung und ihre Tradition, Hamburg 1983, S. 63–86, bes. S. 64 (Nr. 39).

306 Eine handschriftliche, deutsche Bibelübersetzung (Biblia germanica et quidem libri Veteris Testamenti), die 1464 von Johann Lichtenstern in Straßburg im Auftrag von Matthias (Mathis) Eberler aus Basel abgeschrieben wurde und sich in der Österreichischen Nationalbibliothek befindet (*Johann Jakob Heinrich Nast*: Litterarische Nachricht von der hochteutschen Bibelübersezung welche vor mehr als 500. Jahren in den Klöstern Teutschlands üblich war, auch von Erfindung der Buchdruckerkunst biß zum Jahr 1518. vierzehnmal gedruckt worden, Stuttgart 1779, S. II–VIII). Zur mittelalterlichen deutschen Bibelübersetzung siehe Deutsche Bibelübersetzungen des Mittelalters. Beiträge eines Kolloquiums

auch glaubwürdig dafür hält / so ist schon vor mehr als 900. Jahren / auf Verordnung des Käysers *Caroli Magni*, das Neue Testament in alter Deutscher Sprache übersetzet worden.[307] Aber auch schon *Anno* 1467. und also 50. und mehr Jahre eher als *Lutheri* Deutsche Biebel heraus kam / ist die Biebel *durch den Druck* ans Licht / obwol in weniger Hände / gekommen / ohne Benennung des Ubersetzers; welche Deutsche Ubersetzung kurtz nachhero mehrmalen gedrucket worden.[308] Von allen solchen Deutschen Biebeln aber ist zu wissen / daß sie nicht nach dem Hebräischen und Griechischen so genannten Grund=Texte / sondern nur nach der Lateinischen *Vulgata* verfertiget seyn.

2. Lutheri*sche Ubersetzung.*

DJese ist von *D[octore] Martino Luthero*, bürtig aus Eisleben in Sachsen / *Anno* 1525. zum allerersten mal nach *dem Grunde* verdeutschet / und zu Wittenberg durch Hans Lufft (zwar noch ohne die Propheten) in fol. gedrucket / und an den Tag kommen;[309] welche erste Ubersetzung / wegen der natürlich=ungezwungenen Mund=Art *Lutheri*, viel genauer und besser alles aus-

---

im Deutschen Bibel-Archiv, hg. von Heimo Reinitzer, Bern u. a. 1991 (Vestigia bibliae, 9/10).

307 Aus der Regierungszeit Karls des Großen (768–814) wäre zu denken an das Stabreimepos *Heliand*, das die Geschichte Jesu nach den Evangelien erzählt und auf die erste Hälfte des 9. Jahrhunderts datiert wird. Eine erste Handschrift des Heliand wurde erst kurz vor 1830 entdeckt.

308 Gemeint ist wohl die deutsche Bibel, 1466 gedruckt von Johannes Mentelin (gest. 1478) in Straßburg (*Wilhelm Kurrelmeyer*: Die erste deutsche Bibel, Bd. 1–10, Tübingen 1904–1915). Die folgenden Ausgaben waren aber keine Nachdrucke der Mentelinbibel (*Walter Eichenberger* und *Henning Wendland*: Deutsche Bibeln vor Luther. Die Buchkunst der achtzehn deutschen Bibeln zwischen 1466 und 1522, Leipzig 1980).

309 Eine solche Bibelausgabe gibt es nicht; zu denken ist an die in Wittenberg 1524 bei Lotther herausgekommenen Bibelteile (ohne Propheten) (*Paul Pietsch*: Bibliographie der Drucke der Lutherbibel, in: WA.DB 2, 1909, S. 201–708, bes. 266–278: Nr. *7–*14).

drucket / als die um Zierlichkeit der Sprache willen nachgehends verbesserte und noch gebräuchliche Lutherische Biebeln. Es hat aber *D. Lutherus* mit grossem Fleiß / Berathfragung mit andern verständigen Sprachkündigen und deren Hülffe / und mit aller möglichen Sorgfalt / seine Ubersetzung ausgearbeitet / und nachhero fleißig durchgesehen; Wodurch er sich also seinen Landes= Leuten Deutscher *Nation* sehr verbindlich gemachet.

Dieses Ortes hat man sich nach der bekanten und durchgehends beliebten Stadischen *Edition* gerichtet / und derselben gefolget.[310] Mehrers erhellet aus

D. Mart. Lutheri *eigener Vorrede zum Neuen Testament.*

GLeich wie das Alte Testament ist ein Buch / darinnen GOttes Gesetz und Gebot / daneben die Geschichte / beyde derer / die dieselbigen gehalten und nicht gehalten haben / geschrieben sind; Also ist das Neue Testament ein Buch darinnen das Evangelium und GOttes Verheissung / daneben auch Geschichte / beyde derer die dran gläuben / und nicht gläuben / geschrieben sind. Denn Evangelium ist ein griechisch Wort / und heisset auf deutsch: gute Botschafft / gute Mähre / gute neue Zeitung / gut Geschrey / davon man singet / saget und fröhlich ist. Als da David den grossen Goliath überwand / kam ein gut Geschrey und tröstliche neue Zeitung unter das Jüdische Volck / daß ihr greulicher Feind erschlagen / und sie erlöset / zu Freude und Friede gestellet wären / davon sie sungen und sprungen / und frölich waren. Also ist das Evangelium GOttes und Neue Testament eine gute Mähre und Geschrey / in alle Welt erschollen / durch die Apostel / von einem rechten David / der mit der Sünde / Tod und Teufel gestritten und überwunden habe; und damit alle die / so in Sünden gefangen / mit dem Tode geplaget / vom Teu-

---

310 Siehe S. 301.

fel überwältiget gewesen / ohn ihr Verdienst erlöset / gerecht / lebendig und seelig gemachet hat / und damit zu frieden gestellet / und GOtt wieder heimbracht. Davon sie singen / dancken / GOtt loben / und frölich sind ewiglich / so sie das anders feste gläuben / und im Glauben beständig bleiben.

Solch Geschrey und tröstliche Mähre / oder Evangelische und göttliche neue Zeitung / heisset auch ein Neu Testament / darum / daß gleich wie ein Testament ist / wenn ein sterbender Mann sein Gut bescheidet / nach seinem Tode den benannten Erben auszutheilen. Also hat auch Christus vor seinem Sterben befohlen / und bescheiden / solches Evangelium nach seinem Tode auszuruffen in alle Welt. Und damit allen / die da gläuben / zu eigen gegeben alles sein Guth / das ist / sein Leben / damit er den Tod verschlungen / seine Gerechtigkeit / damit er die Sünde vertilget / und seine Seeligkeit / damit er die ewige Verdamniß überwunden hat. Nun kan je der arme Mensch / in Sünden tod / und zur Hölle verstricket / nichts tröstlichers hören / denn solche theure / liebliche Botschafft von Christo / und muß sein Hertz von Grund lachen und frölich drüber werden / wo ers gläubet / daß wahr sey.

Nun hat GOtt solchen Glauben zu stärcken / dieses sein Evangelium und Testament vielfältig im Alten Testament durch die Propheten verheissen / wie S. Paulus Rom. 1/1.2.[311] saget: Jch bin ausgesondert zu predigen das Evangelium GOttes / welches er zuvor verheissen hat / durch seine Propheten / in der heiligen Schrifft / von seinem Sohn / der ihm gebohren ist von dem Saamen Davids / [etc].

Und daß wir der etliche anzeigen / hat ers am ersten verheissen / da er saget zu der Schlangen: Gen. 3/15.[312]

---
311 Röm 1,1f.
312 Gen 3,15.

Jch wil Feindschafft setzen zwischen dir und dem Weibe / und zwischen deinem Samen und ihrem Samen / derselbe sol dir den Kopf zertreten / und du wirst ihn in die Fersen stechen. Christus ist der Saame dieses Weibes / der dem Teufel seinen Kopff / das ist / Sünde / Tod / Hölle / und alle seine Krafft zutreten hat. Denn ohne diesen Saamen kan kein Mensch der Sünde / dem Tode / noch der Höllen entrinnen. Jtem[313] / Gen. 22/18.[314] verhieß ers Abraham: Durch deinen Saamen sollen alle Völcker auff Erden gesegnet werden. Christus ist der Saame Abrahä / spricht S. Paulus / Gal. 3/16.[315] der hat alle Welt gesegnet durchs Evangelium. Denn wo Christus nicht ist / da ist noch der Fluch / der über Adam und seine Kinder fiel / da er gesündiget hatte / daß sie allzumal der Sünde / des Todes und der Höllen schuldig und eigen seyn müssen. Wider den Fluch segnet nun das Evangelium alle Welt / damit / daß es ruffet öffentlich / wer an diesen Saamen Abrahä gläubet / sol gesegnet / das ist / von Sünde / Tod und Hölle loß seyn / und gerecht / lebendig und seelig bleiben ewiglich. Wie Christus selbst saget: Joh 11/26.[316] Wer an mich gläubet / der wird nimmermehr sterben. Jtem / so verhieß ers David / 2Sam. 7/12.[317] da er sagt: Jch will erwecken deinen Saamen nach dir / der sol meinem Namen ein Hauß bauen / und ich wil den Stuhl seines Königreichs bestätigen ewiglich. Jch wil sein Vater seyn / und er sol mein Sohn seyn / [etc]. Das ist das Reich Christi / davon das Evangelium lautet / ein ewiges Reich / ein Reich des Lebens / der Seeligkeit und Gerechtigkeit / darein kommen aus dem Gefängniß der Sünde und des Todes

---

313 Gleichfalls.
314 Gen 22,18.
315 Gal 3,16.
316 Joh 11,26.
317 2Sam 7,12.

/ alle die da gläuben. Solcher Verheissung des Evangelii sind viel mehr auch in den andern Propheten / als Mich. 5/2.[318] Und du Bethlehem Ephrata / die du klein bist gegen den tausenden in Juda / aus dir sol mir kommen / der in Jsrael HErr sey. Jtem: Hosea am 13/14.[319] Jch will sie erlösen aus der Höllen / und vom Tode erretten. Tod / ich will dir ein Gifft seyn / Hölle / ich wil dir eine Pestilentz seyn.

So ist nun das Evangelium nichts anders / denn eine Predigt von Christo / GOttes und Davids Sohn / wahren GOTT und Menschen / der für uns mit seinem Sterben und Aufferstehen aller Menschen Sünde / Tod und Hölle / überwunden hat / die an ihn glauben. Daß also das Evangelium eine kurtze und lange Rede mag seyn / und einer kurtz / der ander lang beschreiben mag. Der schreibets lang / der viel Wercke und Worte Christi beschreibet / als die vier Evangelisten thun. Der beschreibets aber kurtz / der nicht von Christus Wercken / sondern kürtzlich anzeiget / wie er durch sein Sterben und Aufferstehen / Sünde / Tod und Hölle überwunden habe / denen / die an ihn glauben / wie S. Petrus und Paulus. Darum siehe nun drauff / daß du nicht aus Christo einen Mosen machest / noch aus dem Evangelio ein Gesetz= oder Lehr=Buch / wie bisher geschehen ist / und etliche Vorreden / auch S. Hieronymi[320] / sich hören lassen. Denn das Evangelium fodert eigentlich nicht unser Werck / daß wir damit fromm und selig werden / ja es verdammet solche Wercke / sondern es fodert den Glauben an Christum / daß derselbige für uns Sünde / Tod und Hölle überwunden hat / und also uns nicht durch unser Werck / sondern durch sein eigen Werck / Sterben

---

318 Mi 5,1.
319 Hos 13,14.
320 Siehe Anm. 42.

und Leiden / fromm / lebendig und selig machet / daß wir uns seines Sterbens und Siegs mögen annehmen / als hätten wir es selbst gethan.

Daß aber Christus im Evangelio / dazu S. Petrus und Paulus viel Gebot und Lehre geben / und das Gesetz auslegen / sol man gleich rechnen allen andern Wercken und Wohlthaten Christi. Und gleich wie seine Wercke und Geschicht wissen / ist noch nicht das rechte Evangelium wissen / denn damit weist du noch nicht daß er die Sünde / Tod und Teufel überwunden hat; also ist auch das noch nicht das Evangelium wissen / wenn du solche Lehre und Gebot weissest / sondern wenn die Stimme kömmt / die da sagt: Christus sey dein eigen mit Leben / Lehren / Wercken / Sterben / Aufferstehen / und alles was er ist / hat / thut und vermag. Also sehen wir auch / daß er nicht dringet / sondern freundlich locket / und spricht: Selig sind die Armen / [etc].[321] Und die Apostel brauchen des Worts: Jch ermahne / ich flehe / ich bitte; daß man allenthalben siehet / wie das Evangelium nicht ein Gesetz=Buch ist / sondern eigentlich eine Predigt von den Wohlthaten Christi / uns erzeiget / und zu eigen gegeben / so wir gläuben. Moses aber in seinen Büchern treibet / dringet / dräuet / schlägt / und strafft greulich / denn er ist ein Gesetz= Schreiber und Treiber. Daher kommts auch / daß einem Gläubigen kein Gesetz gegeben ist / dadurch er gerecht werde für GOtt / wie S. Paulus sagt / 1Tim. 1/9.[322] Darum / daß er durch den Glauben gerecht / lebendig und selig ist. Und ist ihm nicht mehr noth / denn daß er solchen Glauben mit Wercken beweise. Ja / wo der Glaube ist / kan er sich nicht halten / er beweiset sich / bricht heraus durch gute Wercke / bekennet und lehret solch Evan-

---

321 Mt 5,3.
322 1Tim 1,9.

gelium für den Leuten / und waget sein Leben dran. Und alles was er lehret und thut / das richtet er zu des Nechsten Nutz / ihm zu helffen. Nicht allein auch zu solcher Gnade zu kommen / sondern auch mit Leib / Guth und Ehr / wie er siehet / daß ihm Christus gethan hat / und folget also dem Exempel Christi nach. Dass meynet auch Christus / da er zuletzt kein ander Gebot gab / denn die Liebe / daran man erkennen solte / wer seine Jünger wären[323] / und rechtschaffene Gläubigen. Denn wo die Werck und Liebe nicht heraus bricht / da ist der Glaube nicht recht / da haftet das Evangelium noch nicht / und ist Christus noch nicht recht erkannt. Siehe / nun richte dich also in die Bücher des Neuen Testaments / daß du sie auff diese Weise lesen wissest.

3. Reformirte Ubersetzung.

SElbige hat *Johannes Piscator*,[324] aus Straßburg gebürtig / *Professor* der Heiligen Schrifft zu Herborn in Westphalen / verfertiget / und ist solche *Anno* 1602. und 1603. daselbst in öffentlichen Druck heraus kommen.[325] Es sey nun / daß er solche nach den Grund=Sprachen / oder aber / wie man meynet / nach *Junii*[326] und *Tremelii*[327] guten lateinischen Dollmetschung ins Deutsche übersetzet / wiewol er sich nur derselben zur Hülffe mit bedienet; so gibt er dennoch zu vielen besondern guten Lesungen Anlaß / indem er viele bequeme Deutsche Wörter und Redens=Arten gebrauchet / die den

---

[323] Joh 13,34f.
[324] Johannes Piscator (1546–1625).
[325] BIBLIA, Das ist: Alle bücher der H. Schrift des alten und newen Testaments. Aus Hebreischer und Griechischer spraach […] aufs new vertheutscht, Herborn 1602–1604.
[326] Siehe Text 1 Anm. 21.
[327] Siehe Text 1 Anm. 22.

rechten Verstand sehr wohl treffen; zu geschweigen /
daß er auch vieles in der Ubersetzung angemercket /
was von vorigen aus allgemeiner Schwachheit übersehen worden. Dieser Gestalt wird diese Ubersetzung so
wol als die ersten ihren guten Nutzen haben. So viel
zum *Neuen Testament* gehöret / ist folgendes
Joh. Piscatoris *eigener Vor=Bericht.*

1. DJe Bücher des Neuen Testaments lehren / wie
GOTT Christum / nach seiner Verheissung / so er seinem Volck im alten Testament gethan / gesandt; und
durch denselbigen den Gnaden=Bund (darinnen GOtt
den Auserwählten Vergebung der Sünden und Erneue-
rung des H. Geistes verheisset) zum Theil mit der That
durch seinen Tod bekräfftiget / zum Theil durch seine
Lehr und neue Ceremonien oder Sacramenten erkläret
und kräfftiglich versiegelt; Und dasselbe nicht allein
beym Volck Jsrael / sondern auch bey den Heyden / das
ist / allerley andern Völckeren / durch seine Apostel
und andere Lehrer / bis ans Ende der Welt. Und diese
Bücher seynd geschrieben von den Aposteln oder derselbigen Jüngern in Griechischer Sprache.

2. Diese Bücher können abgetheilt werden in drey
Gattungen.

3. Die erste Gattung begreifft in sich etliche Ge-
schicht=Bücher; in welchen beschrieben werden die
Geschichten Christi / und fürnehmlich sein Leyden und
Sterben / dadurch er den Gnaden=Bund bestätiget;
auch seine Aufferstehung von den Todten und Himmelfahrt / dadurch er die Bestätigung des Bundes ans
Licht gebracht; darbeneben die Geschichten etlicher
Aposteln bald nach CHristi Himmelfahrt. Diese Bücher
sind fünff: Das Evangelium St. Matthäi. Das Evangelium St. Marci. Das Evangelium St. Luce. Das Evangelium St. Johannis. Die Geschichten der Apostel.

4. Die andere Gattung begreifft in sich etliche Lehr=
Bücher / darinnen gelehrt wird / zum Theil wie wir see-

lig werden durch Christum / zum Theil wie wir unser Leben und Wandel sollen anstellen. Diese Bücher werden genennet Episteln oder Send=Briefe / weil sie von den Aposteln an gewissen Gemeinden / oder auch eintzelne Personen / geschrieben und übersendet seynd. Dieser Episteln seynd ein und zwantzig; deren vierzehen geschrieben seynd von St. Paulo / die übrigen sieben von andern Aposteln; wie aus folgender Verzeichniß zu vernehmen:

St. Pauli Epistel an die Römer. An die Corinther / die erste. An die Corinther / die ander. An die Galater. An die Ephesier. An die Philipper. An die Colosser. An die Thessalonicher / die erste. An die Thessalonicher / die andere. An den Timotheum / die erste. An den Timotheum, die andere. An den Titum. An den Philemon. An die Hebräer. Die erste Epistel St. Petri. Die ander Epistel St. Petri. Die Epistel St. Jacobi. Die Epistel St. Jude. Die erste Epistel St. Johannis. Die ander Epistel St. Johannis. Die dritte Epistel St. Johannis.

5. Die dritte Gattung begreifft in sich ein einig Buch / darinnen geschrieben ist eine Weissagung vom Zustande der Kirchen Christi / von der Zeit an da St. Johannes der Apostel vom Kayser Domitiano[328] in die Jnsul Pathmos[329] ins Elend verschickt worden / (welches geschehen nach CHristi Geburth im 96. Jahr) bis zur Zukunfft des HErrn Christi zum allgemeinen Gericht am Jüngsten Tage; und auch von der Kirchen Zustand im Himmel / nach gehaltenem Gericht / in alle Ewigkeit. Dis Buch wird genennet: Die Offenbahrung St. Johannis.

6. Die gantze Lehr / die in oberzehlten Büchern begriffen / ist die einige Regul oder Richt=Schnur beyde

---

[328] Der römische Kaiser Domitian (81–96) verfolgte das Christentum.
[329] Insel in der Ägäis (Apk 1,9).

unseres Glaubens / und auch unseres Lebens oder Wandels / Psalm. 19/8. [etc]. Ps. 119/105. Luc. 24/27.44. 45. 46. Act. 8/35. Act. 17/2.3. Act. 18/28. Act. 26/22. 2Petr 1/19.³³⁰ dieweil dieselbe das gewisse unfehlbahre Wort GOttes ist. 2Tim 3/16. 2Petr. 1/21.³³¹

7. Daß aber die vorerzehlte Bücher von den heiligen Aposteln geschrieben / oder doch von denselbigen für wahrhafftig erkant worden seyn / das wissen wir aus dem einhelligen Zeugniß der wahren Kirchen.

8. Ferner daß die Lehr / so in denselbigen begriffen / das gewisse unfehlbare Wort GOttes sey / das wissen wir eigentlich und gewiß durch das innerliche Zeugniß des Heil. Geistes³³² / Esa. 59/21. Joh. 14/26. und 15/26. und 16/13. Röm. 8/16. 1Thess 1/5. 1Joh. 2/27. und Cap. 5/6.³³³ nachdem uns derselbe diese Lehr / durch Lesung / Anhörung und Betrachtung zu verstehen gegeben.

9. Unterdessen aber werden wir in diesem Glauben auch bestätiget durch Betrachtung der Eigenschafften dieser Lehre: als nemlich / daß sie mit Göttlichen Worten beschrieben / daß alle Stücke derselben mit einander überein stimmen / daß die Weissagungen so darinn verfasset / zum grösten Theil / eine jede zu ihrer Zeit / erfüllet worden / und daß diese Bücher nicht haben von den Tyrannen können vertilget werden; und endlich / daß diese Lehr von der wahren Kirchen / das ist / von allen Rechtgläubigen und Gottseeligen Menschen / jederzeit für GOttes Wort ist gehalten / und be-

---

330 Ps 19,8: 119,105; Lk 24,27.44–46; Apg 8,35; 17,2f.; 18,28; 26,22; 2Petr 1,19.
331 2Tim 3,6; 2Petr 1,21.
332 Die reformierte Lehre von dem inneren Zeugnis des Heiligen Geistes als Beweis der Göttlichkeit der Heiligen Schrift (*Testimonium spiritus sancti internum*; RGG⁴ 8, 2005, Sp. 178).
333 Jes 59,21; Joh 14,26; 15,26; 16,13; Röm 8,16; 1Thess 1,5; 1Joh 2,27; 5,6.

kandt worden; sonderlich von den heiligen Märtyrern / welche die Göttliche Wahrheit dieser Lehr auch mit ihrem Blut bezeuget haben.[334]

10. Die Lehr der Heil. Schrifft ist vollkommen / Deut. 4/2. Psalm 19/8. Rom. 15/4. Gal 1/8. 2Tim 3/15.16.17. 1Joh. 1/4.[335] das ist / genugsam uns zu unterweisen von demjenigen allen das uns nöthig ist zu wissen / damit wir GOTT recht dienen / und die ewige Seeligkeit erlangen mögen. Sintemal sie nutz ist zur Lehr / zur Uberweisung / zur Straffung / zur Unterweisung in der Gerechtigkeit.[336]

11. Und ob wol hin und wieder viel schweres und tunckels fürfället; (welches zu unserer Gottseligen Ubung also verfasset ist /) so ist doch alles / was uns zu wissen nothwendig zur Seeligkeit / mit hellen und klaren Worten vielfältig darinnen verzeichnet. Psalm 19/8.9. 2Pet. 3/19.[337]

12. Und sollen derwegen nicht allein die Gelehrten und Lehrer / sondern auch der gemeine Mann und Zuhörer / die H. Schrifft fleißig lesen / hören und betrachten. Psalm 1/2. Deut. 6/7.8.9. 2Pet. 1/19.

13. Und damit solches geschehen möge / ist von nöthen / daß diese Bücher aus ihren ursprünglichen Sprachen / darinnen sie Anfangs geschrieben / durch gelehrte Gottseelige Männer in allerley andere Sprachen übersetzet und verdolmetschet werden.

14. Damit man aber den rechten Verstand und Meynung der Heil. Schrifft durchaus haben möge / so ist von nöthen / daß man zuvorderst GOTT um Erleuchtung des Heiligen Geistes anruffe / und sie darnach /

---

334 Argumente aus der Lehre über die göttliche Herkunft der Heiligen Schrift in der altprotestantischen Dogmatik (*De sacra scriptura*).
335 Dtn 4,2; Ps 19,8; Röm 15,4; Gal 1,8; 2Tim 3,15–17; 1Joh 2,4.
336 2Tim 3,16.
337 Ps 19,8f.; 2 Petr 1,19.

mit einfältigem Hertzen und Begierde zu lernen / lese; auff den Zweck und Folge der Rede an jedem Ort fleißig Achtung gebe; andere Oerter der Schrifft / in welchen von eben denselben oder dergleichen Sachen gehandelt wird / dargegen halte; und endlich sich hüte für solchem Verstand / welcher den ungezweifelten Articulen des Christlichen Glaubens / oder den zehen Geboten GOttes / zu wider läuffet.

4. Neue Übersetzung
Es ist diese Neue Ubersetzung diejenige / welche Hr. *Joh. Henrich Reitz*, bürtig aus Bremen / von *Reformir*ten Eltern / nachmals eine Zeitlang Prediger zu Berlemburg in der Graffschafft Sayn / [etc]. mit allem möglichen Fleiß fast von Wort zu Wort nach dem Griechischen übergesetzet / und *Anno* 1703. zum erstenmal zu Offenbach am Mayn zum Druck befordert. Des Herrn Ubersetzers Absicht / und was mehr hieher gehöret / erhellet weitläuffiger aus seiner

Joh. Henrich Reitzen *eigenen Vorrede.*
[Es folgt die Vorrede von Text 1.]

Bey der zweyten *Edition*[338] habe nichts weiters zu erinnern / als daß / was andre gelehrte u[nd] erleuchtete Leute nebst mir / seithero der ersten *Edition* in acht genommen / das darinnen zu *corrigir*en / zu verbessern / zu ändern oder zu vermehren wäre / solches hierinnen geschehen u. zu sehen sey; wie dann allein über 100. *Parallel*-Sprüche theils von den Druckfehlern gesaubert

---

338 Das Neue Testament Unsers HERREN JEsu Christi / Auffs neue aus dem Grund verteutschet / und mit Anziehung der verschiedenen Lesungen / und vieler übereinstimmenden Schrifft=Oerter / versehen. Nun aber von den Druck= und andern Fehlern gesäubert / und nicht an wenigen Orten verbessert / auch mit vielen Erläuterungen, *Parallel*-Sprüchen und Noten vermehret. Zweyter Druck. Frankfurt und Leipzig: Johann Friderich Regelein, 1706.

/ theils neu hinzu gefügt worden / viele andre Verbesserungen zu geschweigen.

Terborg[339] den 1. *Jan.* 1706 J. H. R.

NB. Die von Hrn. *Joh. Henr. Reitz* aufgesetzte nützliche Register und Erläuterungen / als 1. von fremden Namen / 2. verwechselten Wörtern / 3. von Maaß / Gewichten und Müntzen / 4. von Eintheilungen der Zeiten / Wege und anderer Dinge / 5. von den alten Römischen Wörtern; solche folgen hinter dem Neuen Testamente.

Noch ist zu mercken / daß man bey dieser Neuen Ubersetzung / auf Veranlassung des *Auctoris* Exempel[340] / die Freyheit gebrauchet hat / noch mehr veränderliche Lesungen des Griechischen alten Textes / so wol der Wörter / die in einigen alten geschriebenen Exemplarien (ehe man den Druck gehabt) entweder ausgelassen / oder verändert / oder zugesetzet seyn / mit beyzufügen; welche der Herr Ubersetzer aus ihme beliebten Ursachen damals ausgelassen / allhier aber ohne Bedencken beygefügt sind. Solche neue Zugabe ist insgesamt / zum Unterscheide der alten / mit einem ╪ bezeichnet. Man hat auch unter dis Zeichen ╪ mit begriffen viele Deutsche gleichlautende Wörter / nur daß eines immer bessern Nachdruck hat als das andere; welches alles ein verständiger Leser bald erkennen und unterscheiden wird. Luc. 3/4.[341] ist aus Miß=Verstande eine vermeynte andere Lesung hinein gerücket.

5. Holländische Ubersetzung.

DJe fünffte und letzte *Columne* auf jeden Blate stellet dar *die Holländische Ubersetzung* / welche auf Gutachten des *Dordrechti*schen *Synodi Anno* 1618. und 1619. und auf Befehl der HHrn. *General Staten*, durch 6.

---

339 Kleinstadt im Osten der Niederlande.
340 Beispiel des Autors; siehe S. 15 f.
341 Lk 3,4; es geht um die Zuordnung der Ortsangabe „in der Wüste" entweder zu „Rufer" oder zu „bereitet".

Sprach=kundige *Theologos*, *Reformir*ter Parthey / ausgefertiget / und *Anno* 1636. zu Leyden zum ersten mal durch den Druck heraus gekommen ist[342] / wie selbige durch gantz Holland (oder in den vereinigten Niederlanden) noch im Gebrauch ist. Selbige Ubersetzung / weil sie nach dem Griechischen fleißig geschehen / wird dem Christlichen Leser / so dieser Sprache nur einiger massen kündig / zum öfftern den Wort=Verstand nachdrücklich zeigen / und hülffliche Hand bieten.

Alles aber kommet an auf die Salbung[343] *des Heiligen Geistes / welcher alles lehret / und ohne welcher uns selbst das Licht Finsterniß ist. Es wil aber GOtt seinen Heiligen Geist geben allen / die ihn darum bitten.*[344]

---

342 Siehe Text 7 Anm. 18.
343 1Joh 2,20.27.
344 Es folgen eine „Ordnung der Bücher des Neuen Bundes / wie sie im diesem Wercke nach einander folgen." einschließlich der Apokryphen (vgl. S. 111) sowie eine „*Nota* der undeutschen Tituln der durchgehends angeführten Bücher Altes Testaments &c." (vgl. Text 1, S. 17f.), schließlich eine „*Nota* wegen der Reform. Ubersetzung." (siehe den Text auf S. 111f.) sowie eine „*Nota* wegen *Reitzens* Neue Ubersetzung." (siehe den Text auf S. 7f.).

4. Carl Hildebrand von Canstein: Biblia (1713)

Biblia, Das ist: Die gantze H[eilige] Schrift Altes und Neues Testaments / Nach der Teutschen Ubersetzung D[oktor] Mart[in] Luthers / Mit iedes Capitels kurtzen Summarien und nöthig=sten Parallelen: mit Fleiß übersehen / und gegen einige / son=derlich erstere / *Editiones* des Sel. Mannes gehalten / auch an unter=schiedlichen Orten nach denselben eingerichtet / und von vielen in den bisherigen *Exemplari*en hin und wieder ein=geschlichenen Fehlern gesäubert / Nechst einer Vorrede Hrn. Baron Carl Hildebrands von Canstein. HALLE / Zu finden im Waysenhauß / Jm Jahr M. DCC. XIII. Waysenhaus, 1713.

[Vorrede]

Gnade und reiches maaß des Heiligen Geistes / in dem auß seiner eingebung uns mitgetheiletem wort / zu erkennen die herrlichkeit des grossen GOttes / und recht einzusehen die seligmachende wahrheit / auf daß wir alle in unserm allertheuersten Heylande das leben und volle gnüge haben!

Christlicher Leser /

ES ist im jahr 1710. den 1. Märtz von mir in einem gedruckten ohnmaaßgeblichem vorschlag,[1] wie GOttes

---

[1] *Carl Hildebrand von Canstein*: Ohnmaßgeblicher Vorschlag, Wie Gottes Wort denen Armen zur Erbauung um einen geringen Preiß in die Hände zu bringen, Berlin 1710.

wort denen armen zur erbauung um einen geringen preis in die hände zu bringen, kund gemacht, daß vermittelst göttlichen beystandes, den man im glauben hoffete, das Neue Testament für 2. groschen, die gantze Bibel aber für 6. groschen der armuth zum besten solte überlassen werden. Was nun das erstere anlanget, so hat die allmächtige gütigste regierung GOttes es dahin gebracht, dass nach mannigerley überstandenen hinderungen und schwierigkeiten, die sich bey wircklicher vollstreckung solches gethanen vorschlags eräuget, in dem abgewichenem und ietzt lauffendem jahre zwo auflagen des N. T.[2] iede von 5000. stück geschehen, und, so viel man vernommen, fast von iederman an dessen druck, papier, format, u. s. w. ein gutes vergnügen bezeuget worden. Dergestalt, daß nunmehro wircklich das N. T. worzu die *typi* stehen bleiben,[3] zu setzen angefangen, und in wenig monat völlig zum stand wird gebracht seyn: Wiewol auch immittelst mit dem druck des N. T. auf vorige weyse soll fortgefahren werden, damit niemand über dessen mangel oder schwierigkeit, solche göttliche wohlthat zu erlangen, mit grunde klagen könne. So gar, daß der christliche leser versichert seyn kan, daß, so sich in zukunft einige möglichkeit findet, wozu es einiges ansehen hat, selbiges noch wohl-

---

2   Das Neue Testament Unsers HErrn und Heylandes JEsu Christi / Verteutscht Von D. Martin Luthern, Mit Jedes Capituls kurtzen Summarien Und nöthigsten locis parallelis. Nebst einer Vorrede Hrn. Baron Carl Hildebrand von Canstein. Halle 1712. – Das Neue Testament Unsers HErrn und Heylandes JEsu CHristi verteutscht / von D. Martin Luthern, Mit Jedes Capituls kurtzen Summarien Und nöthigsten locis parallelis. Nebst einer Vorrede Hrn. Baron Carl Hildebrand von Canstein. Die zweyte Aufl., Halle 1713. – Die dort zu findende Vorrede ist eine Vorstufe der hier abgedruckten Vorrede der vollständigen Bibelausgabe.

3   In der Cansteinschen Bibelanstalt (gegr. 1710 in Halle a. S.) wurde, ermöglicht durch Spenden, der komplette Bleisatz der hier gedruckten Bibelausgaben aufbewahrt, gegebenenfalls verbessert und für die folgenden Auflagen verwendet.

feiler soll gegeben werden. Jnzwischen wird sich derselbige mit mir, und allen des heyls ihres nächsten begierigen, freuen, daß man schon an 2. örtern zur nachfolge erwecket und gereitzet worden, das N. T. für 2. gr. zu drucken und zu verkaufen.[4]

Was aber das letztere betrifft, wie man nemlich die gantze Bibel zur allgemeinen erbauung, und auch nach des HErrn willen unsern nachkommen zum beständigen segen nach dem gedruckten vorschlag[5] aufs allerbeste heraußbringen möge, so hat man es an sorgfältigen überlegungen deßfalls bisher nicht ermangeln lassen; iedennoch es noch nicht zum stande bringen können, weilen man durch die erfahrung, sowohl bey außfertigung des N. T. als auch bey der gantzen Bibel, befunden, daß es insonderheit mit unserm vorhaben, wegen der mannigfältigkeit der umstände, zumalen in der absicht zu einem allgemeinen zweck, mehr schwierigkeit habe, als man zu anfangs vermeynet; wobey ferner ich und andere, die in diesem werck beschäftig sind, unsere menschliche allgemeine unvollkommenheit gleichfals fühlen und erfahren müssen; und daß auch, unter andern, nicht alles und iedes, was wir wollen, um deßwillen so fort außgerichtet werden mag. Nichts desto weniger hoffet man doch mit göttlicher hülfe, durch alle hinderniß hindurch zu kommen. Jndessen wird ein ieder seine vergnügung daran haben, daß man in diesem so wichtigen werck alle ersinnlichste sorgfalt und behutsamkeit anwendet, und sich hütet, daß nicht durch übereilung und sonsten der gesuchte zweck mehr gehindert, als gefordert werde. Damit aber unterdessen dem verlangen so vieler, so viel möglich, ein gnügen geschehe, man auch unter wircklicher außarbeitung

---

4 Nicht ermittelt.
5 *Canstein*: Vorschlag (wie Anm. 1).

mehrere erfahrung überkomme, ist gegenwärtige auflage der Bibel, davon die buchstaben noch nicht beständig stehen bleiben können, sondern nach bisher üblicher gewohnheit wieder abgelegt werden, unter göttlichem segen außgefertiget und vollendet.

Wann nun zwar in dem erst *publicir*ten vorschlag[6] gemeldet, eine Bibel für 6. gr. zu liefern, gegenwärtige aber im preis höher steiget: So wird dasselbige ausser allen zweifel sofort ein aufsehen machen: Allein der christliche und verständige leser beliebe folgendes zu erwegen. Jn dem vorschlag verspricht man *das exemplar einer Hand=Bibel für 6. gr. zu liefern*. Nun aber kan diese Bibel für keine Hand=Bibel angesehen werden. Der druck davon ist mit grössern lettern als in hand=bibeln gewöhnlich zu finden sind, gemacht, auch grösser und feiner papier dazu genommen, daher auch die unkosten, die zum papier, zum drucker = und setzer=lohn, auch zur *correctur*, nothwendig erfordert worden sind, uns genöthiget haben, das exemplar von dieser Bibel vor dasmal auf 10. ggr. zu setzen. Ein ieder verständiger wird von selbst hierauß sehen, daß diese verhöhung nicht auß einem eignem nutzen gemacht, als daran nicht gedacht worden, indem, wo man die *lettern*, und andere erforderte nöthige kosten mit dazu rechnen wolte, welches alles doch aber zum nutzen des gemeinen bestens hier nicht geschiehet, das exemplar den obigen preis übersteigen würde. So ist auch ferner zu erwegen, daß man sich billig die gute hoffnung gemacht, darin man auch durch viele christliche und verständige männer gestärcket worden, es werde weit mehr nutzen dem *publico*, durch eine Bibel, von einem so grossen und fast iederman in die augen fallenden leserlichen druck, geschaffet werden: deßwegen auch niemand gereuen

---

6   *Canstein*: Vorschlag (wie Anm. 1), S. 5.

solte, wann er daran ein mehreres wenden müßte: wenigstens hat man dieser ursache wegen sich im gewissen verbunden geachtet, durch diese und noch eine folgende gleiche auflage einer solchen Bibel, anderer meynung und gedancken darüber zu vernehmen, damit man solcher gestalt in einrichtung des gantzen wercks hernach desto mehr versichert seyn möge, seinen zweck darin aufs beste zu erlangen, nemlich auch durch keine äusserliche hinderniß, des *formats*, des drucks u.s.w. von der allgemeinen lesung und handlung der heiligen schrift, als des ordentlichen allerheylsamsten mittels, iemand abgehalten zu haben.

Damit aber auch, zu eben diesem zweck, insonderheit dem vorigen versprechen dennoch ein gnüge geleistet werde, wil man ins künftige, wenigstens auch damit einen versuch thun, daß man das exemplar einer Bibel für 6. gr. bekommen könne. Weilen aber alsdann nothwendig nicht so kostbar papier, auch nicht ein so grosser druck genommen werden kan, sondern ein solcher, der zwar leserlich, aber doch zu einer kleinen Hand=Bibel sich schicket, wird sich niemand mit recht beschweren können, wenn das werck nicht so sauber, wie er meynet, fällt, als welches nach beschaffenheit der umstände ja nicht möglich gewesen. Kan aber auch bey künftiger auflage gegenwärtiger Bibel der preis noch gemindert werden, wird man sich eine nicht geringe freude darauß machen. Hiernächst kan bey dieser gelegenheit dem christlichen leser nicht verbergen, daß bey weiten noch nicht dasjenige, so zur völligen einrichtung dieser so kostbaren anstalt, indem ein grosses unter andern zur anschaffung des benöthigten papiers erfordert wird, verhanden[7] sey, sondern man muß hierunter noch immer auf den HErrn und dessen weitere hülfe warten,

---

7 Veraltete Wortform für vorhanden (DWb 25, Sp. 522).

der vielleicht einige bewegen mögte, die dieses lesen, und die die güter dieser welt haben, uns in unserem vorhaben zu unterstützen, und dasselbige zu seiner vollendung helfen bringen.

Liebster leser, bewegen dich die worte Jac. 5,20.[8] *Wer den sünder bekehret hat von dem irrthum seines weges, der hat eine seelen vom tode geholfen, und wird bedecken die menge der sünden*: wie viel reiner und grösser soll deine freude seyn, im glauben versichert zu seyn, daß durch eine solche gemeinmachen der heiligen schrift, nach dem maaß dieser zeiten, auf eine besondere weyse, in seine erfüllung gehen werde, was Esa. 55,10=13.[9] verheissen und geweissaget ist: *Denn gleich wie der regen und schnee vom himmel fället, und nicht wieder dahin kommt, sondern feuchtet die erde, und macht sie fruchtbar und wachsend, daß sie gibt saamen zu säen, und brot zu essen: Also soll das wort, so auß meinem munde gehet, auch seyn, es soll nicht wieder zu mir leer kommen, sondern thun, das mir gefället, und soll ihm gelingen, dazu ichs sende. Denn ihr sollt in freuden außziehen, und im frieden geleitet werden. Berge und hügel sollen für euch her frolocken mit ruhm, und alle bäume auf dem felde mit den händen klappen. Es sollen tannen für hecken wachsen, und myrten für dornen, und dem HErrn soll ein name und ein ewiges zeichen seyn, das nicht außgerottet werde.*

Ubrigens hat man des theuren mannes GOttes D[oktor] Luthers teutsche übersetzung, welche ohnedem in allen evangelischen kirchen und schulen in Teutschland gebrauchet wird, sowohl in denen beyden vorher gegangenen besonderen auflagen des N. T. als auch im gegenwärtigen druck der gantzen Bibel, allerdings be-

---

8   Jak 5,20.
9   Jes 55,10–13.

halten und ungeändert gelassen, und darinnen mit wissen und willen auch nicht das geringste geändert. Jndessen wie der sel. D. Luther selbst schon in seinem leben über den unfleiß der drucker seiner übersetzung seine sorge zu erkennen gegeben, so hat er auch dabey bezeuget, daß er seine dolmetschung nicht ohne alle fehler zu seyn erkenne. „Ob man müßte mich angreiffen und tadeln," saget er,*[10] „daß ich zuweilen in der dollmetschung gefehlet hätte, das wil ich mit danck annehmen. Denn wie oft hat Hieronymus[11] gefehlet!" Dannenhero hat nicht weniger der sel. mann in seinem leben nicht nur selbst, sondern mit ihm auch andere *Theologi*, ein und anders in seiner übersetzung geändert und verbessert, so gar nach seinem sel. absterben hat *M*. Röverus,[12] mit vorwissen und rath der gelahrten zu Wittenberg, viel schöne sprüche, die heller und klärer gegeben würden, in die letztern *edition*en der Bibel mit eingebracht.+[13] Und in diesem sinn und bemühung,

---

10 „* *libro de Schemhamphorasch anno* 43. und also einige jahre vor seinem sel. Tod gedruckt." – WA 53, S. 647, 25–27.
11 Der Kirchenvater Hieronymus (347–420), der Übersetzer der Bibel ins Lateinische, die in der römisch-katholischen Kirche als die Vulgata rezipiert würde.
12 Georg Rörer (1492–1557), Mitarbeiter Luthers; zu seinen redaktionellen Beiträgen siehe *Stefan Michel*: Die Kanonisierung der Werke Martin Luthers im 16. Jahrhundert, Tübingen 2016 (Spätmittelalter, Humanismus, Reformation, 92), S. 47–50.
13 „+ *Mathesii Concio* vom leben Lutheri." – Johannes Mathesius: Historien / Von des Ehrwirdigen in Gott Seligen thewren Mannes Gottes / Doctoris Martini Luthers / anfang / lehr / leben und sterben / Alles ordentlich der Jarzal nach / wie sich alle sachen zu jeder zeyt haben zugetragen / Durch den Alten Herrn M. Mathesium gestelt, Nürnberg 1567, Bl. 151v–152r. (13. Predigt). – Vgl. die nach Luthers Tod erschienene Biblia: Das ist: Die gantze Heilige Schrifft / Deudsch / Auffs new zugericht. D. Mart. Luth. Begnadet mit Kurfürstlicher zu Sachsen Freiheit. Gedruckt zu Wittenberg / Durch Hans Lufft. 1546. Siehe das Nachwort „Dem Christlichen Leser." von „Georgius Rorarius" (Neues Testament, Bl. 408v), wo Rörer über die noch von Luther vorgenommenen Verbesserungen bis zum 4. Kapitel des 2. Korintherbriefs berichtet.

nach den besten und richtigsten *exemplari*en der *version* Lutheri, den folgenden abdruck der Bibel zu befördern, ist insonderheit die evangelische so genante Lutherische kirche beständig geblieben, davon zeugnisse zu finden in der vorrede der teutschen Bibel 1618. Wittenberg in *folio*:[14] auch in der so 1661. daselbst gedruckt:[15] imgleichen in sel. *D. Welleri* vorrede vor der Bibel 1663.[16] und in der vorrede in der grossen Weinmarschen Bibel.[17] Absonderlich hat in diesem stück um die kirche GOttes sich wohl verdient gemacht Herr *D. Dieckmann*,[18] der Herzogth[ümer] Bremen und Verden ehmaliger *General-Superintendens*, in der im jahr 1690. 1698. und 1703. zu Stade in 8. gedruckten

---

14 Biblia Das ist die Gantze Heillige Schrifft Deudsch. D. M. Luthers. Mit Summarien, Cum G. et Privilegio. Wittenberg Jn Verlag Zachariæ Schürers. 1618.
15 Biblia, Das ist / Die gantze H. Schrifft Alten und Neuen Testaments / Deutsch D. Martin Luthers: Sampt D. Hutteri Summarien / der Biblischen Bücher und Capitel richtiger Eintheilung / verbesserten Registern und Concordantzen / nützlich zugerichtet / und mit dem Exemplar / so zu erst nach Lutheri Sel. Todt / im Jahr Christi 1546. in Wittenberg gedrucket / jetzo [...] conferiret von der Theologischen Facultet zu Wittenberg, Wittenberg: Balthasar Christoph Wust, d. Ä. 1661.
16 *Jakob Weller von Molsdorf*: Vorrede zu: BIBLIA, Das ist: DIe gantze H. Schrifft Altes und Newes Testaments / Deutsch / D. Mart. Luth. Mit dem Anhang des dritten und vierdten Buchs Esra / Wie auch dritten der Maccabeer. Auff [...] Herrn Johann Georgen des Andern / [...] Befehl [...] von der jetzigen Theologischen Facultät zu Wittenberg von neuem *reviditet* und übersehen / wie solches Herrn *D. Jacobi Welleri*, Churfürstl. Sächs. Ober=Hoff=Predigers / vorangefügte Vorrede [...] andeutet, Lüneburg 1664, Bl.)(4r –)(8r. (Die Bibel ist in drei Teilen erschienen: I. Geschichtswerk, Schriften, 1664, II Propheten, 1663, Neues Testament, 1663).
17 Gemeint ist die sog. Ernestinische (Weimarer) Bibel: BIBLIA, Das ist: Die gantze H. Schrifft, Altes und Newes Testaments Teutsch / D. Martin Luthers: Auff gnädige Verordnung deß [...] Herrn Ernsts / Hertzogen zu Sachsen / [...] Von etlichen reinen Theologen [...] erkläret [...] Ist auch zu End neben den Christlichen Haupt-Symbolis mit beygedruckt worden ein kurtzer und schöner Bericht von der Augspurgischen Confession / sampt den Artickeln der Confession selbsten, Nürnberg: Endter 1641 u. ö. (in drei Teilen).
18 Johann Diec(k)mann (1647–1720), Generalsuperintendent in Stade.

Bibel,[19] nemlich die teutsche Bibel mit zuziehung alter *exemplari*en und der grundsprache *revidier*et und verbessert, im druck herauß gehen zu lassen. Er erinnert aber dabey in seiner vorrede daß was hierin von ihm geschehen sey, „nur ein anfang, weilen dieses werck noch nicht dergestalt außgeführet sey, daß mans für vollkommen angeben könte. Sintemal er derer ältesten *exemplari*en, wie sehr er sich auch darnach umgethan, nicht mächtig werden können."[20] Da dennoch kein zweifel sey, daß man von fleißiger vergleichung solches ersteren und jüngeren druckes annoch ein grosses zu besserer einrichtung der teutschen Bibel zugewarten. Wann nun die göttliche *Providenz* gnädigst gewolt, daß eine solche *collation* solcher alten *exemplari*en, deren keines der wohlerwehnte *D. Dieckmann* gesehen, mit seiner 1703. gedruckten Bibel hat angestellet werden mögen: So solte man sich unser seits, mit bestand der wahrheit, die gute hoffnung machen, daß durch heraußgebung dieser Bibel, dasjenige in mehrerem maaß, als vorhero iemalen geschehen ist, geleistet worden, wornach alle rechtschaffene sowohl lehrer als glieder der evangelischen kirchen ein verlangen getragen, nemlich die übersetzung des theuersten werckzeugs GOttes, Lutheri, in ihrer mehrern vollkommenheit, in der übereinstimmung mit den grundsprachen, zu sehen und zu

---

19　Biblia, Das ist / Die gantze Heilige Schrifft / Altes und Neues Testament / Nach der Verdeutschung D. Martin Luthers / Numehr auffs neue [...] übersehen / gegen einige alte und neue Außfertigungen / auch selbst den Grundtext gehalten / und von [...] Fehlern gesaubert. Nebst Einer hiervon außführlichern Bericht ertheilenden Vorrede H. Johannis Dieckmanns / D. Der Hertzogthümer Bremen und Verden General-Superintend. Samt Sel. H. Johann Arnds Informatorio Biblico, Und angehengtem kurtzen Gebet-und Gesang-Buche, Stade 1690, ²1698, ³1703 (1705). – Diekmanns Text ist ein gründlich revidierter Text auf der Grundlage und durch den Vergleich früherer Luther-Bibeln. Er liegt der Canstein-Bibel zugrunde (*Reinitzer*: Biblia [wie Text 3 Anm. 305], S. 276 f.)

20　*Diekmann*: Vorrede zu: Biblia, 1698, S. 7–42 (25. 2. 1698), bes. S. 36.

lesen. Es sind aber die alten *exemplari*en, deren *collation* mit der Stadischen Bibel angestellet: das N. T. so *anno* 1522. zu Wittenberg gedruckt, und die allererste *editon* ist; die Bibel zu Wittenberg durch Hans Luft in *fol.* gedruckt 1534. eben daselbst 1535. eben daselbst 1541. Leipzig durch Nic. Wolrab, 1543. Wittenberg durch Hans Luft 1545. welche insgesamt noch bey seinen lebzeiten im druck herauß gekommen.[21] Nächst diesen hat man sich einer von wenig jahren zu Helmstädt und Stendel in *folio edir*ten Bibel gebraucht,[22] deren *editor* gewesen der ehmalige *General-Superintend.* in der Alte Marck, Herr Bernhardi:[23] Denn obwol derselbige nicht allezeit die *editiones*, auß welchen er die bessern lese=arten genommen, genennet, so glaubet man doch, er werde nichts geändert haben, was er nicht in einer *edition* Lutheri, auf deren *collationir*ung er bekandtlich lange jahre ungemeinen fleiß gewendet, zu finden. Und wie der sinn und meynung Lutheri und der gantzen evangelischen kirchen, als oben gezeiget, bey der teutschen Bibel kein anderer gewesen, auch nach der wahrheit seyn kan, als eine solche

---

21 Zu diesen Ausgaben siehe WA.DB 2, 1909, S. 201–225 (Bibliographie der deutschen Bibel Luthers), bes. Nr. *1, *50, *56, *69, *80; vgl. *Michel*: Kanonisierung [wie Anm. 12], S. 32–50.

22 BIBLIA, Das ist: Die gantze Heilige Schrifft / Altes und Neues Testaments / Teutsch Sehl. Herrn D. Martin Luthers / Mit kurtzen Summarien und Jnhalt jeder Bücher Capitel / Augspurgischer Confession, D. Luthers Vorrede / und Lebens-Lauff / Johann Arndts *Informatorio Biblico*, richtiger Register / auch schönen Figuren zugerichtet / Nunmehro auffs neue [...] übersehen [...] und zum Druck befordert / Von Herrn *DANIEL BERNHARDI*, Superintendente *Generali* beyder *Provincien*, der alten Marck und Prignitz. Benebenst einer Vorrede Herrn *JO. CHRISTOPHORI MEURERI, S. Th. Doct.* und *A. Superintendentis Generalis* der alten Marck [etc]. Stendal / Verlegt von Johann Melchior Süstermann / Buchhändlern. Goßlar / Gedruckt bey Simon Andrea Dunckern / Anno MDCCII. (Süstermann war auch Verleger in Helmstedt; vgl. *Beate Köster*: Die Lutherbibel im frühen Pietismus, Bielefeld 1984 [Texte und Arbeiten zur Bibel, 1], S. 112–114).

23 Daniel Bernhardi (1622–1707), Generalsuperintendent der Altmark.

übersetzung zu verschaffen, die dem grund=text am ähnlichsten sey, folglich den verstand des grossen GOttes in seinen worten am allerbesten außdrucke, so hat man nothwendiger weyse unter den unterschiedlichen lese=arten, die man in obgedachten *exemplari*en (zwey oder drey örter sind im N. T. auß einigen andern alten *editionen* verbessert, und wie in dem bericht vor dem N. T. also auch in dem drunten folgenden namhaft gemacht worden) gefunden, diejenigen erwählen und dem text selbst einverleiben müssen, in welchen die meynung des H[eiligen] Geistes am besten getroffen worden; doch daß bey solcher veränderung, wie man auf das theuerste versichert, nicht das geringste für uns oder nach unserm eigenen willen und gefallen, sondern alles nach anleitung der vorgedachten alten *exemplari*en und gethanen vergleichung mit der Stadischen und der vorhin genannten Bernhardischen *edition* vorgenommen, nächst dem auch keine veränderung gantzer *perioden* geschehen, sondern nur eines oder andern wortes, oder da es auf sehr wenige ankommt: dergestalt, daß der christliche leser nach wie vor glauben mag, er habe hier vor sich die reine dollmetschung Lutheri, in welcher wir eigenmächtiger weyse nichts geändert, als welche macht uns in keine wege zuzustehen, auch unserm zweck, die erbauung des nächsten durch diesen druck der Bibel zu befordern, gar nicht gemäß zu seyn, wir durch die gnade GOttes schon überzeuget seyn, indem uns gnüget, daß die *version* Lutheri, ob sie zwar nach einhelligem geständniß der evangelischen kirchen nicht allemal des Heiligen Geistes sinn mit gnugsamen nachdruck vorleget, dennoch nichts lehret, als was an sich in der wahrheit und andern orten der heiligen schrift gemäß ist, folglich niemanden in irrthum verführet; indessen aber doch dabey auch uns befugt zu seyn achten, diejenige freyheit zu gebrauchen, die der Herr *D. Dieckmann* in seiner vorrede sehr wohl angemercket, daß indem wir in dieser gegenwärtigen Bibel und in vorhergehenden auflagen des N. T. die beste lese=art annehmen, wir gar nicht darnach sehen, ob diese auß den ersteren oder folgenden *edition*en hergeholet seyn: Gnug daß wir ein *exemplar* von Lutheri *version* vor uns gehabt, dem man darin, und nach dem sinn der evangelischen kirchen, die diejenige dollmetschung Lutheri vor die beste hält, die dem grund=text am ähnlichsten und ohne verletzung des wohlstandes in der teutschen sprache, von Luthero selbst gegeben worden, nachgehen können und müssen. Zumalen man auß gegenhaltung[24] der älteren und jüngeren *edition*en, insonderheit der von 1545. die doch noch bey lebzeiten Lutheri zum druck befordert worden, zeigen kan, daß zu allen zeiten in der evangelischen so genannten Lutherischen kirchen, die freyheit ist gewesen, daß diejenige, welche die Bibel drucken lassen, nicht allemal die jüngern *exemplarien* Lutheri genommen, sondern die ältern ihnen bisweilen vorgezogen haben. Davon unter andern ursachen auch diese ist, daß der sel. Lutherus, wann er auch bey anderweitiger *revision* seiner Bibel von dem vorhergehenden druck abgegangen, er dennoch seine erste dolmetschung, sofern sie dem grund=text näher als die letzte kommt, nicht aufgehoben, sondern als die seinige erkannt und beybehalten.*[25]

---

24 Vergleich (DWb 5, Sp. 2241).
25 „* Auß der kurtzen vorrede des psalters. *Franzius de interpretat. Script. p.* 36. Korthold *de variis Script. editionibus p.* 326." – *Martin Luther*: Nachwort zu: Der Deudsch Psalter D. Luthers zu Wittemberg, Wittenberg 1531, Bl. S5r–v; teilweise abgedruckt bei: *Wolfgang Franz*: TRACTATUS THEOLOGICUS Novus & Perspicuus, *De* INTERPRETATIONE SACRARUM SCRIPTURARUM MAXIME LEGITIMA, Duabus constans regulis essentialibus & perspicuis illis, quae B. LUTHERO, ad felicissimam Papatus Romani destructionem, in Versione Bibliorum Germanica, & in Scripturarum, praeter morem antea sub Papatu consuetum explicatione, unice usitatae & familiares fuere, ET *CLII. exemplis selectis* & *difficilioribus elucidates,* Wittenberg 1619, S. 44, und *Christian Kortholt*: *DE* VARIIS

Was übrigens in dieser *edition* noch besonders geleistet worden, davon kan folgender *fernerer bericht* gelesen werden. Jch wünsche zuletzt auß dem tiefesten grunde meiner seelen, daß dem grossen GOtt und himmlischem Vater nach seiner überschwänglichen güte gefalle, den lauff seines allertheuersten wortes auch zu unsern zeiten mächtiglich zu befordern, und zu dem ende in vielen hertzen den vorsatz erwecke, nach eines ieden vermögen und besonderen umständen, alle die vom HErrn empfangene kräfte oder mittel mit freuden anzuwenden, daß seines wortes licht weiter aller orten außbreche, folglich in mehrere herzen einleuchte, daß alles land des erkäntnisses des HErrn voll werde,[26] wie mit wasser des meeres bedeckt. Es lasse auch der HErr seinen göttlichen segen mildigst fliessen auf diese und ins künftige mehrmalige auflage sowohl des N. T. ins besondere, als auch der gantzen Bibel, damit durch den gebrauch desselbigen, wo nicht alle (so des HErrn gnädiger wille ist) doch die allermeisten leser, vermittelst der lebendigen kraft des wortes selbst, von dessen wahrheit also kräftig überzeuget werden, daß sie in wahrer buß und in einem recht lebendigen freudigen und thätigen glauben empfangen und stets geniessen das zeugniß der heiligen schrift von ihrem Heylande JEsu Christo,[27] wie Er ihnen sey *der weg*, nicht allein daß er ihnen selbigen in seinem worte gezeiget, sondern weilen sie auf ihn und durch ihn kraft seines mittler=amts den zugang haben zu ihrem himmlischen vater; *die wahrheit*, vornehmlich, indem er sie theilhaftig machet der wahren ewigen güter; *das leben*, nicht nur weilen Er das leben offenbaret und gibt in

---

SCRIPTURAE SACRAE EDITIONIBUS TRACTATUS THEOLOGICO-PHILOLOGICUS, Kiel 1686, S. 326.
26 Vgl. Jes 11,9; Hab 2,14.
27 Joh 14,6.

dem rechten beständigen gebrauch seines wortes, sondern selbst ihr, als seiner gläubigen, licht, kraft und leben ist in der zeit und in der unaufhörlichen ewigkeit; *JEsus Christus gestern und heute und derselbe auch in ewigkeit,*[28] *welchem sey lob und ehre, und weisheit und danck und preis und kraft und stärke, von ewigkeit zu ewigkeit. Amen.*[29]
Berlin, den 28. Apr. 1713.
                        Carl Hildebrand von Canstein.

      Fernerer bericht / was in dieser *edition* für[30] andern
                      geleistet worden.
Nächst geschehener *collation* einiger alten Bibeln Lutheri (davon in der vorhergehenden vorrede bereits hinlängliche nachricht gegeben worden ist, und unten ein verzeichniß der darauß verbesserten lese=arten folgen soll) ist ein versuch geschehen, den nachdruck, welcher oftmals in den *particulis*, sonderlich *pronominibus personalibus*, ligt, deßgleichen den unterscheid des wörtleins *ein*, wenn es eine zahl bedeutet, oder wenn es der *articulus indefinitus* ist,[31] welches im teutschen nicht so gleich mag erkant werden, entweder durch einen grossen *initial*-buchstaben, oder, nach einer vorhergehenden grösseren *distinction*, durch außnehmende schrift (so man schwabach[32] nennet) anzuzeigen. z[um] e[xempel] Joh. 10,7.9.[33] heisset es: *Jch bin die thür*, da ist in dem Wort *Jch* ein nachdruck, welches im grie-

---

28   Hebr 13,8.
29   Apk 7,12.
30   Vor, im Vergleich zu.
31   Partikel, Personalpronomina, unbestimmter Artikel.
32   Die Schwabacher Schrift entstand im 15. Jahrhundert und gehört mit der *Textura*, *Rotunda* und *Fraktur* zu den gebrochenen (nicht runden) Schriftarten (gotischen Ursprungs). Zu Beginn des 16. Jahrhunderts setzte sich die Fraktur weitgehend als Normaldruckschrift durch.
33   Joh 10,7.9.

chischen leicht zu erkennen, weil das wort ἐγὼ daselbst befindlich ist, da sonst εἰμὶ schon genug gewesen wäre. Jm teutschen aber kan man solche *emphasin* nicht sehen, indem das Wort *Jch* da seyn müßte, obgleich ἐγὼ im griechischen nicht stünde. Solchen nachdruck nun zu zeigen hat man v. 7. ein groß J genommen, v. 9. aber, da es ohn deß ein grosses J hätte seyn müssen, ist das gantze wort mit anderer schrift gesetzet worden. Siehe auch Gesch. 13,33.[34] woselbst die *emphasis* in den beyden worten *Du* und *Jch* nicht allein im griechischen, sondern auch Ps. 2,7.[35] im hebräischen gar scheinbar ist. Von dem zahlwort *ein* besiehe z. e. 1. Tim. 3,2.[36] woselbst des apostels meynung nicht ist, daß ein bischof nothwendig verheyrathet seyn müßte, (wie man etwa auß dem teutschen schliessen mögte) sondern, daß er nur ein weib, nicht zwey oder mehrere haben dürfte, und wird also damit auf den zustand der damaligen zeit gesehen, da sowohl unter den jüden als heyden die *polygamia* oder vielweiberey im schwange ging. Wenn man also im lesen den ton auf das Wort *Eines* setzet, wozu man durch das große E hat wollen anweisung geben, so ist des Apostels sinn sofort offenbar. Und mögte es auch seinen guten nutzen haben, wenn die kinder in schulen so bald beym lesen in dieser Bibel, oder *reciti*ren eines spruchs, gewöhnt würden, dergleichen wörter mit einem *accent* außzusprechen, weil sie solcher gestalt den verstand eines spruchs leichter fassen würden. z. e. Eph. 4,4.5 6. Matth. 5,4.5.6.7.8.9.[37] Solte übrigens iemand eine und die anderer stelle, da sich eine *emphasis* findet, übergangen, hingegen wol mannige, da entweder kein, oder doch nicht so scheinbarer nachdruck anzu-

---

34 Apg 13,33.
35 Ps 2,7.
36 1Tim 3,2.
37 Eph 4,4–6; Mt 5,4–9.

treffen, mit bezeichnet zu seyn, anmercken; so dienet
zur nachricht, daß, wie man nicht ermangeln wird, die
noch unbemerckte stellen, so man sie entweder selbst,
oder durch andere anweisung finden wird, in den folgenden *edition*en zu *noti*ren; also man eben kein bedencken getragen habe, obgedachte *particuln*, wo man
sie im grund=text gefunden, im teutschen auf beschriebene weyse anzuzeigen. Und überlässt man billig eines
verständigen lesers beurtheilung, ob an diesem oder
jenem orte ein besonderer nachdruck angedeutet werde,
oder nicht.

Die *loca parallela*[38] hat man zwar zur ersparung des
raums nicht eben in grosser menge, iedoch zur nothdurft, hinzu getan, und mit einem [etc]. angezeiget, wo
man mehrere finden solle. z. e. Rom. 2,11.[39] heisset es:
Es ist kein ansehen der person vor GOtt. Wil nun iemand
wissen, wo diese worte mehr vorkommen in der Bibel,
so schlage er nur den dabey angeführten und mit einem
[etc]. bezeichneten ort Gesch. 10,34.[40] auf, da wird er
mehrere stellen antreffen.

Die bücher der heiligen schrift sind um der einfältigen
willen teutsch *citi*ret, und haben diese zu mercken,
daß, wo man wegen enge des raums nur ein M. gesetzet,
solches das mit der dabey befindlichen Zahl bezeichnete
buch Mosis bedeute, siehe z. e. die unter Matth. 1,2.[41]
angeführete stellen. Die übrigen bücher sind an sich
leicht zu erkennen.

Nun folgt das verzeichniß derjenigen stellen, die in
dieser *edition* obgedachter maassen, auß den alten
*exemplari*en *restitui*ret sind.

---

38 Parallelstellen.
39 Röm 2,11.
40 Apg 10,34.
41 Mt 1,2 mit Verweis auf Gen (= 1 Mose) 21,3.12; 25,26; 29,35; 49,10.

Die zeichen * 1.2.3.4.5. bedeuten folgende *editiones*:
* Das N. T. so *An.* 1522. zu Wittenberg durch Melchior Lotther gedruckt, und die allererste *edition* ist.[42] (*vid. Tom. 2. Epist. Luth. fol.* 55. b. 88. b. 99. a.)[43]
1. Die Bibel zu Wittenberg durch Hans Luft in *folio* gedruckt 1534.[44]
2. Eben daselbst 1535.
3. Eben daselbst 1541.
4. Leipzig durch Nic. Wollrab, 1543.
5. Wittenberg durch Hans Luft, 1545.
6. Die zu Helmstädt vor wenig jahren gedruckte Bibel in *folio*.

[Es folgen 4 Seiten mit einer Übersicht der Varianten der Stadischen Bibel mit der vorliegenden Edition und den mit Ziffern bezeichneten Editionen.]

---

42 Das Septembertestament 1522.
43 *Johann Aurifaber*: Tomus Primus Epistolarvm Reverendi Patris Dn. D. Martini Lutheri continens scripta viri Dei, ab anno millesimo quingentesimo septimo usq[ue] ad annum vicesimum secundum, Frankfurt a. O. 1597, Bl. 55v. 88v. 99r. – Luther an Georg Spalatin, 30.3.1522, 26.7.1522, an Wenzeslaus Link, 19.12.1522, und an Johannes Lang, 18.12.1521 (erste Erwähnung der Übersetzungsarbeit): WA.B 2, Nr. 470, 523, 557; vgl. 445.
44 Zu den folgenden Ausgaben s. o. bei Anm. 21 und 22.

5. Die Berleburger Bibel (1726)

Die Heilige Schrift Altes und Neues Testaments / Nach dem Grund=Text aufs neue übersehen und übersetzt: Nebst Einiger Erklärung des buchstäblichen Sinnes / Wie auch der fürnehmsten Fürbildern und Weissagungen von Christo und seinem Reich / und zugleich Einigen Lehren die auf den Zustand der Kirchen in unseren letzten Zeiten gerichtet sind; Welchem allem noch untermängt Eine Erklärung, die den inneren Zustand des geistlichen Lebens / oder die Wege und Wirckungen GOttes in der Seelen / zu deren Reinigung / Erleuchtung / und Vereinigung mit Jhm / zu erkennen gibt. – Gedruckt zu Berlenburg Jm Jahr unsers Erlösers und Ursprungs der heiligen Schrifft JEsu Christi 1726.

[Widmung]

Dem allein-Weisen GOTT und unserm Heyland
JESU CHRISTO /
Dem Seligen und allein-Gewaltigen /
Dem König aller Könige und HERRN aller Herren:
Der allein Unsterblichkeit hat;
Der da wohnt in einem Licht / da niemand zu kommen kan;
Welchen kein Mensch gesehen hat noch sehen kan[1] /
nach seine göttlichen Natur /
als den Eingebohrnen Sohn GOttes:
Der aber auch versprochen hat /
daß er will aufgehen als der Morgen=Stern

---

1 Vgl. 1Tim 6,16.

In den Hertzen derer die zu ihm in Demuth
wollen kommen
in Lesung und Betrachtung der heiligen Schrifft /
die durch seinen Geist eingegeben worden;[2]
Dem da gebühret alle Ehre und Majestät und
Gewalt und Macht
und ein ewiges Reich:[3]
Dem sey auch diese Arbeit zur Erbauung vieler Seelen /
und also zur Ausbreitung seines Reichs in
denselben / gewidmet.
Amen!

[Vorrede]

Der HErr sey unser Licht und unser Heyl![4]
DAß den Glaubigen die Betrachtung der Heiligen
Schrifft in der letzten Zeit[5] sonderlich sollte angelegen
seyn / das gibt uns die Weissagung von derselben zu erkennen / die wir finden bey dem Profeten Zacharia
Cap. 14/7.[6] daß *es um die Abend=Zeit werde Licht seyn.*
Dann daß diese *Abend=Zeit* die letzten Zeiten bedeute
/ ist daraus offenbar / weil solche vorangehen soll vor
der Zeit da *der HErr wird König seyn über alle Lande;
zu welcher Zeit der HErr nur einer seyn wird / und sein
Name nur einer:* v. 9.[7] da Christus herrschen wird auf
der gantzen Erde / und alle in Einigkeit des Glaubens
und des wahren Gottesdienstes recht werden vereiniget

---

2 Vgl. 2Petr 1,19.
3 Vgl. 1Chr 29,11.
4 Ps 27,1.
5 Zur pietistischen Endzeiterwartung siehe *Wolfgang Breul*: Zukunftserwartung, in: Pietismus Handbuch, hg. von Wolfgang Breul und Thomas Hahn-Bruckart, Tübingen 2021, S. 399–409 (5.1.8).
6 Sach 14,7.
7 Sach 14,9.

seyn; daß alsdann in der That erscheine *die Eine / Heilige / und Allgemeine Christliche Kirche* / da keine Trennungen und Religions=Streitigkeiten mehr werden gefunden werden.[8] Wann es aber nun vor dieser herrlichen Zeit soll *Licht seyn* / so wird dardurch gantz klar verstanden, daß GOtt mehr Licht will lassen aufgehen in den Hertzen der Glaubigen. Woraus dann auch erfolgen wird / daß nach der Weissagung Daniels viele in der letzten Zeit werden über die Schrifft der Profeten sowol als insgemein die gantze heilige Schrifft kommen / und die Erkenntniß wird gros werden. Cap. 12/4.[9]

Zu dem Ende ist es dann der Glaubigen ihre Pflicht / die heilige Schrifft fleissig zu lesen / und in derselben zu forschen nach den Geheimnissen des Reichs GOttes / und also dahin sich eiferigst zu bestreben / daß man zur Erkenntniß des Willens GOttes / und dessen was er zu seiner Verherrlichung uns in derselben hat offenbahren wollen / gelangen möge. Und dieses kan unter andern in diesen dreyen Stücken bestehen.

Erstlich / weil die heilige Schrifft in der ersten Sprache[10] geschrieben / die von Adam ist auf göttlichen Befehl zuerst hervorgebracht worden / da er noch die göttliche Weisheit in sich hatte / nämlich die Hebräische

---

[8] Hier ist eine „philadelphische" Ekklesiologie angesprochen, wie sie seit dem Ende des 17. Jahrhunderts u. a. von Jane Leade (siehe Anm. 55) in England propagiert wurde (Philadelphian Society) und in gewisser Weise in der Herrnhuter Brüdergemeine Gestalt gefunden hat. Kennzeichend ist das Bewusstsein einer Gemeinschaft der wahren Christen über alle Konfessionsgrenzen hinweg. Der Begriff Philadelphia (Bruderliebe) nach Apk 3,7–13 steht dabei sowohl für die Überkonfessionalität wie für eine kirchenhistorische Epoche vor dem Anbruch der Endzeit. Vgl. *Schrader*: Literaturproduktion (wie Text 3 Anm. 36), S. 63–73.
[9] Dan 12,4. – Zur Vorstellung eines zunehmenden Aufschlusses der Bibel siehe *Markus Matthias*: Der Geist auf den Mägden. Zum Zusammenhang von Enthusiasmus und Geschichtsauffassung im mitteldeutschen Pietismus, in: Pietismus und Neuzeit 43, 2017, S. 71–99.
[10] Zur Annahme einer (adamitischen) Ursprache siehe The language of Adam. Die Sprache Adams, hg. von Allison P. Coudert, Wiesbaden 1999.

Sprach / in welcher das Alte Testament / als der Grund aller Geheimnisse / geschrieben ist; worzu hernach das Neue Testament gekommen / das in der damals sehr üblichen Griechischen Sprache geschrieben ist: so ist es nöthig / daß die so die Gaben dieser Sprachen / und sonderlich der ersten / erlanget / weil uns die nun die schweresten geworden / nach dem Maaß ihrer Erkenntniß fleissig diesen Grund=Text lesen / und sich dann bestreben / wie sie solchen unter Anrufung des Beystandes des heiligen Geistes in unsere Mutter=Sprache übersetzen mögen. Da man dann sowol dem Buchstaben nach es sollte aufs einfältigste geben / wie es da geschrieben ist; indem darinnen manchmal ein Nachdruck und Geheimniß verborgen ist: als auch die Deutlichkeit sich lassen angelegen seyn / daß man zugleich unsere Redens=Arten brauche / womit wir solches auszudrücken pflegen; daß es ein ieder desto besser verstehen könne: da man auch die Hebräische *Accentuation*[11] oder Unterscheidungs=Zeichen / die / wie einige nicht ohne Grund dafürhalten / durch den heiligen Geist eingegeben sind / und den wahren Verstand der Schrifft anweisen / wol zu beobachten hat.

Dieses hat man sich nun auch hier nach Vermögen zu thun beflissen / und bittet einen ieden der ein besseres einsiehet / solches in der Liebe zur Erbauung des

---

[11] Gemeint sind vor allem die Vokalzeichen (neben den Akzenten), die die Masoreten (8.–10. Jh.) in den hebräischen Bibeltext eingebracht haben. – Zur im 17. Jahrhundert aufgekommenen Diskussion (Elias Levita [1469–1549], Johannes Buxtorf d. Ä. [1564–1629], Louis Cappel [1585–1658] u.a.) über die Inspiration der Vokalzeichen bzw. Masora (ab 600 n. Chr.) auf Grund ihres angeblich gleichen Alters mit der hebräischen Schrift siehe *Henning Graf Reventlow*: Epochen de Bibelauslegung, Bd 4. Von der Aufklärung bis zum 20. Jahrhundert, München 2001, S. 79–82; vgl. *Thomas Willi*: Basel und die Kontroverse um die Veritas Hebraica, in: Theologische Zeitschrift 53, 1997, S. 165–176; vgl. *Georg Schnedermann*: Die Controverse der Ludovicus Capellus mit der Buxtorfen über das Alter der hebräischen Punctation, Leipzig 1879.

Nächsten und zur Ehre GOttes zu erinnern; aber auch zu glauben / daß man hiemit den rechten wahren und beßten *Grund=Text des Geistes* / den ein ieder lebendig in seinem Hertzen finden kan / nicht wolle zurückgesetzet haben.

Hernach so müssen sich Glaubige der Gabe der Weissagung oder Auslegung der Heil. Schrifft befleissigen; worzu uns GOtt selbst vermahnen lässet: *Fleissiget euch der geistlichen Gaben / am meisten aber daß ihr weissagen möget.* 1. Cor. 14/1.[12] Daher so ist es in der Kirche Christi iederzeit üblich gewesen / daß man die heilige Schrifft mit Erklärungen und Anmerckungen hat herausgegeben. Welches dann auch nöthig ist / auf daß durch solche Hülffs=Mittel sowol denen Schwachen anhandgegangen werde / um ferner nachzusinnen / und den Verstand der heiligen Schrifft unter Anrufung der Gnade GOttes zu erlangen; als welches dazu allezeit erfordert wird / damit der uns die Augen öffne / daß wir sehen die Wunder in seinem Wort: als auch daß man denen Starcken damit Anlaß gebe weiter nachzuforschen / und von solchem gegebenen Sinn in der Forcht des HErrn / und also auch in der Liebe / zu richten. 1. Cor. 14/29.[13]

Diese Auslegung aber ist zweyerley. Nämlich daß man zuvorderst den *buchstäblichen Verstand* wol fassen möge. Wobey dann kein besser und gewisser Mittel ist zu solchem zu gelangen / als daß man die Schrifft durch die Schrifft zu erklären suche:[14] da man findet / daß /

---

12 1Kor 14,1. – Im Protestantismus der Frühen Neuzeit wird „weissagen" („prophezeien") aufgefasst als „richtig auslegen, über den Willen Gottes belehren" (DWb 28, Sp. 1159–1167, bes. 1159).
13 1Kor 14,29.
14 Der von Luther (WA 7, S. 97, 16–29) und im Luthertum (z. B. *Jacob Andreae*: ORATIO, DE INSTAURATIONE STUDII THEOLOGICI, IN ACADEMIA VVITEBERGensi, ad eam puritatem Doctrinae coelestis, in qua, vivente

was an einem Ort dunckel gesagt wird / an einem anderen deutlicher erkläret werde. Worinnen dann eine sonderbare Weißheit des Geistes GOttes anzumercken ist / der sich also auf verschiedene Art hat herauslassen wollen / daß / wo er an einem Ort gleichsam ein Rätzel und dunckelen Spruch hervorgebracht / er solches hernach anderswo unter kläreren Worten und etwas weitläuffiger vorgestellt hat. Zu welchem Ende auch die Anführung der *Concordant*zien sehr nützlich ist / da man in Vergleichung der Oerter / die man nachschlagen muß / zu einem mehreren Verstand der Schrifft gelangen kan. Daß man aber in dem ersten Theil dieser Bibel / dem Gesetze / beydes der Juden ihre Meynungen von den Gebräuchen des Ceremonialischen Gesetzes / und auch anderer sowol alten als neuen Lehrern / hier und dar beygefüget; das ist zum theil nach der üblichen Gewohnheit geschehen / um einiger ihrem Verlangen ein Genügen zu thun.

Hierauf folget / daß man die heilige Schrifft zum allgemeinen Nutzen suchet anzuwenden / wozu sie der heilige Geist will gebrauchet haben / da *alle Schrifft von GOtt eingegeben nütze ist zur Lehre / zur Strafe / zur Besserung / zur Züchtigung in der Gerechtigkeit / daß ein Mensch GOttes sey vollkommen / zu allem guten Werck geschickt.* 2. Tim. 2/16.17.[15] Daher ist nöthig / daß man die Lehren der Wahrheit / wie man sie durch die Gnade GOttes einsiehet / und dann auch die Bestrafung der verdorbenen Sitten der Christenheit / an

---

D. Luthero, Doctores Sacrarum Literarum piè consenserunt. Recitata VVtebergae 25. Aprilis Anno 1577., Wittenberg 1577, Bl. C1r) vertretene hermeneutische Grundsatz (*sacra scriptura sui ipsius interpres*) meint, dass man die Heilige Schrift aus sich heraus auslegen muss und kann. Vgl. *Walter Mostert*: Sacra scriptura sui ipisius interpres, in: Lutherjahrbuch 46, 1979, S. 60–96.

15 2Tim 3,16f.

den Orten wo der heilige Geist darzu Anlaß gibt / in der Forcht GOttes hinzuthue / ob es zur Besserung und Züchtigung in der Gerechtigkeit noch bey mancher Seelen anschlagen mögte: dann aber auch / ob die Wahrheiten / die GOttes Geist in so vielen den HErrn fürchtenden und nach seinem Licht sich sehnenden Seelen hat aufgehen lassen / auch bey andern mögten einen Eingang finden / um die in unserer Philadelphischen Gemeinde eröffnete Thür[16] zu erblicken / und dadurch in viele Geheimnisse einzuschauen / die uns die Wege GOttes immer klärer zu seines Namens Verherrlichung vorstellen mögen.

Drittens ist von GOtt zu erbitten / daß wir auch den *geheimen und geistlichen Sinn* der heiligen Schrifft einsehen und erkennen mögen / welches so zu sagen der Geist und das Leben der Schrifft ist; wovon auch Christus redet: *Jhr untersuchet die Schrifft; dann ihr meynet das ewige Leben darinnen zu haben: und sie ists die von mir zeuget. Aber ihr wollt nicht zu mir kommen / daß ihr das* Leben *haben mögtet.* Joh 5/39.40.[17] Dieses *Leben* also ist auch der Geist in der Schrifft / und findet sich nicht eher in unserm Geist / es sey dann daß derselbe stehe in der Gemeinschafft Christi. Dann *wer dem HErrn anhanget / der ist ein Geist mit ihm.* 1.Cor. 6/17.[18]

Hier entdecken sich aber unter andern sonderlich zweyerley Gaben. Erstlich daß man einzusehen bekommt die geistliche Bedeutung der *Geschichten* und *Gesetze* und *Weissagungen* / die in GOttes Wort vorkommen / wie darinnen verborgen liegen entweder die Geheimnisse von den Wegen GOttes in Ansehung unsers Heyls. Als zum Exempel da der Apostel von den

---

16 Apk 3,8.
17 Joh 5,39f.
18 1Kor 6,17.

zwey Weibern Abrahams / der Magd und der Freyen / deren jene erst / und hernach diese / gebohren / zeuget daß *diese Worte etwas bedeuten*; dann das seyen die *zwey Testamente*: eines von dem *Berg Sina /* das zur *Knechtschafft* gebähret / welches ist *Agar* [etc]. und das *Jerusalem das droben* ist das sey *die Freye /* die unser aller Mutter ist. Gal. 4/22. [etc].[19] So auch da in den Gesetzen verborgen liegen die *Pflichten der Liebe*: wie der Apostel das Gesetz anführet / daß man *dem Ochsen der da drischet nicht soll das Maul verbinden*; welches er mit mehrerem auf die Versorgung der Diener des Evangelii deutet: 1. Cor. 9/9.[20] [etc]. Und deßgleichen die *Weissagungen*: da man im Lichte des Geistes Christi einsehen muß / was die Profeten nicht allein von der ersten Zukunfft Christi ins Fleisch[21] / und da von seinen Leiden und Auferstehung und der Aufrichtung seines Reichs unter den Heyden / geredet haben; sondern auch was sie weissagen von seiner künfftigen Erscheinung zum Gericht / dabey sich auch sein herrliches Reich hierunten auf Erden offenbahren soll: 2. Tim. 4/1. Welches Zeugniß des Geistes JEsu in seinen treuen Zeugen *der Geist der Weissagung* ist. Offenb. 19/10.[22]

Hernach da man auch in eben den Geschichten / Gesetzen und Weissagungen / erblicken kan die Wege und Wirckungen GOttes die er in den Seelen der Glaubigen zu deren Zubereitung zu der Vereinigung mit ihm vornimmt / wie solche in deren Buß=Proceß in die Verläugnung / Absterbung der Welt / Demuth und Vernichtigung ihrer selbst / und also zu ihrer *Reinigung* / kommen müssen; und wie sich hernach GOtt bey der Wirckung des Glaubens / und dessen mancherley Prü-

---

19   Gal 4,22–26.
20   1Kor 9,9–11.
21   Siehe Text 2 Anm. 21.
22   2Tim 4,1; Apk 19,10.

fungen / zu ihrer *Erleuchtung* / und also seiner Offenbahrung / in ihnen beweiset: bis sie durch alle diese Wege hindurch gekommen sind / und also fähig werden zu *der Vereinigung mit GOtt*[23] zu gelangen / und da die süsse Früchte des Friedens und der Freude des Geistes / und der beständigen Einstrahlung des göttlichen Lichtes / zu geniessen; da sie dann in einem *blosen Glauben* und einer *reinen Liebe* sich GOtt und ihrem Heyland gantz ergeben und überlassen: welches der stetige Wandel mit und vor dem Angesicht GOttes ist / den *Henoch* und *Noah* geführet / und welcher dem *Abraham* auch von GOtt anbefohlen wurde. 1. Mos. 5/24. 6/9. 17/1.[24] Und dieses sind die *Wege GOttes im Heiligthum* / Ps. 68/25.[25] die *gebahnte Wege in den Seelen* / Ps. 84/6.[26] die sich in den Führungen Abrahams / Jsaacs / Jacobs / Josephs / Moseh / und dergleichen / ja in der Führung des gantzen Jsraels durch die Wüste / und in allen den Zeichen und Wundern die daselbst geschehen sind / zu erkennen gegeben. Welche geheime und geistliche Erklärung des Wortes GOttes von verschiedenen geistreichen sowol alten als neuen Lehrern ist vorgenommen worden: da unter jenen sonderlich *Origenes*[27] bekannt gewesen / von den man aber wol die wenigsten Schrifften noch übrig hat. Die indessen noch vorhanden sind / die geben hiervon ein genugsames Zeugniß / deren man sich dann auch hier bedienet hat. Von den neueren aber sind in unseren Zeiten der geistreichen *Madame de Guion*[28] ihre Erklärungen des Alten und Neuen Tes-

---

23 Hier wird der mystische Weg der Reinigung, Erleuchtung und Einswerdung mit Gott beschrieben.
24 Gen 5,24; 6,9; 17,1.
25 Ps 68,25.
26 Ps 84,6, nach der Übersetzung der Berleburger Bibel..
27 Origenes (185–253/4), altkirchlicher Theologe.
28 Jeanne-Marie Bouvier de La Motte Guyon (1648–1717), römisch-katholische Mystikerin, wichtigste Vertreterin des Quietismus; zu ihrer Bedeu-

taments / die da betreffen das innere Leben / berühmt=
und auch hier meistentheils an gehörigen Orten beygefüget worden; gleichwie man sie dann / weilen solche
von diesen inneren Wegen GOttes in der Seele nur
meistens handeln / auch gar bald wird unterscheiden
können. Jn jener Gattung / da die geistliche Bedeutung
der Geschichten und Weissagungen verhandelt wird /
hat man sich gutentheils bedienet der geistlich=gelehr-
ten Schrifften des rechten Gottes=Gelehrten *Coccejis*,[29]
so daß man dem weiter nachzuforschen getrachtet /
wovon er den Grund gleichsam in seinen Auslegungen
über die Weissagungen in der heiligen Schrifft geleget
hat. Und bey dem buchstäblichen Verstand werden die
beßten Ausleger von der Lutherischen Kirche / als *Ca-
lovius, Joh. Ad. Osiander, Seb. Schmidt*,[30] und andere /
nicht beyseitgesetzt. Daß also diese dreyfache Erklärung / des *Buchstabens* / d[e]s *geistlichen* und des *geheimen Sinnes* / gleichsam wie im Menschen so in der heiligen Schrifft den *Leib* / *Seele* und *Geist* derselben /
ausmachen: wie auch vorgemeldeter *Origenes* davon
mit mehrerm *Lib. IV. de Principiis*[31] handelt. Man verstehet aber hier durch den *geistlichen Sinn* den so-ge-
nannten *Moral*-Verstand / oder die Nutz=Anwendung

---

tung in Deutschland siehe *Hans-Jürgen Schrader*: Madame Guyon, Pietismus und deutschsprachige Literatur, in: *ders.*: Literatur und Sprache
des Pietismus. Ausgewählte Studien, Göttingen 2019 (Arbeiten zur Geschichte des Pietismus, 63), S. 419–456.

29 Johannes Coccejus (1603–1669), reformierter Theologe, Vertreter der Fö-
deraltheologie (Summa doctrinae de foedere et testamento Dei, 1648)
und bekannt für seine heilsgeschichtliche Auslegung der Bibel.

30 Abraham Calov (1612–1686), lutherischer Philosoph und Theologe, zuletzt
Professor in Wittenberg. – Johann Adam Osiander (1622–1697), lutherischer Theologe, zuletzt Professor in Tübingen. – Sebastian Schmidt
(1617–1696), Hebraist, bedeutender Exeget und lutherischer Theologe,
zuletzt Professor in Straßburg.

31 *Origenes*: De Principiis Libri IV. Vier Bücher von den Prinzipien, hg. von
Herwig Görgemanns und Heinrich Karpp, Darmstadt 1976, S. 668–821,
bes. 708–713 (IV,2,4).

der Schrift / wie dadurch die Seele muß gebessert werden: durch den *geheimen Sinn* hergegen die innere Erkenntniß / die durch den Geist GOttes in der Seele gewircket wird; wovon David spricht; *Das Geheimniß des HErrn ist bey denen die ihn förchten / und sein Bund ist es / daß ers ihnen kund thue.* Ps 25/14.[32]

Diese innere Erkenntniß ist die wahre Erkenntniß GOttes im Geist und in der Wahrheit / die der Grund seyn muß von dem wahren Dienst und der wahren Anbehtung GOttes im Geist und in der Wahrheit / die Christus erfordert Joh 4/24.[33] Welches dann der einzige Zweck der Schöpffung des Menschen ist / daß er GOtt seinen so herrlichen und liebreichen Schöpffer recht erkenne / ihn von Hertzen liebe / und ihn so hierunten auf Erden lobe und preise / daß er auch hernach mit ihm in der ewigen Seligkeit leben möge ihn zu loben und zu preisen. Und zu diesem Ende hat GOtt seine Wercke nach dem Fall schrifftlich offenbahren wollen / daß der Mensch hierdurch zu der inneren Erkenntniß GOttes wieder mögte gebracht werden / und was GOtt an seiner Seele thun wolle / wann er sich recht zu GOtt sehnete: Da dann alle solche Wercke GOttes / die in der Natur und sonsten in den Glaubigen gewircket / auch in der Seelen eines ieden Glaubigen nach seiner Führung sollen ins Werck gesetzt werden. Als zum Exempel die gantze *Schöpffung* Himmels und der Erden ist ein Bild der neuen Schöpffung des Bildes GOttes in der Seelen / zu welchem Ende die gantze Schöpffung der Natur ist vorgenommen worden: da soll der Mensch eine *neue Creatur* werden; Gal. 6/15.[34] da heißt GOtt das *Licht aus der Finsterniß* hervorleuchten; 2. Cor. 4/6.[35]

---

32 Ps 25,14.
33 Joh 4,24.
34 Gal 6,15.
35 2Kor 4,6.

darauf gibt GOtt einen *hellen Schein* in den Hertzen / indem in denselben Christus aufgehet als der *Morgen= Stern* / 2. Petr.1/19. und als die *Sonne der Gerechtigkeit* / Mal. 3/20.³⁶ Und auf solche Weise können alle die Wercke der Schöpffung verschiedentlich im Geist eingesehen werden / wie davon in diesen Anmerckungen über 1.Mos. Cap.1.³⁷ eine Probe zu sehen ist. Da man sich aber nicht wundern muß / wann die Gedancken der Glaubigen noch verschieden seynd in einem solchen tiefen und geheimen Sinn / der einiger= massen³⁸ wie unendlich manchfaltig ist / welches die *manchfaltige Weißheit GOttes an der Gemeine* / und also an allen glaubigen Seelen ist / Eph. 3/10.³⁹ die der Fürwurff⁴⁰ des Lobs GOttes in allen den Ewigkeiten seyn wird. Und diese Ewigkeit wird erst den wahren Sinn des Geistes vollkommen offenbahren / da hier unsere Erkenntniß und Weissagen noch Stückwerk⁴¹ ist / und eine iede glaubige Seele nach dem Maaß ihrer Erkenntniß und Gabe so ausfliesset / wie sie es vor die Zeit findet. Und wann dann auch schon etwas aus unsern Vorurtheilen / oder sonst aus der Eigenheit / mit einfliessen sollte; ist doch GOtt so gut / so liebreich und so freundlich / daß / wenn es kein vorsetzlicher Hochmuth und Erhebung des Verstandes ist / seine erbarmende Liebe solches in seinen Kindern gerne übersiehet / die sich zu der Gabe der Weissagung nach der Vermahnung des Worts begeben / und solche zu erlangen gesucht haben: gleichwie dann auch die gemeldete Frantzösische Weibs=Person⁴² in den beyden

---

36   2Petr 1,19; Mal 3,20.
37   Gen 1,1; verwiesen wird damit auf die S. 2–15.
38   Hier wohl anders als gebräuchlich zu verstehen: Eins (und unendlich vielfältig).
39   Eph 3,10.
40   Gegenstand geistiger Betrachtung (DWb 4, Sp. 950).
41   1Kor 13,2.12.
42   Jeanne-Marie Bouvier de La Motte Guyon (s. Anm. 28). Zu ihren in die

Vorreden ins Alte und Neue Testament sich wegen der Fehler / wann die sollten begangen seyn / gar demüthig entschuldiget. Und hierin muß wahrlich auch der Gläubigen ihre Gelindigkeit gegen einander sonderlich kund werden / daß / was sich an unser Hertz eben so nicht offenbahren will / und wann der geheime Sinn da verborgen wäre / wir solches doch lieber unbeurtheilt lassen / und vielmehr unsere Unwissenheit erkennen mögen / daß uns noch vieles verborgen sey; da zumal solche innere Wege noch gar wenigen / und am allerwenigsten den Weisen und Klugen dieser Welt / bekannt seynd. Dann weil die nicht in rechtschaffener Demuth in dem Forschen der Schrifft zu Christo kommen wollen / so erlangen sie auch nicht das Leben und den innern geheimen Sinn des Geistes. Wenns hoch kommt / so bringen sie das Geistliche in dem *moral*-Sinn in etwas bey / soweit auch die Vernunfft auf das Leben und die Sitten zielende Lehren aus der Schrifft ziehen mag: halten sich aber doch am liebsten und meisten / wie bekannt / in dem buchstäblichen auf; welcher in sich zwar gut ist / aber auch gar leicht zu allerley verschiedenen Meynungen und Auslegungen / und daher zu allem Streit und unnöthigen Fragen und fürwitzigem Wissen Anlaß gibt. Die armen Menschen / welche den Geist des Glaubens nicht haben / sind so verfallen / daß sie von den tastlichen leiblichen und sichtbaren Körpern gleich als von einer wircklichen und wesendlichen Sache reden / von unsichtbaren geistlichen Dingen aber ihnen mehr einen *verblümten* Concept einbilden: da doch die unsichtbaren geistlichen Dinge für GOtt in der Wahrheit viel *essencieler* sind / als die körperlichen sichtbaren

---

Berleburger Bibel eingeflossenen Kommentaren siehe *Jean-Marc Heuberger*: Les commentaires bibliques de Madame Guyon dans la Bible de Berleburg, in: Revue de Théologie et de Philosophie 133, 2001, S. 303–323.

Dinge seyn können. So gehets offt mit Auslegung der Schrifft denen die der Schrifft Meister seyn wollen: die aber damit zu erkennen geben / daß sie aus ihrem Eigenen reden.

Man weiß sich übrigens wol zu bescheiden / daß die H. Schrifft gleichwol keinen doppelten oder dreyfachen — sondern eigentlich allerdings nur *einen Sinn* habe: welches diese eben so starck / und offt nur mit grosem Eifer / aber nicht nach der Erkenntniß / behaupten. Man glaubet aber / daß / gleichwie die Weißheit *einig* und doch *manchfaltig* ist / Weißh. 7/22.[43] also sie auch / und die H[eilige] Schrifft als ein Ausfluß von ihr und ein groses profetisches Wort / auf einmal und mit einem Wort vieles ausspreche / das gleichwol in seiner gantzen Zusammenfassung ein Sinn bleibet / aber in verschiedener Eröffnung; und daß alles / was ein erleuchteter Mensch Gutes aus der Schrifft ziehen und hervorbringen mag / von dem H. Geist auch wircklich selbst *intendi*ret sey. Denn woher sollte es der Mensch sonst anderst haben als aus dieser Quelle? Jst nicht alles Gute von oben herab?[44] Und wenn der Mensch mehr als einerley an einem Orte finden kan / warum sollte GOtt nicht mehr als einerley hinlegen können oder wollen? Die Juden erkannten solches wol / welche vormals sagten; es wäre *in der Schrifft kein einziger Buchstab / woran nicht Berge der Erkenntnissen hiengen.*[45] GOtt redet offt was aus / da sowol der buchstäbliche als geistliche und auch der profetische Verstand zugleich mit einander ausgesprochen wird: Deßwegen aber sind es drum nicht drey widrige oder ein zweyfacher oder dreyfacher Verstand / sondern einer

---

43 SapSal 7,22.
44 Jak 1,17.
45 Als Zitat nicht nachgewiesen.

schliesset immer den andern ein / und bleibet alles zusammen nur ein göttlicher Verstand / der aber eben darin als göttlich erkannt wird / dass er vieles zugleich auszusprechen weiß. Und wie sollte er das nicht können / da GOtt allen Zeiten gleich nahe ist / und siehet was in ieder geschehen wird? welches er dann alles in einer Aussprache dergestallt weiß zusammenzufassen / daß eine iegliche Zeit ihr Maß der Erfüllung darin findet / bis endlich alles erfüllet / und das ausgesprochene Wort GOttes in seiner gantzen Gröse / Weite und Breite / Höhe und Tiefe / erkannt wird. Und wer da den erkannten Buchstaben geistlich in sich erfüllet und erfüllen läßt / der wird auch leicht und bald in den profetischen Sinn hineinschauen mögen / wie er in der Fülle der Zeiten an dem gantzen Leib des vollkommenen Mannes[46] soll erfüllet werden. Wenn z. E. der Buchstabe sagt / man solle aus Babel fliehen; und der Mensch im Gehorsam aus Babel ausgehet / und mit den Wercken Babels keine Gemeinschafft hat: so wird er auch die Verkündigung von der letzten Zeit verstehen / wie GOtt einmal seine gantze Kirche aus Babel führen und nach Zion bringen werde. Gleichwie man nun in denen Glaubens=Bekenntnissen GOtt selbsten als drey Personen darstellet / die doch auch auf eine andere Weise und im Wesen nicht Drey / sondern Eins / seyen; eben also sind auch offt drey Dinge in einem Spruch von GOtt ausgesprochen / wovon er das eine zum Bild des andern gemacht hat / und sind doch nicht drey / sondern ein Sinn; gleichwie auch der Mensch / ob er gleich aus Leib / Seel und Geist / bestehet / doch nicht drey Menschen / sondern nur ein Mensch / ist und bleibet.

Endlich wird bey allen Erklärungen der H. Schrifft / wie sie auch mögen Namen haben / die herrliche Ver-

---

46 Vgl. Eph 3,18; 4,13.

mahnung des Apostels bey allen Glaubigen zu ihrer Vermahnung und Warnung statt finden müssen / und auch wircklich finden / um der Billigkeit willen: *Den Geist dämpffet nicht; die Weissagung verachtet nicht: Prüfet alles / und das Gute behaltet.* 1. Thess. 5/19. 20. 21.[47] Diese sehr theure Wahrheiten sind sonderbar in dieser letzten Abend=Zeit bey dem aufgehenden Licht und der eröffneten Thür[48] der Geheimnisse höchst=nöthig: daß man einestheils sich übergebe dem Licht das GOtt will scheinen lassen in den Hertzen verschiedener theuren Seelen / durch welche GOtt die Erkenntniß auch zu andern Seelen will kommen lassen / und sich nicht widersetze; hernach aber auch die Prüfung desselben von GOtt bitte / daß er eben dasselbe in unsern Hertzen wircken und aufgehen lassen wolle / aufdaß es dann heisse wie dort bey den Samaritern: Joh. 4/42.[49] *Wir glauben nun fort nicht mehr um* dieses oder jenes Zeugens seiner *Rede willen* / sondern wir sind es nun selbsten überzeuget / und glauben daß dieses theure Wahrheiten seyen / die GOtt in den Seelen aufgeschlossen hat.

Diesem Geistes=Trieb hat man sich dann auch nach der wunderbaren Vorsehung des HErrn in diesem grosen Werck übergeben / worinnen man auch seine gnädige Hülffe und Beystand bis hieher mercklich verspüret.

Wie man nun anfänglich gleich / und ehe man noch an die Arbeit getreten / da man auch andere zu einem Beytrag *invi*tiret[50] / bekannt gemacht / wie man es da-

---

47 1Thess 5,19–21; siehe Text 3 Anm. 36.
48 Apk 3,8. Viele Pietisten meinten, sie lebten in der „philadelphischen" Kirchenepoche (siehe Anm. 8), in der ihnen auch eine tiefere Erkenntnis der Bibel geschenkt werde (siehe Anm. 9).
49 Joh 4,42.
50 Eingeladen; nichts ermittelt.

mit vorhabe / und daß man andere dabey gern wolle reden lassen: also bestehet auch vieles gleichsam aus Extracten / die aus anderen genommen / ohne daß man sich ihrer Arbeit anzumassen begehrte. Gleichwie man nämlich *Collectores* erbäten zu Aufbringung der Verlags=Kosten[51] bey einem an sich einestheils unschuldigen = anderntheils zum tieferen Nachforschen der heiligen Schrifft abzielenden Vornehmen / also hat man auch in Sammlung der Materien zu den Anmerckungen aus vielen Schrifften / die nicht ein ieder sich alle anschaffen kan / selber gutentheils unschuldige *Collectores* abgegeben;[52] daß man daher soviel weniger einen eiteln Ruhm darunter zu suchen sich könte gelüsten lassen.

Jn der Ordnung hat man / soviel möglich / an den meisten Orten dahin gesehen / daß ein ieder Vers etwas bekommen mögte; aufs wenigst einen *parallel*-Ort / der wieder anders wohin weiset. Wo aber auf den gantzen Spalten keine Verse denen Anmerckungen beygesetzt / da bedeutet es / daß solche auf den oben drüber stehenden Text überhaupt gehen und untermänget seyen. Und da die oberste Anmerckung gleich nach dem Text offt auch auf den gantzen Text gehet / bisweilen aber auch auf den nächst dabey stehenden oder untersten Vers im Text / zuweilen auch wol auf den obersten allein / ja bisweilen auch noch an der Anmerckung des vorhergehenden Spaltens hängt; so wird dieselbe umdeßwillen offt / ja mehrentheils / ohne beygezeichneten Vers befunden / und solches dem Urtheil des Lesers zu unterscheiden überlassen.

---

51 Zur Finanzierung der Berleburger Bibel siehe *Hans-Jürgen Schrader*: Fürstengnade und Lotterie. Modalitäten der Finanzierung der Berleburger Bibel, in: Pietismus und Ökonomie (1650–1750), hg. von Wolfgang Breul u. a., Göttingen 2021 (Arbeiten zur Geschichte des Pietismus, 65), S. 227–248.
52 Aus anderen Autoren Exzerpte gesammelt.

Gleichwie man aber nun / wie gedacht / die Einsichten anderer nicht sparsam beygebracht / doch aber auch die seinigen zur Erklärung hin und wieder beyzutragen nicht ermangelt / nach der Gabe der Weissagung die einem ieden nach der verschiedenen Wirckung der Gnade GOttes gegeben ist: also glaubet man / daß solches Werck auch allen Ständen nützlich zu gebrauchen seyn werde. Man gibt es aber darum gleichwol vor nichts vollkommenes aus. Die daran arbeiten / wissen sich wol zu bescheiden / daß ihnen in den göttlichen Dingen noch vieles und das meiste verborgen: wiewol auch vieles noch zurück hat bleiben müssen / theils aus Mangel des Raums / theils daß man es nicht tragen kan / und die Menschen / was sie nicht gleich fassen können / mit gehässigem Widerspruch und bitterm Eifer als einen Anstoß und Aergerniß / ja Gotteslästerung / tractiren. Und da man aus andern lehr= und geistreichen *Theologis* von allerley Namen und Religion das meiste genommen zu haben gern bekennet / und dabey nur den Kern von allem / soviel dazu Kräffte vorhanden gewesen / hat gesucht herauszuziehen: also wird auch daher / ob man schon nicht allemal nöthig gefunden die *Autores* beyzusetzen / wie doch vielmal geschehen / da man ohnedem nicht allezeit just bey ihren Worten überall geblieben / um so viel weniger ein *Plagium literarium* oder Diebstal der Gelehrten Platz finden; weil man vor sich selbst darunter überdas keinen Ruhm noch sich etwas anzumassen suchet / sondern geschehen lassen kan / daß der verständige und Wahrheit=liebende Leser es vor lauter Sammlungen aus andern ansehe. Wodurch dann doch wenigstens der Dienst vielen geschehen seyn würde / daß / was sonst in vielen Schrifften / die zumal die wenigsten noch darzu sich anschaffen können oder mögen / hin und wieder zerstreut / hier beysammen zu finden. Und wenn der Leser dann daraus nur einige Erbauung finden kann / so wird denen Arbeitern daran über alles genügen.

Man bittet sich aber auch eben umdeßwillen sovielmehr ein gütiges und bescheidenes Urtheil aus / und versiehet sich auch dessen allerdings zu der Billigkeit aller Christlichen Leser / sonderlich bey ein oder andern Materien / die hier und da mit eingeflossen / welche nicht von iedermann sogleich können angenommen oder gefasset werden. Massen man sich gleichwol verbunden geachtet / wie bey solchen grosen Biblischen Wercken gebräuchlich / verschiedene / und zwar nicht nur von gemeinen Meynungen / sondern auch was etwa einige erleuchtete Seelen / (sie seyen Mann oder Weib / als die allzumal einer in Christo JEsu sind / Gal. 3/28.[53] deren sich der HErr auch ie und ie sonderbar bedienet; wie so die Auferstehung Christi am ersten der Maria kund worden / um also den Männern zu zeigen / daß der HErr an sie in der Offenbahrung seiner Geheimnisse nicht gebunden sey:) sonderlich in unseren Tagen / besonders vorgebracht / gelegenheitlich anzuführen / dessen man sich aber eben damit nicht just auch selbst theilhafftig machen / sondern nur viele reden lassen wollte / was ihnen von GOtt geoffenbahret (*a*)[54] oder aufgeschlossen zu seyn durch sie selbst oder andere bezeuget worden. Wie dann GOtt in unseren Zeiten verschiedene von dem weiblichen Geschlecht mit grosem Licht und Gottseligkeit / auch Gaben solches in Schrifften an den Tag zu geben / begnadiget: unter welchen die Englische *Leade*,[55] die Frantzösische Jungfer *Bourignon*,[56] und die Fr. *D*. Petersenin[57] sel. und

---

53 Gal 3,28.
54 „(*a*) Phil. 3/15.16."
55 Jane Leade (1623–1704), englische Mystikerin (vgl. Anm. 8).
56 Antoinette Bourignon (1616–1680), belgische Mystikerin.
57 Johanna Eleonora Petersen geb. von Merlau (1644–1724), theologische Schriftstellerin und Führungsgestalt des radikalen Pietismus.

zwar von dieser sonderlich ihre gelehrte *Anleitung zur gründlichen Verständniß der heiligen Offenbahrung JEsu Christi*[58] / so dem Johannes gegeben ist / sehr berühmt sind. Umsovielweniger hat man nun die so berühmt= als geistreichen Erklärungen der schon vorgedachten *Mad. de Guion*[59] diesem Werck vor andern mehrentheils einzuverleiben Bedencken getragen / nachdeme solche erbauliche Schrifften durch die Vorsehung GOttes von einer *Hohen Stands=Person*[60] sind übersetzt und dazu *communi*ciret worden; die auch dieses Werck mit Dero Freygebigkeit zu unterstützen angetrieben wird / wovor Jhro GOttes reicher Segen ohnfehlbar wieder zufliessen muß; daß man vielmehr glaubet dem *Publico* hiedurch einen doppelten Dienst zu erweisen / da also mancher / der kein Frantzösisch verstehet / und gleichwol in deroselben Schreib=Art einen Geschmack findet / also der *Mad. de Guion* Biblische Wercke zugleich übersetzt bekommt. Man meynet aber auch übrigens darin / daß man von andern dergleichen Personen zuweilen einiges angeführet / mehr Freyheit nicht gebrauchet zu haben / als dergleichen Arbeiten sowol erfordern als auch mit sich bringen; da es bey den Auslegern ja nichts ungewöhnliches / auch solche Dinge einzuführen / die sie gleichwol auf ihre Rechnung eben nicht schreiben lassen. Mit dem *allegi*ren[61] aber / woher man diß und jenes genommen / hat es offt den

---

58 *Johanna Eleonora Petersen*: Anleitung zu gründlicher Verständniß der Heiligen Offenbahrung Jesu Christi, Frankfurt a. M. – Leipzig 1696.
59 Jeanne-Marie Bouvier de La Motte Guyon (s. Anm. 28 und 42).
60 Graf Casimir zu Sayn-Wittgenstein-Berleburg (1687–1741), dessen Übersetzungen von Texten Guyons in die Berleburger Bibel einflossen (siehe *Hans-Jürgen Schrader*: Pietistisches Publizieren unter Heterodoxieverdacht. Der Zensurfall „Berleburger Bibel", in: *ders.*: Literatur und Sprache des Pietismus. Ausgewählte Studien, Göttingen 2019 (Arbeiten zur Geschichte des Pietismus, 63), S. 261–283, bes. 273.
61 Anführen (Zitieren) einer Schriftstelle.

Zufall gekriegt / daß / wo die Materien sogar allen Raum eingenommen / daß keine Zeil unten dazu übrig geblieben / solche wieder weggethan worden.

Der Zweck ist übrigens in keine Wege / neue Lehren einzuführen / sondern vielmehr das alte und das neue Gebot der Liebe allenthalben anzupreisen / von welchem man auch also selbsten gerne profitiren und darnach tractiret seyn mögte. Wie dann auch alles was nicht dem Wort / Willen und der Ehre GOttes / gemäß sollte vorgebracht seyn / auf das feyrlichste hiemit wiederrufen wird.

Und also übergibt man nun diese Arbeit zur Prüfung der Glaubigen / GOtt=fürchtenden / und nach seinem verheissenen aufgehenden Licht in dieser Abend=Zeit sich hertzlich sehnenden Seelen. Was sie zu ihrer Erbauung darinnen finden / darüber wollen wir allerseits GOtt und den Geist JEsu Christi loben und preisen: was aber aus den Vorurtheilen jenen und uns mögte mit eingeflossen seyn / das lasset uns einer an dem andern in der Gedult tragen / bis der Tag es wird offenbar machen / daß es wircklich also gewesen sey / der auch das Verborgene der Hertzen an das Licht wird bringen: Und so da iemand auf diesen Grund JEsum Christum / und dessen unfehlbares göttliches Wort in der heiligen Schrifft / wird gebaut haben Gold / Silber / Edelgestein / Holtz / Heu / Stoppeln; so wird eines ieglichen Werck offenbar werden / der Tag wirds wol klar machen [etc]. [etc]. Bisdahin haben die so an solche Arbeit gestellet seynd in der Forcht GOttes zu handeln / um darin getreu zu seyn / und auf ihre Hertzen wol Acht zu haben daß sie nicht mit Wissen hierin fehlen / aufdaß man nicht dessen Schaden leide / sondern vielmehr den Gnaden= Lohn von dem HErrn zu empfahen gewürdiget werde: Die aber so es lesen müssen in ihrem Urtheil auch die Liebe lassen die Oberhand haben / worin man allein das Gute erkennen kan / was GOttes Güte beschehren will bey dergleichen zu seiner Ehre unternommenen Arbeit; die der HERR dann an uns allerseits zu seines Namens Verherrlichung segnen wolle: Amen!

Berlenburg den 19. *Jan.* 1726.

[Zwischentitel]

Der Heiligen Schrifft Fünffter Theil / oder des Neuen Testaments Erster Theil: Nämlich / die Vier Evangelisten / Matthäus / Marcus / Lucas / Johannes; Nach dem Grund=Text aufs neue übersehen: Nebst der buchstäblichen und geheimen Erklärung / Worin von dem im Fleisch erschienenen GOtt=Menschen / Christo / und seinem Reich / nach der innern und äussern Haushaltung GOttes / gehandelt wird. – Gedruckt zu Berlenburg, Jm Jahr der Menschwerdung Christi 1735.

[Widmung]

Denen Beruffenen /
Glaubigen und Auserwählten /
die den Geist JEsu empfangen haben /
welcher ist der Geist der Kindschafft des neuen
Bundes;
Die da erkaufft sind von der Erden durch das
Blut des Lammes;
Die dem HErrn dienen im neuen Wesen des Geistes /
in Liebe und Willigkeit / Krafft und Vermögen;
und nicht im alten knechtlichen Wesen
des Buchstabens /
der Furcht / des Zwangs und des Unvermögens;
Die da sind das auserwählte Geschlecht /
das königliche Priesterthum / das heilige Volck /
das Volck des Eigenthums;

Die vormals nicht in Gnaden waren / und nun
in Gnaden sind /
daß sie verkündigen sollen die Tugend deß / der sie
beruffen hat
von der Finsterniß zu seinem wunderbaren Licht;
Wie auch
allen unter dem heilsamen Zucht=Amt Johannis[62]
nach der Freyheit in Christo
sich hertzlich sehnenden und treulich ringenden
aufrichtigen Seelen /
übergiebet man
diesen guten Geruch des Evangelii
JEsu Christi
zum reichen Wachsthum in der Gnade
bis zur Vollendung.
Wachet und behtet! Ringet und kämpffet!
Glaubet und sieget!
Denn der HErr ist mit euch und in euch:
Er gibt Stärcke genug den Unvermögenden.[63]

[Vorrede]

JEsus Christus /
Gestern und Heute / und eben derselbe in Ewigkeit![64]
GOTT hat den Menschen zu seinem Bilde erschaffen,
daß er in ewiger Gerechtigkeit, Heiligkeit, Unschuld
und Seligkeit, unter ihm und in ihm leben sollte. Weil
aber der vornehmste *Character* dieses göttlichen Ebenbildes in der Freyheit bestund, wollte ihn GOtt erstlich

---

62 Johannes der Täufer und sein Ruf zur Buße; gemeint ist das jüdische Volk.
63 In diesen Text sind zahlreiche, hier nicht einzeln zu nennende biblische Anspielungen eingeflossen.
64 Hebr 13,8.

auf die Probe setzen, ob er solche herrliche Eigenschafft unverrückt, als ein Geschöpff, allein zur Ehre seines Schöpffers anwenden, oder aber, wie Lucifer,[65] in Eigenheit[66] einführen würde: (denn er sollte alles aus Gnaden seyn, was GOtt ist von Natur;) und wenn er in der Probe bestanden wäre, so hätte ihn GOtt, gleich denen treu=gebliebenen Engeln, in seinem anerschaffenen Bilde auf ewig bestätiget und versigelt. Da er aber nun dem listigen Einraunen des abgewichenen Geistes Gehör gegeben, der ihn beredet, er könte seiner Freyheit besser gebrauchen, wenn er sich eben nicht so genau an das Gebot oder Verbot seines Schöpffers bände, sondern als sein eigener Herr nach eigenem Gefallen thun und lassen würde, sintemal er alsdenn erst recht vollkommen seyn würde wie GOtt,[67] und er sich also dieser vermeynten eigenmächtigen Herrschafft gelüsten lassen, auch wircklich zugefahren, mit seiner Freyheit in eigene Lust und Willen eingegangen, und wider das Verbot seines GOttes gegessen von dem Baum der Erkenntniß Gutes und Böses; siehe da verlohr er dadurch auf einmal alles Gute, was er in seiner vorigen Unterthänigkeit unter GOtt als ein Gnaden=Eigenthum besessen; und es wachte hingegen in ihm alles Böse auf, das gantze Bild des Teuffels wurde in ihm rege, der Zorn GOttes fiel auf ihn, und er fiel dem Tod und der Verdammniß auf zeitlich und ewig anheim. Aber die ewige Liebe GOttes wollte ihn in solchem Fall nicht liegen lassen, und der ewige *Sohn GOttes* bot sich freywillig dar, in die Menschheit einzugehen, und als ein *Mensch* die Wercke des Teuffels zu zernichten, durch Leiden und Sterben die Sünde zu tilgen, und durch ei-

---

65 Lichtträger; in der christlichen Tradition der oberste der gefallenen Engel; vgl. Jes 14,12 und Lk 10,18.
66 Vgl. DWb 3, Sp. 97f. Hier negativ im Sinne einer Trennung von Gott.
67 Vgl. Gen 3,5.

nen freywilligen Liebes=Gehorsam gegen den Vater die wahre Gerechtigkeit wieder herzustellen; da denn dem Menschen *in ihm* alle Sünden erlassen, und *aus ihm* der Geist und die Krafft zu einem neuen Leben wieder geschencket werden sollte, wenn nur der Mensch seinen Sinn ändern und durch den Glauben in seine Gnade und Liebe eindringen und sich ihm in seine Führung hingeben wollte. Dieser Rathschluß GOttes wurde dem Menschen alsobald, wiewol anfangs *in dunckelen Verheissungen* / kund gethan. Weil aber der Mensch wegen seines allzutieffen Verfalls und erschröcklichen Zerrüttung nicht fähig war, diesen Rath GOttes in seiner Lauterkeit zu fassen und anzunehmen, mußte ihn GOtt vorerst durch allerhand äusserliche Handleitungen zubereiten. Darum richtete er erstlich einen Bund mit ihm auf durch äusserliche Gebote und Verheissungen.[68] Diß geschah in *Abraham* / welchem er die *nähere Verheissung* gab, daß in seinem Samen alle Völker auf Erden sollten gesegnet werden, er wollte sein GOtt seyn, und seines Samens nach ihm, wenn sie würden an ihn glauben und seine Gebote halten; und zum Zeichen solches Bundes wurde das Gesetz der *Beschneidung am Fleisch* eingeführt; sie unter diesem Vorbild allmählig auf die inwendige Beschneidung des Hertzens zu weisen. Nach diesem gab er dem Menschen das Gesetz der *zehen Gebote* auf dem Berg Sinai, durch den Dienst der Engel, mit Donner und Blitzen; ihnen den Ernst wider die Sünde zu zeigen und sie einzutreiben, einen *Mittler* und Erlöser zu suchen. Zum Vorbild auf den rechten Mittler gab er ihnen dann den *Mosen* / der sie durch die Wüsten führen mußte, und durch welchen er mit ihnen reden und handeln und ihnen seinen Willen kund

---

[68] Es folgt ein heilsgeschichtlicher Abriss vom Alten zum Neuen Testament. Die Bibelpassagen, auf die hier angespielt wird, werden nicht eigens notiert.

thun könte. Er geleitete sie durch die Wüsten des Tages mit einer *Wolcken=* und des nachts mit einer *Feuer= Säule* / ihnen einen Eindruck von seiner unmittelbaren Führung und Regirung zu geben. Er speisete sie mit *Manna* / ihre Hertzen auf die himmlischen Güter und auf das Brod vom Himmel zu weisen. Er tränckte sie mit frischem *Wasser aus dem* dürren *Felsen* in der dürren Wüsten, zum Vorbild des lebendigen Wassers aus dem Fels der mit folgete, Christo, den sie aber nicht kannten. Er führete sie ein in das *gelobte Land* der Verheissung, vertilgete ihre Feinde vor ihnen her, pflanzte sie darinnen, theilte ihnen ihre schöne Erbtheile aus, regirte sie lange Zeit durch *Richter* / und endlich durch *Könige* / nach der schönen Polizey=Ordnung, die er ihnen selbst durch Mosen vorgeschrieben hatte, den thierischen Menschen unter der Zucht zu erhalten. Die Gemüther aber zum inwendigen Absterben der Sünde und aller ihrer Lüsten, zum Glauben an den Mittler und Versöhner, den er ihnen verheissen, und zum Gottesdienst im Geist und Wahrheit, unter allerhand Bildern und Figuren, zu gängeln und zu leiten, hatte er ihnen schon in der Wüsten durch Mosen erstlich die *Hütte des Stiffts* / nach dem Vorbild des Himmlischen, das Mosi auf dem Berg gezeiget ward, hernach aber unter Salomo einen prächtigen *Tempel* / als ein Vorbild auf das Unbewegliche, aufrichten lassen, darinnen die *Priester* und *Leviten* ihre mancherley äusserliche Gottesdienste, mit täglichen Opffern, Räuchern, Waschen und allerhand äusserlichen Reinigungen, als Vorbildern auf das Jnwendige, verrichteten, der *Hohepriester* aber, als ein Bild des ewigen Hohenpriesters, alle Jahr einmal hinter den Vorhang in das *Allerheiligste* eingieng, mit Ochsen=und Bocks=*Blut* / ein Gedächtniß der Sünden und auch der *Versöhnung* vor GOtt zu stifften, mit Räuchern und Sprengen des Bluts gegen den *Gnaden= Stuhl*[69] / darauf die *Lade des*

Bundes war; zum Vorbild auf das einzige und ewig=gültige Versöhn=Opffer und auf die ewig=auffsteigende Vorbitte des verheissenen Mittlers und Hohenpriesters, welchen GOtt bestimmet hatte zu einem Gnaden=Stul durch den Glauben in seinem Blut, und welcher, weil die Bundes=Lade auf dem Gnaden= Stuhl stund, das Gesetz nicht aufheben, sondern dessen Erfüllung erstlich an sich, und dann auch in den Menschen durch Gnade und Liebe, ausrichten würde, (wie denn auch Paulus sagt: *wir richten das Gesetz auf durch den Glauben*;)[70] daß also durch ihn der Mensch völlig mit GOtt ausgesöhnet, und das verlohrne Ebenbild GOttes in wahrer innerlicher Gerechtigkeit, Heiligkeit, Unschuld und Seligkeit, in dem Menschen wieder völlig, ja überflüssig, hergestellt werden sollte. Und das sollte denn ein neuer Bund seyn, welchen GOtt mit dem Menschen zur bestimmten Zeit aufrichten wollte. Denn weil jener Bund nur auf äussere Gesetze und Gottesdienste, und auf äussere Verheissungen, welche mit schweren Drohungen begleitet waren, gegründet gewesen, und alles nur Bedeutungen auf das Wesen selbst, ja äussere Handleitungen und Zurechtweisungen, waren, daraus nichts anders als eine äusserliche, fleischliche, gezwungene Gerechtigkeit und Heiligkeit erfolgen konte, die aus Furcht der Straffe und aus Hoffnung des Lohns geleistet wurde, womit GOtt nicht gedienet, und dem Menschen nicht gehollffen war, sintemal das Gewissen dadurch nicht frey werden konte: (denn das Gesetz mit allen seinen Wercken kan das Hertz nicht ändern, es kan den Geist nicht geben, es gebiehrt nur zur Knechtschafft, es richtet nur Zorn an, ja die mit des Gesetzes

---

69 Wortschöpfung Luthers für den Sühnedeckel (Röm 3,25; Ex 25,17.22; Lev 16,2.14; Hebr 4,16).
70 Röm 3,31.

Wercken umgehen, sind unter dem Fluch, und müssen durch Furcht des Todes im gantzen Leben Knechte seyn;) so mußte nothwendig Raum zu einem bessern Testament gesucht werden, welches einen bessern Mittler, ein besseres Amt und Priesterthum, ein besseres Opffer, ein besseres Gesetz, bessere Verheissungen, und folglich auch eine bessere Heiligkeit und bessere Hoffnung, hätte. Darum mußte jenes abgeschafft werden, und heißt daher der *Alte Bund*.

Da nun die Zeit erfüllet ward, welche *GOtt* in seinem Rath bestimmet hatte, *sandte er seinen Sohn* / gebohren von einem Weibe und unter das Gesetz gethan, auf daß er die, so unter dem Gesetz waren, erlösete, und wir die Kindschafft empfiengen; und also der *Neue Bund* aufgerichtet würde durch den *einigen Menschen in Gnaden* / den andern und himmlischen Adam, JEsum Christum. Dieser ist in seiner Menschheit, darin die gantze Fülle der Gottheit leibhafftig wohnet, der *Mittler* worden zwischen GOtt und den Menschen, und hat sich gegeben für alle zur Erlösung. Dieser hat *gemacht die Reinigung unserer Sünden durch sich selbst* / damit, daß er alle Sünden des gantzen menschlichen Geschlechts auf sich genommen, alle derselben Anfälle und Versuchungen in seinem Fleisch empfunden und besieget, sie auf dem Holtz des Creutzes an seinem Leibe für uns gebüsset, durch Vergiessung seines Bluts und durch seinen *Tod* den Fluch hinweggenommen, und die Menschen mit GOtt versöhnet: denn er ist, als der rechte Hohepriester, in seiner geheiligten Menschheit, nach vollbrachtem Opffer seines Leibes, durch sein eigen Blut in das Allerheiligste, in den Himmel selbst, eingegangen, nun zu erscheinen vor dem Angesicht GOttes für uns, und hat eine ewige Erlösung erfunden, und mit einem einigen Opffer in Ewigkeit vollendet die, so geheiliget werden: Dieser sitzt nun in unserer geheiligten Menschheit zu der Rechten auf dem

Stul der Majestät in dem Himmel, und hat ein unvergänglich Priesterthum, daß er selig machen kan immerdar alle, die durch ihn zu GOtt kommen; denn er lebet immerdar, und bittet für sie. Von dannen hat er nun gesandt, und sendet noch immer, in die Hertzen seiner Glaubigen den Geist des Neuen Bunds, den Geist der Kindschafft, der Versöhnung, des Friedens, der Willigkeit, der Liebe, der Zucht und der Krafft. Hier hat das Gesetz ein Ende mit alle seinem Dringen und Treiben, mit seinem Fluch und Drohungen, ja auch mit alle seinem Unvermögen: denn Christus ist des Gesetzes Ende, wer an den glaubet, der ist gerecht: das Gesetz der Liebe wird hier in das Hertz eingeschrieben mit Geist und Krafft, und diese ist und wird des Gesetzes Erfüllung. Hier klagen die Einwohner nicht mehr: ich bin schwach; eben aus dem Grunde, weil sie Vergebung der Sünden haben. Denn sie sind eine *neue Creatur* worden in Christo. Durch die Vergebung aller Sünden im Blut Christi hat der Mensch nun ein freyes fröliches Gewissen gegen GOtt und alle Menschen, frey von aller Anklage und Verdammung, Frieden mit GOtt, das Recht zu allen himmlischen Gütern; denn er trägt das Pfand des Erbes in sich, den heiligen Geist: er hat nun eine *innere Lust und einen innern Trieb zum Guten*; *er mag des Bösen nicht mehr*: dann er hat einen andern Sinn und ein neues Hertz bekommen: der Sinn und Geist JEsu Christi lebet und herrschet nun in ihm: er lebet sich selber nicht mehr, sondern dem der für ihn gestorben und auferstanden ist; man darff ihn nicht mehr heissen *Gutes thun* / sondern ehe man es von ihm fordert, hat ers schon gethan, denn *das Gesetz GOttes* ist ihm nun ins Hertz geschrieben; er dient *GOtt* Tag und Nacht, nicht in Bildern und Gedancken, oder mit lären[71] Wer-

---

71 Leer (DWb 12, Sp. 507).

cken und äusserlichem Geräusche, sondern *im neuen Wesen des Geistes*; er behtet GOtt an im Geist und Wahrheit, in seinem Kämmerlein im Verborgenen, und an allen Orten, und bedarff keine Höhen noch Hayne; *er läßt GOtt seinen GOtt seyn und seine Wercke in ihm wircken* / wie Lutherus[72] sagt: und das ist sein einziger und stäter *Gottesdienst* / dazu er weder Klang noch Gesang, weder Ort noch Zeit, weder Kirchen noch Altäre, weder Orgeln noch Pfeiffen, weder Priester noch Küster, bedarff; er ist selbst der *Tempel* und *Gottes=Haus* / darin der *heilige Geist* selbst Lehrer ist und an allen Orten und zu allen Zeiten lehret und prediget alle Geheimnisse des göttlichen Willens, dazu er weder Griechisch noch Hebräisch bedarff; da unterweiset, warnet, strafet, tröstet, erleuchtet, heiliget und erneuert er den Menschen alle selbst, und der Mensch hört immer gerne zu, und läßt sich weisen, läßt ihn machen, und stört ihm sein Werck nicht.

Da hält denn der Mensch seine *Arbeits=Tage* / wenn der Heil. Geist ihm anweiset, wie er hie und da seinem Nächsten solle dienen mit Rathen, Unterrichten, Trösten, Geben, Helffen, auf allerley Weise, und zu allen Zeiten, mit Mund und Hand, mit Leib und Seele, mit Gut und Blut, als welches alles er hinfort nicht mehr als sein eigen ansiehet, sondern als eitel Dinge, die nun gantz *GOtt und dem Nächsten* zugehören, damit er weder schalten noch walten darff noch mag nach eigenem Willen und Gutdüncken; denn er weiß, daß *all eigen Werck vor GOtt nichts gilt* / sondern gar *verdammlich* ist, wenn er in eigenem Willen und Meinung oder aus eigner Wahl etwas thun oder lassen und sich damit eine *eigene Gerechtigkeit* aufrichten wollte; er sucht

---

[72] *Martin Luther*: Das Magnifikat verdeutschet und ausgelegt, 1521 (WA 7, S. 595, 35).

keine andere *Gerechtigkeit* mehr, als die er erlanget hat *im Blut JEsu Christi* / darin ist und bleibt er vor GOtt gerechtfertiget in Zeit und Ewigkeit: denn er ist die Gerechtigkeit GOttes selbst. 2. Cor. 5,21.[73] So bald aber der inwendige Lehrer, welcher niemalen müssig in ihm ist, und der auch allein am besten in allen Wercken und Geschäfften die rechte Zeit, Maß, Zahl und Gewicht, zu treffen weiß, ihm etwas zu thun und zu wircken anweiset, so ist er *von gantzem Herzen willig* und bereit dazu, es sey gros oder klein, viel oder wenig, schwer oder leicht, bey Tag oder bey Nacht, es sey dem alten Menschen lieb oder leyd, lustig oder eckelhafft, möglich oder unmöglich; denn den hört er nicht mehr an, weil er gelernt hat, dessen Sinn und gantzes Leben zu verleugnen, und in keiner Sache mehr zu fragen: was hab ich für Nutzen oder Schaden, für Ehre oder Schande, für Gemächlichkeit oder Beschwerlichket, ich hätte schier gesagt, für Seligkeit oder Verdammniß, davon? Denn er weiß, daß das alles seine vollkommene Richtigkeit und Masse bey seinem lieben GOtt und Vater hat, und daß er alles nach seiner väterlichen Güte und Liebe, und nach seiner göttlichen Weißheit und Gerechtigkeit, vollkommen selig und herrlich anordnen und regiren, und ihm nichts böses noch schädliches zumuthen werde; darum ist er *allezeit fertig* und *bereit, den Willen seines Vaters zu thun* / wie er ihm vor die Hand kommt: denn das ist nunmehro sein einiges Augenmerck und seine einzige Absicht in diesem Leben, sein einziger Zweck, seine einzige Lust und Freude, ja *seine Speise* und Erquickung, und sein einziger *Beruff* / GOtt zu dienen und seinen Willen zu thun, alle sein Leben, Krafft, Verstand, Vermögen, geistliche und zeitliche Güter, ja alles was er hat und vermag, zur Ehre

---

[73] 2Kor 5,21.

GOttes, zur *Beförderung des Reichs JEsu Christi* / zum *Dienst der Kinder GOttes* und der Glieder JEsu Christi, als seiner Mitglieder, ja auch *zum Besten aller Menschen* / Freunde und Feinde, Guter und Böser, nach der Weißheit des Höchsten, anzuwenden und aufzuopffern; und also thut er alle seine Wercke, und wircket so lang es Tag ist.

Wenn denn aber der Geist Christi in ihm lehren will, und ihn *ruhen* heißt von seinen Wercken, so hält er dem *HErrn Sabbath* / er sey zu Haus oder auf dem Felde, auch mitten unter der Arbeit und bey aller Beschäfftigung von aussen, es sey Sonntag oder Werckeltag.[74] Wenn Christus in ihm gebohren wird, so hält er *Weyhnachts=Fest* / welches also zugeht, wie der gottselige *Joh. Angelus Silesius*[75] es ausdruckt: *Merck! in der stillen Nacht wird Christus Mensch gebohren / und wiederum ersetzt / was Adam hat verlohren: Jst deine Seele still / und dem Geschöpffe Nacht / so wird GOtt in dir Mensch / und alle wiederbracht.* Wird er in inneres und äusseres Leiden geführet, so hält er *Fasten und Passions=Zeit*. Muß er gar mit Christo zum Thor hinaus, oder auch wol das Leben lassen, so heißt das seine *Marter=Woche* oder sein *Char=Freytag*.[76] Bey ihm ists alle Tage *Oster=Fest* / denn er steht alle Tage mit Christo auf aus dem Grab der Sünden, und befleisset sich ohne Unterlaß in einem neuen Leben zu wandeln. Da gibt es manch schönes *Pfingst=Fest* / wenn der Heil. Geist sein Hertz mit neuen Gaben erleuchtet, das Erkenntniß JEsu Christi und aller göttlichen Weißheit

---

74 Werk- oder Arbeitstag (DWb 29, Sp. 355).
75 Johannes Scheffler gen. Angelus Silesius (1624–1677), deutscher Barocklyriker, Theologe und Arzt, 1653 zum römischen Katholizismus konvertiert. – Gedicht *Die selige Nachtstille* in: *Angelus Silesius*: Der Cherubinische Wandersmann, 3. Buch, Nr. 8.
76 Passionswoche und Karfreitag.

und Verstands in ihm erhöhet und vermehret, davon er gelehrter wird denn alle seine Lehrer, und allen Zuchtmeistern entwächst, wenn ihrer gleich zehentausend wären. Da wird die *Liebe GOttes* ausgegossen in sein Hertz durch den *Heil. Geist* / welcher ihm gegeben ist zum *Pfand und Sigel der Kindschafft und des ewigen Erbes* / daß er sich rühmen kann der *Hoffnung der zukünfftigen Herrlichkeit* / die ihm GOtt verheissen hat und auch gewiß geben wird, welche ihm als ein unvergängliches und unbeflecktes und unverwelckliches Erbe aufbehalten wird im Himmel: über welcher Hoffnung er sich auch *rühmen kan der Trübsalen* / weil er weiß, daß dieser Zeit Leiden, so man über dem Bekenntniß Christi und seiner Nachfolge über sich nehmen muß, nicht werth sey der Herrlichkeit, die an uns soll offenbahret werden, da er sich freuen wird mit unaussprechlicher und herrlicher Freude, da wird seyn *Freude die Fülle* und *liebliches Wesen zur Rechten GOttes immer und ewiglich*. Diese Hoffnung macht, daß ein *Paulus* in der Krafft Christi unendlich *mehr leiden* kan denn ein *Hiob*: denn Hiob litte nur 7 Jahr die Anläuffe des Satans, Paulus aber ward 27 Jahr lang von ihm angefochten und von dem Satans=Engel mit Fäusten geschlagen; er brach auch niemalen aus in Ungedult wie Hiob. Ja er bewies weit mehr Gedult und Gelassenheit denn David / welcher 13 mal klaget in seinen Psalmen: *ach HErr! wie lange!*[77] Dieser aber gab sich auf einmal zufrieden / da ihm gesagt ward: *Laß dir an meiner Gnade genügen / denn meine Krafft ist in der Schwachheit vollendet.*[78] Kommt es denn dazu, daß er seine Hütte ablegen und aus dieser Welt gehen soll, so ist ihm der *Tod kein Tod* mehr, sondern der Tod ist sein *Schlaf* worden, es ist nur

---

77 Z.B. Ps 6,4; 13.2.3.
78 2Kor 12,9.

ein Abschied, eine Ablegung der zerbrechlichen Hütte, ein Durchgang aus dem Stückwerk, und Eingang in das Vollkommene, in die Ruhe, in die völlige Erlösung, und in den Genuß der ungestörten Liebe und Gemeinschafft mit seinem allerliebsten Heiland, wornach er sich allhier in der Hütten gesehnet und darauf gehoffet. Darum findet er keine Ursache, ein Grauen vor dem Tod zu haben, sondern er wartet mit Geduld, und eilt mit Freuden, nach seines *Leibes Erlösung*; weil er weiß, daß er hinfort *ewiglich leben* und bey Christo, dem er hier gedienet, den er geliebet und den er bis in den Tod bekannt hat, seyn und bleiben werde allezeit, und mit ihm herrschen und regiren in Ewigkeit.

Wollen wirs kurtz fassen, was für einen grosen *Vorzug* der *Neue Bund* vor dem *Alten* habe, so laßt uns sie nun beyde gegen einander halten. Der Alte Bund gehört für den alten fleischlichen, der Neue Bund aber für den neuen Menschen. Jener wurde aufgerichtet mit grosem *Geräusch* / mit grosem Aufsehen und Schrecken des Volcks; hier geht alles in der *Stille* zu, bey der Einträchtigkeit der Glaubigen unterm Creutz. Jener hat ein fleischliches Gebot, und führet das Amt des *Buchstabens* / des Zwangs, der Furcht, des Todes und der Verdammniß; dieser hat und gibt ein neues, geistliches, inneres, lebendiges und lebendigmachendes Gesetz des *Geistes* / der Versöhnung, der Liebe, der Willigkeit, des Friedens, der Hoffnung des ewigen Lebens. Dort ist *GOtt* ein gebietender *HErr* und ein eifferiger GOtt; hier heißt er Abba lieber *Vater*. Dort sind *Knechte* und Sünder; hier freygemachte *Kinder* / Gerechte und Heilige. Jener gründet sich auf eine fleischliche *Gebuhrt*; hier gilt nur eine neue Creatur in Christo. *Christianus non nascitur, sed fit.*[79] Christenthum erbt nicht. Du mußst

---

79 *Tertullian*: Apologeticum 18,4.

selbst aus Gott gebohren seyn, willst du *Theil* am *Bund* haben. Aber daher ist dieser Bund *allgemein* / und weder *an Ort, Nation*, oder einigen Secten=Namen, gebunden, sondern Christus ist das Licht, das alle Menschen, ja einen jeden Menschen, erleuchtet, der in diese Welt kommt, Joh. 1,9.[80] und in allen Völckern, Zungen und Sprachen, wer GOtt fürchtet und Gerechtigkeit wircket, der ist ihm angenehm; wer hingegen den Geist Christi nicht hat, der ist nicht sein, und gehöret ihm nicht an, und wenn er gleich die beste Religion zu haben meynt. Dort konten wohl *Gute und Böse zugleich* mit einander an einem Bund Theil haben, weil er sich auf die Annehmung und Haltung äusserlicher Gesetze, Ordnungen, Ceremonien, Uebungen, und der äussern Herrschafft und Regirung GOttes, wie auch auf äusserliche, leibliche und zeitliche, Wohlthaten und Verheissungen, benebst der Herkunfft aus den Vätern nach dem Fleisch, gründete; hier aber sind eitel geistliche, himmlische, ewige Güter und Verheissungen, die nur den *Jsrael GOttes* angehen, das ist, solche Seelen, die nach der Regel der neuen Creatur einhergehen, Gal. 6,15.16.[81] die der Sünde gestorben sind, und leben GOtt in Christo JEsu unserm HErrn, die im Glauben des Sohns GOttes leben, und ihr Fleisch creutzigen samt den Lüsten und Begierden. Dort galt der *auswendige*; hier aber nur der *inwendige* Jud: Dort die Beschneidung des *Fleisches*; hier die Beschneidung des *Hertzens* / die im Geist und nicht im Buchstaben geschicht. Dort war alles äusserlich; hier muß das Hertz, Sinn, Muth und alle Kräfften, ja der gantze Mensch, verändert und bekehrt seyn. Dort hängt die *Decke Mosis* vor den Augen, und ist ein dunckeles Erkenntniß der

---

80 Joh 1,9.
81 Gal 5,16f.

Wahrheit; hier ist alles *klar* und aufgedeckt. Dort bestund alles in *Vorbildern*, Figuren, Schattenwerck; hier ist die *Erfüllung* / Licht, Krafft und Wesen, und der Körper selbst, die Sache selbst und die *realit*ät, in Christo. Dort war äusserliche *Herrlichkeit* / und innerliches *Unvermögen*; hier ist bey dem armen, leidenden, geschmäheten, *gecreuzigten JEsu* göttliche *Krafft* und göttliche Weißheit; des Königes Tochter ist gantz herrlich inwendig, mit güldenen Stücken gekleidet, mit der Gerechtigkeit JEsu Christi. Dort ist *äusserliche* Gerechtigkeit, äusserlicher Gottesdienst, äusserlich Geräusch, Ceremonien, Uebungen, Klang und Gesang mit Paucken und Reigen, [etc]. hier ist die Gerechtigkeit der Heiligen, Gottesdienst im neuen *Wesen des Geistes* und der Wahrheit, Singen und Spielen im Hertzen; da ist völlige *Freyheit von allen Gesetzen* / sie haben Namen wie sie wollen, und ist einem Christen überall nichts geboten als *Glauben und Liebe*; ja der hat Christum verlohren und ist aus der Gnade gefallen, der in Beobachtung äusserlicher Dinge eine Gerechtigkeit suchet. Dort war das *Priesterthum* an einem gewissen Stand gebunden; hier sind *alle Christen Pfaffen* / wie Lutherus[82] redet; sie begeben ihre Leiber dem HErrn zu einem Opffer, das da lebendig, heilig, und GOtt wohlgefällig ist, ja sie opffern sich selbst, ihren Geist gantz, samt Seele und Leib, samt allem was sie sind und haben, in völliger Gelassenheit, zu einem untadelichen Opffer dem HErrn auf; daher sie auch ihren zeitlichen Reichthum, welchen die Lehre des Evangelii ohnedem den *ungerechten Mammon* nennt, zur Beförderung des Reiches JEsu Christi und zur Erquickung der Nothleidenden, treulich anwenden, weil sie wissen, daß Geitz

---

82 *Martin Luther*: Ein Sermon von dem Neuen Testament, das ist von der heiligen Messe, 1520 (WA 6, S. 370, 36).

/ oder Geld=Liebe und Zurückhaltung der Güter, eine wahre *Abgötterey und Götzendienst* ist, und daß *ein Geitziger kein Theil noch Erbe hat am Reich Christi und GOttes* / Eph. 5,5.[83] weil die Liebe GOttes nicht bey ihm bleiben kan, 1. Joh. 3.17.[84] und der Heiland selbst, der nicht so viel hatte, da er sein Haupt hinlegen konte, das *Wehe* über die *Reichen* ausgeruffen, denn sie haben ihren Trost dahin, Luc. 6,24.[85] und ihr Gutes empfangen in diesem Leben, davor sie dort Pein leiden müssen. Den Kindern des Neuen Bundes allen und ieden gehöret und gebühret eigentlich und eigenthümlich die *Freyheit zu lehren* / *zu behten* / *GOttes Wort zu predigen* und den Namen des HErrn zu verkündigen allenthalben, mit Wort und That; (denn die es nur als ein Gewerb, Kunst und Handwerck, treiben, so sie auf den Schulen gelernt haben, und doch nicht bekehrt sind, sind Miethlinge:) und hierin ist ihnen vom Heil. Geist kein ander Gebot oder Verbot noch Masse gegeben, als die *Liebe* / welche, wo es Noth thut, auch das *Leben läßt* für die Wahrheit und für die Brüder: denn sie sind (und wären es gleich Schuster und Schneider, Hirten= Knaben und Tagelöhner, Fischer und Zöllner,) *das auserwählte Geschlecht* / *das königliche Priesterthum* / *das heilige Volck* / *das Volck des Eigenthums* / *daß sie verkündigen sollen die Krafft und Tugend deß* / *der sie beruffen hat von der Finsterniß* der Sünde und der lären Satzungen *zu seinem wunderbaren Licht*.[86] Der alte Bund war in allen Stücken *schwach* / unzulänglich und unvollkommen; der neue Bund ist in allen Stücken mächtig, gnugsam und *vollkommen*; er läßt die Christen keinen Mangel haben an irgend einer Gabe der Weißheit und des voll-

---

83   Eph 5,5.
84   1Joh 3,17.
85   Lk 6,24.
86   1Petr 2,9.

kommenen Verstandes; denn er hat und gibt *Christum gantz* zum Eigenthum, in welchem verborgen liegen *alle Schätze der Weißheit und der Erkenntniß*; er offenbahret seinen Heiligen den herrlichen Reichthum des grosen, von der Welt her verborgen=gewesenen, Geheimnisses unter den Heiden, welches ist *Christus in uns* / der da ist die *Hoffnung der Herrlichkeit* / dadurch ein ieglicher Mensch *vollkommen* soll dargestellt werden in Christo JEsu, Col. 1, 26–28.[87] Eph. 4,13.[88] und das alles *von Grad zu Grad* / von dem kindlichen Alter, durch den Jünglings=Stand, bis zum männlichen Alter, 1. Joh. 2, 12–14.[89]

Dieser Neue Bund nun, der so herrlich und überschwänglich ist und so grose Vor=Rechte hat, den Sohn GOttes zum Mittler, sein Blut zum ewigen Opffer, völlige Vergebung aller Sünden, allerley göttliche Krafft was zum Leben und göttlichen Wandel dienet, die grösesten und allertheuresten Verheissungen, die Theilhafftigkeit der göttlichen Natur, samt allen Schätzen des herrlichen Reichthums GOttes in Christo JEsu, und eine gewisse Hoffnung des ewigen Lebens, gebiehret keine *Sicherheit* / *Lauigkeit* und *Sorglosigkeit* / [dadurch die gantze Christenheit, (die Rechtschaffenen in allen Ständen, Geschlechtern, Parteyen und Ordnungen, ausgenommen) als eine treulose Hure und Ehebrecherin, durch ihren falschen Wahn=Glauben und falsche Zurechnung des Heils, das in Christo JEsu ist, mit allen ihren falschen Gottesdiensten, dabey sie immer unbekehrt bleiben, zu einer puren *Babel* worden, und nunmehro zum endlichen Fall und entsetzlichen Gericht reiff ist, und bald bald soll gestürtzet und ver-

---

87 Kol 1,26–28.
88 Eph 4,13.
89 1Joh 2,12–14.

tilget werden, mit ihren *falschen Propheten /* die sie so gottloser weise verführet, die den Bund übertreten, und die heilige reine Lehre JEsu Christi mit ihren lügenhafften Glossen einer falschen Freyheit vom Gesetz verunreiniget und verunehret haben;] sondern die Gläubigen und wahren Heiligen des Neuen Bundes *thun desto mehr Fleiß / ihren Beruff und Erwählung vest zu machen*; ihre Freyheit ist keine Fleisches=Freyheit; sie hüten sich sorgfältig, *daß nicht iemand verstockt werde durch Betrug der Sünde*; ihr Heiland und treuer Hoherpriester ist ihnen viel zu gros, zu lieb, zu heilig, zu ehrwürdig, als daß sie ihn sollten *aufs neue creutzigen und für Spott halten; sein Blut* halten sie viel zu hehr,[90] als daß sie es *unrein achten* und mit neuen Sünden beflecken sollten. Weil sie wissen und die Hoffnung haben, daß, wenn JEsus Christus erscheinen wird, *sie ihm gleich seyn werden / und ihn sehen wie er ist /* daß sie *seine Herrlichkeit sehen* und *mit ihm auf seinem Stuhl sitzen / und als Könige und Priester GOttes in ewiger und unaussprechlicher Herrlichkeit mit ihm leben und regiren werden; so reinigen sie sich / gleichwie er auch rein ist; Ja weil sie so grose Verheissungen haben / so reinigen sie sich von aller Befleckung des Fleisches und des Geistes /* stehen niemals stille; sondern *fahren immer fort mit der Heiligung in der Furcht GOttes* bis zur Vollendung. *Selig sind demnach /* die seine *Gebote halten / auf daß ihre Macht sey an dem Holtz des Lebens / und zu den Thoren eingehen in die Stadt des neuen Jerusalems: denn es wird nicht hineingehen irgend ein Gemeines / und das da Greuel thut und Lügen /* sondern *die geschrieben sind in dem lebendigen Buch des Lammes. Hallelujah!*[91]

---

90 Hochschätzen (DWb 10, Sp. 789 f.).
91 Apk 22,14 und 21,27.

So nehmet denn nun hin, ihr Lieben, den Anfang dieses seligen Evangelii, und den wenigen Dienst, den man euch bey dieser Arbeit gethan hat. Jhr werdet bey den vier Evangelisten, in der Beschreibung des Lebens, der Lehre und der Wercke, JEsu Christi, die Herrlichkeit des Neuen Bundes, unter dem Beystand seines euch verheissenen Geistes und dessen innerlicher Erleuchtung, auf allen Blättern erblicken. O sehet ja zu, daß ihr durch dessen hellen Glantz täglich ie mehr und mehr von aller Finsterniß des Unglaubens, der Zaghafftigkeit, der Unlauterkeiten, der Eigenheiten, ja von alle dem, was dem herrlichen Evangelio des seligen GOttes und unsers Heilandes JEsu Christi zuwider ist, befreyet, und hingegen in die volle Klarheit eines lebendigen Glaubens, ja in die Klarheit und Freyheit seines heiligen Ebenbildes, seiner Wahrheit und Einfalt, seiner Lauterkeit und Heiligkeit, seiner Unschuld und Vollkommenheit, versetzet und verkläret werden möget. Nehmet aber vorlieb damit, so gut euch diese Arbeit mitgetheilet wird. Denn die Armuth hat das Werck noch in keinem mehrern Glantz darlegen können, ob wir schon hier den Anfang vom Neuen Testament hervorbringen. Ja wer weiß, ob es nicht manchen noch unscheinbarer vorkommen wird als das Alte Testament, weil der Text nicht so allenthalben oben an stehet, noch auch die Schrift so gros ist, als dorten. Allein die darin vorgenommene Aenderung ist doch in vielen Stücken gut befunden worden, zur Erleichterung der Arbeit, sowol in der Druckerey als ausser derselben: und von der grosen Text=Schrift ist auch lang geurtheilt worden, daß sie nur zu gros sey; deßwegen auch schon lang zu dieser Aenderung der Vorsatz gefaßt, nur aber bis dahin versparet worden. Das Neue Testament muß was Neues haben, und das hat es auch unter anderm (welches nicht mit Stillschweigen zu übergehen) sonderlich darin, daß die besondere Vorsehung der guten Hand

GOttes, die diesem Bibel=Werck, obschon unter vielen kümmerlichen Umständen, von Anfang her beygestanden, und sich auf mancherley Weise dargegen auch nicht unbezeugt gelassen, durch Vorschub gewisser Gönner, die GOtt davor segnen wolle, verschiedene *Collegia Manuscripta* von dem unlängst=verstorbenen seligen *D. ANTON*,[92] gewesenen *Professore Theologiae* zu Halle, hat in die Hände kommen lassen, die mit grosem Nutzen bey dieser Arbeit gebraucht worden, und fernerhin sollen gebraucht werden. Sie sind derselben ohne Zweiffel zugedacht gewesen schon von langem her; und so nimmt man sie auch von der Hand GOttes, die denen wird wissen zu vergelten, welche darin die Hand geboten, und nicht damit zurück gehalten haben. Das muß und mag nun das Aeussere, und was darinnen an Zierde und schöner weisser Gestalt abgehet, ersetzen. Es ist aber auch damit eben nichts versäumet, sondern nur denen, die dieser Welt Güter haben, Anlaß und Gelegenheit gegeben, etwas davon zu guten Kosten auf eine zweyte Aufflage anzuwenden, wenn sie das Wort und die Ehre GOttes lieben, wofern sie gern eine schönere Arbeit auch von aussen daran sehen wollen. Die Welt prangt mit Ueberfluß, und Christus erscheint in einer armen Gestalt.

---

[92] Paul Anton (1661–1730), evangelischer, pietistischer Theologe, zuletzt Professor in Halle.

6. Die Ebersdorfer Bibel (1727)

Biblia, Die gantze Göttliche Heilige Schrifft Altes und Neues Testaments, nach der teutschen Ubersetzung D. Martin Luthers. Mit vielen richtigen Parallelen, denen gewöhnlichen, und an einigen Orten vollständigern Summarien; *D.* Luthers eigenen Vorschrifften, und dem Arndischen *Inform. Biblico*, (Welche die Leser sich doch bekannt machen wollen,) Dann der *Editorum* Vorrede und Einleitung in gegenwärtige Auflage, (Wobey zugleich angezeiget wird, was sie vor andern voraus habe,) Endlich mit einer Verzeichniß und neuen Ubersetzung der meisten Oerter, welche in beyden Grund=Sprachen mehrern Nachdruck haben. – Ebersdorff im Voigtlande, Druckts Abraham Gottlieb Ludewig, Hochgräfl. R. Pl. Hof=Buchdrucker, wie auch Buchdrucker der Christl. Anstalten zu Herrnshut in Ober=Lausitz, 1727.

[Vorrede]

Vorrede und Einleitung.

DA habt ihr das gewaltige Buch, Liebe Menschen! das schon so offt und in so unterschiedener Form und Einrichtung vor die Augen der Welt hervorgetreten. Hie ist das Gesetz,[1] welches durch den äussersten Fleiß der mühsamen Rabbinen, oder vielmehr durch die geheime Hand seines Urhebers bis auf den geringsten Tüttel[2] erhalten worden; hie sind die freymüthigen Bezeugungen der heiligen Propheten,[3] die sich in der

---

1 Die Thora, die ersten fünf Bücher Mose.
2 Pünktchen, kleines Schriftzeichen (DWb 22, Sp. 1948–1950); vgl. Mt 5,18.

Mund=Art des Volckes, darunter sie lebten, von zukünfftigen Dingen zuversichtlich heraus gelassen; hie ist die Historie von der Erfüllung ihrer Weissagungen;[4] hier erblicket man die merckwürdige Lebens=Beschreibung des grossen GOtt=Menschens, des Nahme JEsus heißt; die Krafft eines solchen, in welchem die gantze Fülle der Gottheit leibhafftig gewohnet;[5] Aussprachen des Wortes, das Fleisch worden ist;[6] die Leiden und Kämpffe dessen, der die Welt mit ihm selber versöhnen wollen;[7] Sieg und Triumph des, der in die Höhe gefahren ist, und das Gefängniß gefangen, und den Menschen, auch den abtrünnigen, Gaben gegeben hat;[8] hie sehet ihr die Geschichte seiner treuen Zeugen und Boten, ihre aus seinem Munde empfangene mächtige Lehren, und selige Offenbahrung. Nehmet ihn hin, diesen edlen Schatz, dieses köstliche, und, (nach dem engsten Wort=Verstande,) unvergleichliche Buch, die Geheimnisse des Hertzens Gottes, die Zeugnisse seiner Wunder, und die Richtschnur des grossen Gerichtes am Ende der Tage. Es ist ein einiger Gesetzgeber, der kan selig machen und verdammen,[9] seine Gerichte sind so heilig, als unerforschlich, aber er will die Menschen nicht übereilen. Sein Sinn muß ihnen zuvor offenbar werden.[10] Schreibet es dieser Göttlicher Absicht zu, daß sein Wort so schnell laufft,[11] daß seine Schnur ausgehet in alle Lande,[12] daß fast keine Zunge noch Rede ist, da

---

3   Die Bücher der kleinen und großen Propheten (Jes bis Mal).
4   Das Neue Testament.
5   Kol 2,9.
6   Joh 1,14.
7   Kol 1,12; vgl. 2Kor 5,19; Eph 2,16; Kol 1,20,
8   Eph 4,8.
9   Jak 4,12.
10 Vgl. Mt 24,14.
11 2Thess 3,1.
12 Ps 19,4.

man ihre Sprache nicht vernehme, denn der HErr giebt das Wort mit grossen Schaaren Evangelisten.[13] Die Bewegung ist allgemein auf dem Kreiß des Erdbodens,[14] und sie ist noch nicht aus. Wir sehen das Licht täglich höher steigen, und die Erkäntnisse des Reichs unsers Königes wie den Mittag hervor brechen.[15] Das wird traun[16] nicht vergebens seyn. Die Menschen sollen den Allmächtigen kennen lernen, der allein Wunder thut,[17] seiner Ehre sollen die Lande voll werden,[18] vor ihm soll aller Mund verstopffet werden, und alle Welt GOtt schuldig seyn.[19] Darum wird dieses edle Buch nicht nur in so vielen Sprachen, sondern auch in einer jeglichen so vielfältige mahl ausgebreitet, und gehet nur in unserer Teutschen, seit wenigen Jahren, so viel hundert tausendmahl aus der Presse.[20] Darum tritt auch diese gegenwärtige Auflage, welche sich, ohngeachtet ihrer mancherley etwa anklebenden Unvollkommenheit, dennoch unter allen bisherigen einiges Vorzuges auf mancherley Art rühmen kan, vor die Augen der Welt. Laßt euch voraus bedeuten, ihr Leser! und bemühet euch diese wenige Worte mit Aufmercksamkeit anzusehen, ihr werdet nicht übel thun, von denen Vorzügen und Vortreflichkeiten der Schrifft etwas weniges einzunehmen, denn so langmüthig und gütig[21] ist ihr Urheber, daß sich etliche hoch herfahrende Geister an diese Tieffen der Weisheit, und an diesen Reichthum seiner Erkäntniß[22] wagen, und

---

13 Ps 68,12.
14 Vgl. Apg 17,31.
15 Ps 37,6.
16 Fürwahr (DWb 21, Sp. 1526–1532).
17 Ps 72,18; 136,4.
18 Jes 6,3.
19 Röm 3,19.
20 Hier ist vor allem an die Canstein'sche Bibelanstalt zu denken (s. Text 4).
21 Röm 2,4.
22 Röm 11,33.

entweder ihrer Richtigkeit durch einen unnöthigen Zweiffel, oder ihrem rechten Verstande durch ungegründete Auslegung, oder doch wenigstens ihren Gerechtsamen[23] durch einen unverantwortlichen Ungehorsam allerhand Steine des Anstosses in den Weg legen dürffen.[24]

Jst denn auch die Schrifft Göttlich?[25] fraget eine unbändige oder doch aufgebrachte Vernunfft, was soll mich bereden, daß sie mehr Göttliches habe, als ein ander Buch. Tausend Ursachen wird ein Gelehrter antworten, aber ich werde nur eine sagen. Wenn ich so viel grosse und versuchte Streiter, sowohl gegen die Sache GOttes, als vor dieselbe zu Felde ziehen sehe, so entsinne ich mich jener Entschuldigung der Eltern des Blindgebohrnen, als die Pharisäer sie wegen ihres Sohns zu Rede stelleten: Er ist alt genug, sagten sie, fraget ihn, last ihn selbst für sich reden.[26] Wer will eine Sache besser vertheidigen, als den sie am meisten angehet? Wer will uns mehr Grund und Nachricht von etwas geben, als der Urheber desselben Dinges? Und wer will einen Gedancken besser erklären können, als der ihn gefaßt hat? Höret den Rath an des Sohns GOttes, durch ihn hat GOtt am letzten geredet,[27] welchen er einem ieglichen giebt, der Warheit seiner Lehre, und der Göttlichkeit seiner Aussprüche versichert zu werden.

---

23 Freiheit, eigenes Recht (DWb 5, Sp. 3615).
24 Wagen, erdreisten (DWb 2, Sp. [1721–1730] 1729).
25 Diese Frage kommt prominent bei den ersten Pietisten vor, so bei Johann Jacob Schütz (*Andreas Deppermann*: Johann Jakob Schütz und die Anfänge des Pietismus, Tübingen 2002 [Beiträge zur Historischen Theologie, 119], S. 56–80, bes. 58) und bei August Hermann Francke (*August Hermann Francke*: Lebensläufe, hg. von Markus Matthias, Leipzig ²2016 [Edition Pietismustexte, 9], S. 51. 163f.). Vgl. *Philipp Jacob Spener*: Die Anfänge des Pietismus in seinen Briefen, hg. von Markus Matthias, Leipzig 2016 (Edition Pietismustexte, 7), S. 9–18 (Brief vom 21. 9. 1666).
26 Joh 9,21.
27 Hebr 1,2.

Das ist aber sein Anschlag:[28] So iemand des Willen thun wolle, der solle inne werden, ob diese Lehre von GOtt sey, oder ob er sie von ihm selbst geredet.[29] Es ist der Erfahrung gemäß, daß kein Lehrmeister seine Weisheit vor die lange Weile verschwende, er will erst eine Begierde bey dem Lehrling verspühren, und es muß sich derselbe erst zum Lernen anschicken, ehe er etwas begreifft, es bedingen sich die Weisen und Künstler offt vieles voraus, ehe sie sich mit ihren Einsichten bloß geben.[30] Aber was kan einer billigers fordern, und was kan man ihm leichter eingestehen, als eine aufrichtige Lust und Liebe zu der Wissenschafft, die man lernen will. Kan man sich einen Lehrling vorstellen, der hinter die Geheimnisse seines Meisters kommt, wenn dieser gemercket hat, daß jenem solche zu wissen gantz ungelegen, und er nicht gesonnen sey, sich darnach umzusehen, und gleichwohl giebts Menschen, welche über dem Grund der Schrifft streiten wollen, und doch in ihrem Hertzen versichert sind, daß sie derselben nicht weniger oder mehr folgen würden, ob sie ihrer Göttlichkeit gewiß oder ungewiß wären. Jch glaube, daß es so künstliche Köpffe habe, die mit diesem Beweiß=Grunde darum nicht überein kommen können, weil er handgreifflich ist, sie möchten sich lieber mit etwas ausführlichern und zweiffelhafftern Ursachen herum schlagen. Sie gemahnen mich eben wie der Feldherr Naeman,[31] der war aussätzig und wolte gerne

---

28 Bekanntmachung (durch Anschlagen) (DWb 1, Sp. 440f.).
29 Joh 7,17. Vgl. *Nikolaus Ludwig von Zinzendorf*: Der Teutsche SOCRATES, Leipzig [2. Aufl.] 1732 (Nachdruck in: *N. L. von Zinzendorf*: Hauptschriften. Bd. 1, Hildesheim 1962), S. 211 (XXI. Discurs). – Zur Bedeutung dieser Bibelstelle für den Pietismus siehe *Markus Matthias*: Philipp Jacob Spener, in: Pietismus Handbuch, hg. von Wolfgang Breul und Thomas Hahn-Bruckart, Tübingen 2021, S. 101–114, bes. 110–113.
30 Sich offenbaren (DWb 2, Sp. 148).
31 2Kön 5,1–14.

rein werden, er hatte viel von dem Propheten Elisa gehöret, und gab sich die Mühe, ihn in Person zu besuchen. Er mochte sich eine weitläuftige Cur vorgestellet haben, sie bestunde aber in einer kurtzen Erinnerung: Er solte sich in dem Jordan baden. Dieser leichte Rath befremdete den Naeman, das Mittel schien ihm verächtlich, und es reuete ihn, daß er so weit gereiset, aber seine Knechte wusten ihm vorzustellen, daß, da ers gethan haben würde, wenn ihn der Prophet etwas grosses geheissen hätte, es nicht unbillig sey, diesen schlechten Rath zu befolgen: Wasche dich, so wirst du rein. Er thats, und der Ausgang wies, daß das geringe Mittel nicht zu verachten gewesen. Darff ich euch bitten, liebe Mernschen, daß ihr dieses grosse Buch mit der aufrichtigen Meynung leset, seiner Verordnung nachzukommen, wenn ihr sie richtig findet. Wollet ihr thun, was euch diese Botschafft gebeut, so bald ihr versichert seyd, daß sie von eurem HErrn herrühre; wollet ihr, daß ich noch deutlicher rede, geschehen lassen, daß der Meister dieser Schrifft solche Leute aus euch mache, wie er sie hier erfordert, und zugleich die Probe seiner Gewalt an euch ablege; wollet ihr, wenn ihr die Wichtigkeit dieser Sache erkennen und zugleich sehen werdet, daß ihr nimmermehr von euch selbsten dazu kommen könnet, des Flehens und Bittens bey demjenigen, der es euch geben kan, euch nicht schämen, so will ich euch zum voraus versichern, daß wir über seiner Göttlichkeit keinen Streit mit einander bekommen, und ihr derselben bald so gewiß seyn werdet, als ich.

Denn gewiß, wenn ich euch meine Empfindung mittheilen darff, so ist dieses keine gemeine Schrifft, und es hat kein anderer, als der ewige Geist solche Einflüsse geben können, als bey denen Aussprachen dieses Meisterstücks aller Bücher zum Grunde liegen. Hier hat schon der alte Schreiber des Tractats *de sub-*

limi,³² das Muster aller Beredsamkeit gefunden, hieran hat so mancher Weltweise den Kopff zerstossen, so mancher Tieffsinnige sich zu tode studieret, so mancher Ausleger seine Schande gekünstelt, und so mancher Forschende auch vor den aufgeklärtesten Verstand unergründliche Tieffen entdecket. Wenn iemand die Last derer Schrifften beysammen anträffe, welche zu der Erläuterung dieses kurtzen und dem Scheine nach einfältigen Buchs heraus gekommen, und hätte es selbst nicht gesehen, was vor einen Begriff würde er sich wol von seiner Schreib=Art machen. Sie würde von derjenigen nicht gar ferne seyn, die uns jener berühmte Mann³³ giebt: Er glaubet *Aristoteles*, der doch *carnifex ingeniorum*³⁴ genennet worden, und andere auch noch so dunckle und verwickelte Rätzelschreiber, seyn viel deutlicher und vor dem menschlichen Verstande weit begreifflicher, als die Bibel. Aber wie groß muß die Verwunderung seyn, wenn man einen geringen Mann, der die gemeinste Art eines natürlichen Verstandes nicht übersteiget, bey einer gewissen GOttesgelahrtheit antrifft, die er, seinem Geständniß nach, bey der Quell geholet, die er aus der heiligen Schrifft erlernet, welche

---

32 *(Pseudo-) Longinus*: Peri hypsous (De sublimi / Vom Erhabenen), 1. Jh. n. Chr. Zur Konjunktur dieser Schrift im Rahmen der Literaturkritik und aufkommenden philosophischen Ästhetik im 17. und 18. Jahrhundert siehe *Martin Fritz*: Vom Erhabenen. Der Traktat „Peri Hypsous" und seine ästhetisch-religiöse Renaissance im 18. Jahrhundert, Tübingen 2011 (Beiträge zur Historischen Theologie, 160). – Vgl. *Zinzendorf*: Socrates (wie Anm. 29), S. 215, und *ders.*: Eine Sammlung Offentlicher Reden, Von Dem HErrn der unsere Seligkeit ist [Pennsylvanische Reden], Erster Theil, Büdingen ²1746 (Hauptschriften 2, 1963), S. 130–132.

33 Gemeint ist vielleicht der Jesuit Alfonso Salmerón (1515–1585), von dem Johann Jacob Rambach ein entsprechendes Zitat wiedergibt (COLLEGIUM INTRODVCTORIUM HISTORICO-THEOLOGICVM, oder Historische Einleitung in die Streitigkeiten zwischen Evangelischen und Römisch=Catholischen Kirchen, Frankfurt a. M. – Leipzig 1738, S. 431).

34 Peiniger der klugen Köpfe, nämlich wegen der Dunkelheit seiner Gedanken (Geflügeltes Wort unbekannter Herkunft).

ihm, wie er ferner anführet, so deutlich, so lebendig, so handgreifflich vorkommt, als die allereinfältigste Anmerckung seiner Handthierung,[35] und die gewöhnlichsten Gespräche seiner Mitbrüder. Weme alsdenn die Sprache des Geistes geläuffig wäre, der würde nicht ohne Bewegung in die Worte Christi zu GOtt ausbrechen müssen: Was du den Weisen und Klugen verborgen hast, hast du den Unmündigen offenbaret.[36]

Dieses ist die unübersehliche Höhe vor[37] die Hohen und Starcken, welche denen Elenden und Ohnmächtigen eine beqveme und liebliche Ebene darstellet, das ist der schlechte Weg, da auch die Thoren nicht irren können, ja ein lebendiger Weg, der uns fortführet indem wir gehen, und der uns, wenn wir nur fest drauf stehen bleiben, gleich einem richtigen Flooß, unvermerckt an den Ort übersetzet, da die Beschwerlichkeit unserer Pilgerschafft sich gar seliglich endiget.

Dürffen wir der Zusage trauen eines Mannes, der nicht nur ein lebendiger Zeuge der guten Art dieser Schrifft, sondern auch einer derjenigen gewesen, denen sie eingegeben worden, so werden wir eine Beschreibung von dem Lesen und Betrachten dieser wahren und vernünfftigen Worte antreffen, die von dem Zweck aller andern Bücher weit unterschieden ist. Wir pflegen dergleichen zu lesen, damit uns Gedancken erwachsen, damit wir unsere Gedancken unterhalten, damit wir von dieser und jener Wahrheit versichert werden, und das machts, daß wir uns nieder setzen zu lesen, nachzusinnen und zu studieren, allein der Prophet treibt die Sache so hoch, da er von dieser Schrifft redet, daß

---

35 Kaufhandel, Handwerk, Beschäftigung (DWb 10, Sp. 469).
36 Mt 11,25; hier als Beweis der Göttlichkeit der Schrift. Sie ist für die Wissenschaft unergründlich, verständlich aber für den einfachen Frommen.
37 Für.

er betet: Enthalte uns, HErr, dein Wort, wenn wirs Essen, denn dasselbe dein Wort ist unsers Hertzens Freude und Trost,[38] wir machen uns hier keine Rechnung auf ein Schaugericht[39] vor die Sinnen, auf eine vergebliche Anstrengung der Kräffte unsers Verstandes, oder eine qvälende Ermüdung unsers widerstrebenden Willens,[40] sondern auf eine liebliche Ersättigung unsers Hertzens, wenn wir an statt einer blossen Beschauung, eitelen Bewunderung, oder leckern Auskostens, mit der Begierde und Hunger unserer Seelen hinein fahren, und es durch ein gnugsames Wiederkäuen zu einer nahrhafften Speise unsers Jnwendigen bereiten.[41]

Wollet ihr mir glauben, ihr Leser, der ich die Feder führe, aber nur so viel, als man einem ieglichen ehrlichen und unbescholtenen Manne Glauben beymisset, ich bekenne euch freymüthig, daß mir so wenig Schrifften und Vorträge genug gethan, daß vielmehr meine von Natur zum Zweiffel geneigte Art, durch diejenige Mittel immer tieffer hinein gerathen, die ihr heraushelffen sollen. Die hohen und durchdringenden Ausdrücke machten mich argwohnen, daß nicht viel hinter der Sache sey, weil sie eines solchen Schmucks der Rede bedürfften, sich in das menschliche Gemüth einzuschleichen, die leichten und ungekünstelten Redens=Arten stellten zwar die Sache in der natürlichen Blösse, aber auch zugleich in einer solchen Schwäche

---

38 Jer 15,16; enthalten = erhalten (DWb 3, Sp. 550f.).
39 Gericht für die Augen, Augenweide (DWb 14, Sp. 2343). – Wir rechnen hier nicht mit einer (bloßen) Augenweide (vgl. DWb 14, Sp. [355–362] 361).
40 Zinzendorf nennt hier die drei Seelenkräfte: Sinnliche Anschauung, Verstand und Wille.
41 Vgl. Hes 3,1–3; Wiederkäuen (*ruminatio*) ist ein *terminus* der Textmeditation.

dar, daß ich mich dabey aufzuhalten vor unnöthig hielt, verrieth der Redner seine lebendige Einbildungs= Krafft, das machte mich besorgen, er möchte so tieff in die Beschauung gekommen seyn, daß er die Spur der Wahrscheinlichkeit verlohren. Ein Weltweiser aber machte mir mit seinen scheinbaren Schlüssen nichts, als eine starcke Vermuthung, daß er zum wenigsten so leicht recht haben könte, als ein anderer, kurtz: mir that weder ein Buch, noch ein Vortrag in der Welt Gnüge, und mein Zweiffelmuth wurde durch so manchen Sieg über die Wahrscheinlichkeit immer kühner, alles vor möglich und nichts vor wahr zu halten, bis dieses kleine Buch[42] mir vor die Augen kam. Ein redlicher Schreiber muß nach seinem Vorgeben geurtheilet, und seine Sache auf diejenige Probe[43] gestrichen werden, die er selbst angiebt. Es war keine Ursache vorhanden, warum ich ein Buch, das von den Menschen weiter nichts fordert als daß sie glückselig werden sollen, nicht vor aufrichtig halten solte, darum sahe ich mich darnach um, was sie voraus setze. Niemand solte sie verstehen können, wer nicht den Urheber darum bäte, und auf dieses Bitten solte sie iederman so deutlich werden, als es nur nöthig sey. Daß sie nicht viel Leute verstünden, sahe ich aus der Gelehrten unaufhörlichen Zänckereyen, die sie über der Erklärung anstellten, daß man sie aber könte verstehen lernen, hätte ihre natürliche Deutlichkeit und überall hervorleuchende treuhertzige Mund=Art vermuthen machen

---

42 Gemeint ist hier die Bibel oder das Werk des Longinus (wie Anm. 32); vgl. *Markus Matthias*: Empfindsame Religion – Zinzendorfs theologie- und kulturgeschichtliche Bedeutung, in: Die Herrnhuter Brüdergemeine im 18. und 19. Jahrhundert. Theologie – Geschichte – Wirkung, hg. von Wolfgang Breul u. a., Göttingen 2024 (Arbeiten zur Geschichte des Pietismus, 69), S. 177–203.
43 Siehe Anm. 29.

sollen, übrigens kam es auf die Probe an. Jch machte dieselbige dergestalt, daß ich mir vornahm von Göttlichen Dingen nichts zu glauben, als was mir von Zeit zu Zeit aus diesem Buch selbst offenbar würde, bis dahin solte meine Vernunfft Meister seyn, hie aber solte sie ausweichen, und dem Schreiber dieses Buchs Zeit lassen, sich an meinem Gemüth[44] zu bestätigen. Noch eins machte ich mit mir selbst aus, ich wolte nicht gerne wollen, daß dieses oder jenes wahr sey, bis ichs erst daselbst angetroffen, noch wolte ich einem andern geistlichen Gedancken zuwider seyn, bis ich erst aus diesem Buche überführet würde, daß er nichts taugte. Und dieses nennte ich eine unpartheyische Untersuchung der Wahrheit, denn ich hielte dafür, daß ein Schüler nichts anders könte, und der Erfolg war kürtzlich dieser: Daß über einem ieglichen Spruche dieses einfältigen Buchs gleichsam meine gantze Natur rege wurde, daß sie sich diesem und jenem entgegen setzte, welches sie unläugbar darinnen fande, weil ich aber darüber hielte, und den angegebenen Urheber gantz hertzlich zu Hülffe ruffte, endlich von einer unsichtbaren Krafft übermeistert wurde, und sich in die Bande eines so lieblichen HErrn freywillig begab. Jch lernte glauben, daß JEsus ins Fleisch kommen sey,[45] ich machte daraus mit dem berühmten *Fenelon*[46] den Schluß, daß man dem Mann, den dieser König gerne ehren wolte, Schmach und Spott anthun und ihn beständig unter denen Leyden erhalten müste, weil solches die gantze Lebens=Art und gleichsam das

---

44 Das Gemüt (lat. *mens*) ist in der frühaufklärerischen Philosophie (Christian Wolff [1659–1754]) das Organ der Wahrnehmung (Apperzeption), das sich zugleich dieses Aktes der Wahrnehmung bewusst ist.
45 1Joh 4,2.
46 François de Salignac de La Mothe-Fénelon (1651–1715), zuletzt Erzbischof von Cambrai.– Worauf sich Zinzendorf bezieht, wurde nicht ermittelt.

königliche Kleid JEsu gewesen,⁴⁷ und so lernte ich die Nachfolge JEsu und alles, was zu dem Christenthum gehöret. Wenn ich dieses Buch ansehe, so sind mir wenig Zeilen eine gantze Predigt, mein Verstand faßt es, mein Hertz bewegt es, meine Ubereinstimmung und Glaube vermischt sich damit, nach Ebr. 4.⁴⁸ und ich kan niemals anders, als mit unaussprechlichem Vortheil die geringste Betrachtung in diesem Buch anstellen können. Jch wolte, daß mir viel kluge und vernünfftige Leute nachfolgen wolten, sie würden sich vielleicht noch besser, als ich, befinden. Aber genug hiervon.

Lasset mit euch auch ein Wort reden, Hochgebohrne und erleuchtete Christen, ihr Könige der Heerschaaren,⁴⁹ lasset uns mit einander sprechen, wie es solchen geziemet, die unter einander Freunde sind, kennet ihr den Urheber der Schrifft, ist euch nicht, wenn ihr sie leset, als wenn ihr von jemanden einen Brief bekommt, dessen Andencken euch theuer und werth, dessen Liebe euch köstlich, und dessen Verdienste euch edel sind, an dessen wahrhafftigem Leben ihr nicht zweiffelt, ob ihr ihn wol niemahls gesehen habt. Dieser Fall ist in der Welt nicht ungewöhnlich. Jch habe selbst solche Freunde, aber es muß etwas herrlichers und überaus kräfftigers seyn, wenn ihr GOtt empfindet, weil er ein überaus herrlicher und kräfftiger Wesen ist. Jsts euch so glaublich, als ihr glaubet, daß zwey mal zwey vier ist, daß GOTT diejenige Natur hat annehmen können, und annehmen müssen, mit der er sich

---

47 Zur Beschäftigung Zinzendorfs mit Schriften Fénelons siehe *Leiv Aalen*: Die Theologie des jungen Zinzendorf, Berlin – Hamburg 1966, S. 59f. (Anm. 33).
48 Hebr 4,2.
49 Ps 68,13.

auf das innigste vereinigen wollen, hat er sich mögen, ja müssen, herab lassen, zu demjenigen Werck seiner Wunder, welches er in sich selbst selig erhöhen, welchem er nicht nur seine Verdienste, sondern auch seine Natur schencken wollen. Ein iegliches Ding sucht seines gleichen.[50] Und unsre herum irrende Weltweisen geben uns sattsam zu erkennen, daß, wie wir ietzt gestaltet sind, die blosse und unbekleidete Gottheit, ein unbegreifliches und uns nicht gemäßes Wesen[51] sey, denn wer hat unter ihnen jemals die Kühnheit gehabt εὕρηκα zu ruffen, ich hab es gefunden.[52] Wohl aber brachte es die meisten dahin, daß sie einander ohne Lachen nicht ansehen kunten, weil sie andere Menschen zu etwas überreden musten, das sie selbst nicht verstunden, jener redliche Welt= Weise[53] aber kam doch nicht weiter, als daß er sein Leben mit diesem allgemeinen Stoß=Gebetlein beschloß: O Wesen der Wesen erbarme dich mein.[54] Unglückselige Creaturen, die zu ihren König und Schöpffer, der sie nicht nur beherrschet, sondern auch in einem Augenblick wieder zermalmen kan, einen unbekanten Tyrannen haben, darum findet man bey allen Völckern ein geheimes Belieben ihren GOtt sichtbar und sich gemässer zu machen. Keinen andern Grund hat es, daß man die Herrlichkeit

---

50 Vgl. Sir 13,19.
51 Die Gottheit ist als solche für den Menschen nicht begreiflich und ohne Analogie.
52 Ausruf von Archimedes von Syrakus (*Vitruvius*: De architectura IX, Prooemium, 10).
53 Aristoteles.
54 Zur Überlieferung, dass Aristoteles – wie ein Christ – mit diesen Worten gestorben sei, siehe *Martin Grabmann*: Aristoteles im Werturteil des Mittelalters, in: Mittelalterliches Geistesleben. Abhandlungen zur Geschichte der Scholastik und Mystik 3, München 1936, S. 63–102. Sie findet sich in der Schrift des Kölner Thomisten Lambertus de Monte (15. Jh.): De Salute Aristotelis.

des unsichtbaren GOttes in ein Bild der Thiere und Menschen verwandelt hat,[55] keinen andern hat der Saracenen Prophet Mahomet mit seinem sinnlichen Paradiese,[56] ja die Juden unterstehen sich (ohne den GOTT vom Himmel in Figuren zu bilden,) ihme einen Dienst zu leisten, der nothwendig einen solchen GOTT voraus setzet, welcher sich zu sichtbaren und begreiflichen Handlungen hernieder lassen kan. Was ist angenehmer in dieser sonst fürchterlichen und gesetzlichen Lehre, als die Hoffnung, die sie haben, den HErrn, der sich schon öffters in Menschen=Gestalt sehen lassen, zu ihrer Errettung in Krafft und Herrlichkeit herab kommen und unter ihnen wohnende zu sehen. Die Christen sind nicht darwider, daß er, als König und Richter des Erdbodens, zu gewarten sey, weil aber die Propheten seine Ankunfft überaus niederträchtig und vor menschlichen Augen sehr verächtlich beschrieben, so finden sie in denen Historien, daß dieselbe bereits geschehen sey, und erwarten doch auch seine majestätische Zukunfft. Darum macht der Christliche Lehrer Johannes zum unfehlbaren Kennzeichen, daß ein Geist von GOtt sey, wenn er bekennet, daß dieser Heyland ins Fleisch kommen sey,[57] ja er selbst, der HErr, soll gesagt haben, das seye das ewige Leben, daß sie den Vater, daß er allein wahrer GOtt sey, und den er gesandt hat, JEsum Christum, erkenneten.[58] Wiewol man nicht Ursach hat, an der Wahrheit derjenigen Geschichte des JEsu von Nazareth zu zweiffeln, welche auch die Juden nicht läugnen,[59] ja selbst den Sinn

---

55 Röm 1,23.
56 In verschiedenen Suren des Korans wird das Paradies sinnlich dargestellt (Sure 52,17–24; 56,15–23; 88,8–16 u. a.).
57 1Joh 4,2.
58 Joh 17,3.
59 Vgl. 2Petr 1,16.

und Weissagung ihrer eigenen Propheten allzu wahr machen, da sie wegen seines verächtlichen Ansehens, das Angesicht vor ihm verbargen, und ihn nichts achteten, Es. 53.[60] so ist doch ein Grund vorhanden, der nach der allerersten Jünger JEsu vortreflichem Ausdruck noch gewisser seyn soll, als wenn man seine Herrlichkeit selber gesehen habe. Dieser ist der anbrechende Tag und der Morgenstern, der im Hertzen aufgehet.[61] Ein anderer Prophet Christi beschreibet ihn so: GOtt habe seinen Sohn JEsum Christum in ihm verkläret,[62] und wiederum, der GOtt, der das Licht aus der Finsterniß hervorgehen hieß, habe einen hellen Schein in sein Hertz gegeben, daß durch ihn entstünde die Erleuchtung von der Erkäntniß der Klarheit Gottes in dem Angesichte JEsu Christi,[63] welches der Sohn Gottes selbst also fasset, er habe den Seinigen den Namen des Vaters kund gethan, und wolle ihnen kund thun, auf daß die Liebe, damit ihn der Vater geliebet hat, sey in ihnen und er ihnen.[64] Jsts nicht wahr, hocherleuchtete Brüder! Eure meiste Gewißheit offenbahret sich nicht im Nachdencken, sondern in der Empfindung.[65] Das Geheimniß von der Welt her verborgen, aber nun offenbahret euch seinen Knechten ist Christus in euch, der da ist die Hofnung der Herrlichkeit.[66] Was macht euch die verborgene Geheimnisse seines Reichs offenbar, was thut euch seinen Sinn kund, wer führet euch von Schritt zu Schritt weiter, was macht euch in eurem Kampf zu siegenden

---

60 Jes 53,3.
61 2Petr 1,19.
62 Phil 1,20.
63 2Kor 4,6.
64 Joh 17,26.
65 Zum Begriff siehe *Matthias*: Empfindsame Religion (wie Anm. 42).
66 Kol 1,26f.

Löwen, in eurem Leiden zu erduldenden Lämmern, in eurem Sterben zu scharffsichtigen Adlern, die durch die Hitze der Anfechtungen in das Licht der Freuden hindurch schauen, eine Krafft, die so wohl dem Namen als der Sache nach niemand, als denen bekant ist, die sie bey sich führen. Jhr habt die Salbung von dem, der Heilig ist, und wisse alles.[67] Der Geist ists, der euch zeuget, daß Geist Wahrheit ist,[68] der Geist erforschet alle Dinge, auch die Tieffe der Gottheit,[69] der Geist giebt Zeugniß eurem Geist, daß ihr GOttes Kinder seyd,[70] derselbe verkläret JEsum,[71] der lehret, der erinnert euch alles dessen, das JEsus gesagt hat,[72] die Salbung bleibt bey euch und bedürft nicht, daß euch iemand lehre, sondern, wie euch die Salbung allerley lehret, so ists wahr und ist keine Lügen.[73] Könten eure Stimmen ausbrechen, ihr verborgene GOttes=Menschen, wie würdet ihr euer Amen mit diesem Zeugniß verbinden, würdet ihr nicht ausruffen: Du redest nicht leere, sondern du redest wahre und vernünfftige Worte. Aber ich überlasse euch diesem seligen Zeugnisse, mit welchem euer Jnwendiges so wohl überein stimmt, ich überlasse euch GOtt und dem Wort seiner Gnaden, der da mächtig ist euch zu erbauen, und zu geben das Erbe samt denen, die geheiliget werden durch den Glauben an JEsu. Jch aber und meine Brüder gedencken fest und unbeweglich zu stehen, und immer zuzunehmen in dem Werck des HErrn, sintemal wir wis-

---

67 1Joh 2,20.
68 1Joh 5,6.
69 1Kor 2,10.
70 Röm 8,16.
71 Joh 16,14.
72 Joh 14,26.
73 1Joh 2,27.

sen, daß unsere Arbeit nicht vergeblich ist in dem HErrn.[74]

Herrnhut in Ober=Lausitz, an dem Leipziger Michaels=Marckt 1726.[75]

Die daselbst in Christlicher Liebes=Absichten vereinigte Freunde.

---

[74] Apg 20,32; 1Kor 15,58.
[75] Die Leipziger Herbstmesse begann am Michaelistag (29. September) und dauerte drei Wochen.

7. Johann Albrecht Bengel:
Das Neue Testament (1753)

Das Neue Testament zum Wachsthum in der Gnade und der Erkänntniß des Herrn Jesu Christi nach dem revidirten Grundtext übersetzt und mit dienlichen Anmerkungen begleitet von D. Johann Albrecht Bengel. – Stuttgart, bey Johann Benedict Metzler. 1753.

[Vorrede]

Vorrede.
Jnnhalt
§. I. Die Heilige Schrift eine grosse Wohlthat.
§. II. Gegenwärtige Arbeit an der Heiligen Schrift N. T. besteht in einer genauen deutschen Uebersetzung mit erbaulichen Anmerkungen.
§. III. Vorläufige Bitte an diejenige, die etwas dagegen einzuwenden hätten.
§. IV. Das N.T. ist anfangs griechisch beschrieben.
§. V. Uebersetzungen sind in Worten unterschieden:
§. VI. Solcher Unterschied geht oft viel weiter.
§. VII. Hauptsumma in allen Uebersetzungen einerley;
§. VIII. Doch soll man hierbey das Beste suchen.
§. IX. Man hat sich von den ersten Zeiten des N. T. bis auf diesen Tag in keiner Sprache an einerley Uebersetzung gebunden.
§ X. Neun Reguln einer genauen Uebersetzung: und Beobachtung derselben bei dieser Uebersetzung.
§ XI. Wie fern andere deutsche Uebersetzungen mit solchen Reguln übereinkommen oder nicht.
§ XII. Wie der Misbrauch dieser Uebersetzung zu verhüten: Guter Gebrauch derselben.

§ XIII. Besondere Erinnerungen wegen der Einwendungen gegen diese Uebersetzung.

§ XIV. Von denen Anmerkungen und Nutzanwendungen.

§ XV. Ordnung der Bücher, und Eintheilung in Capitel und Versicul.[1]

§. XVI. Erbaulicher Beschluß.[2]

§ I.

Für eine unschätzbare Wohlthat des grossen Gottes haben wir es zu erkennen, daß er von Mosis[3] und den ersten Zeiten Jsraels her, da dieses anfing ein Volk, und zwar Gottes Volk zu seyn, seinen heiligen Willen nicht nur mündlich, wie vorhin unter den Patriarchen, die gleichsam lebendige dauerhafte Lägerbücher[4] waren, bekannt gemacht, sondern auch das Zeugniß davon, den Nachkommen zu gut, schriftlich hat verwahren lassen. Und solches ist denn auch in dem Neuen Testament geschehen, als dessen Bücher zusammen eine einige hochwichtige Nachricht in sich halten von Jesu, daß derselbe Gottes Sohn und Christus seye, von der Seligkeit, deren wir durch den Glauben an seinen Namen theilhaftig werden: von der Frucht der Heiligung bei den Gläubigen: von der Gemeinschaft der Heiligen in der Liebe, Geduld und Hoffnung: und von dem herrlichen Erbe in dem Himmel. Ohne die Schrift würden wir heut zu Tage schwerlich mehr wissen, daß Gott seinen Willen den Menschen kund gethan, und daß der Sohn Gottes einmal auf Erden gewandelt habe: Die

---

1 Verse.
2 Im Original ist die Auflistung der beschriebenen inhaltlichen Punkte zweizeilig dargestellt.
3 Mose (Genitiv).
4 Eigentlich ein Buch über die Lage der Grundstücke (Grundbuch) (DWb 12, Sp. 67).

Schrift aber ist es, die uns unterweisen kan zur Seligkeit durch den Glauben in Christo Jesu.

§ II.

Es bestehet die heilige Schrift, bekannter massen, aus den Büchern des alten und neuen Testaments. Diejenige, die das alte Testament vor die Hand nehmen, sind dünne gesäet, und desto höher zu schätzen: Doch ist es auch an mich in meinem geringen Theil bey Gelegenheit meines Berufs gekommen, daß ich die meiste Zeit auf das neue Testament wendete, und hierauf zielet endlich auch die gegenwärtige Arbeit. Denn es wird denen Liebhabern Göttlichen Wortes hier vorgelegt 1) eine neue deutsche Uebersetzung des neuen Testaments und 2) dienliche Anmerkungen. Wie diese beede[5] Theile unserer Arbeit bewandt seyn, soll deutlich vermeldet werden: da denn zuerst das meiste die *Uebersetzung*, und hernach etwas weniges die *Anmerkungen* betreffen wird. Eine Seele die einfältig und gerade zu eine Weyde für sich suchet, die hat sich bei dem ersten Stück dieser Vorrede nicht so lang aufzuhalten, sondern wird bald gewahr werden, was der Grund, die Absicht und der Gebrauch dieser Uebersetzung seye, und kan sich in dem zweyten Stücke kürzlich des Nöthigen berichten lassen.

§ III.

Wer aber die Uebersetzung bey ihrem ersten Anblick für unnütze ansiehet, oder andere deswegen zu warnen für nöthig halten möchte, der wolle diß Orts desto aufmerksamer seyn, damit niemand keinen Anstoß irgendwo nehmen oder geben, sondern vielmehr den Nutzen der vorhanden ist, erkennen möge. Niemalen hat es

---

5 Beide (DWb 1, Sp. 1361 f.).

wegen neuer Uebersetzungen der Heiligen Schrift grössere Strittigkeiten gegeben, als zu unserer Zeit: und deswegen wird es dienlich seyn, die Sache so zu erörtern, daß auch der gemeine Mann sich darein finden könne, und sothane Erörterung anzuhören.

§ IV.

Die heilige Schrift Neuen Testaments ist anfänglich von den Aposteln und ihren Mitarbeitern Griechisch gestellet, aber nach und nach in die Sprachen derjenigen Völker, die zum Christenthum gebracht wurden, in allen Welttheilen übersetzet worden, wie noch auf diese Tage geschicht: Daher unter denjenigen, die sonst keine als ihre deutsche Muttersprache verstehen, auch die Einfältigste sich zu bescheiden und zu erinnern haben, daß dieses oder jenes deutsches Neues Testament, nicht von denen Aposteln und Evangelisten, mit eben den deutschen Worten, Sylben und Buchstaben geschrieben, sondern von dem hochbegabten Doctor Luthern,[6] oder andern, aus einer andern Sprache übersetzet sey.

§ V.

Man mag eine Geschichte, ein Gedichte, eine Rede, einen Brief, geist= oder weltlichen Jnnhalts, aus einer Sprache in die andere, weiß nicht wie oft übersetzen: es wird keine Uebersetzung, wenn auch gleich jede geschickt wäre, und mit dem Sinn des Originals auf das genaueste übereinstimmete, mit den andern Ueberseztungen in allen Worten und Redensarten zusammen treffen. Für *Beatus vir* setzt Luther beedes: *Wohl dem Menschen*, und *Selig ist der Mann*: *Salvator* heisset, *Heiland, Erretter, Seligmacher*: *debet*, ist so viel als

---

6 Martin Luther (1483–1546).

soll, muß [etc]. Bei dem allem ist und bleibt der Verstand einerley.

§ VI.

Ferner darf[7] einer gar nicht gelehrt seyn, sondern über seine Muttersprache nur etwas weniges von einer fremden Sprache verstehen, so weiß er, daß bei allerhand Schriften geist= und weltlichen Jnnhalts es wegen unterschiedener Arten der Sprachen und wegen der Vor= und Nachtheile, die eine gegen die andere hat, sehr schwer und oft unmöglich sey, eine solche Uebersetzung herauszubringen, die dem Original vollkommen ähnlich wäre. Noch viel schwerer ist solches zu erreichen, wo es aus einer morgen= in eine abendländische, aus einer alten in eine neue Sprache gehet, und über das alles die Worte Gottes betrifft.

§ VII.

Die Hauptsumma bleibt zwar immer einerley: Wann einer sich mit der ungeschicktesten Uebersetzung des Neuen Testaments unter der Sonnen, und dazu mit der hinlässigsten[8] Abschrift derselben behelfen müsste, so könnte er doch die Geschichte von dem Aussätzigen und die Geschichte von dem Gichtbrüchigen[9] unterscheiden; ja er fände doch die Erkänntniß von dem Vater, Sohn und Heiligem Geiste, von der Geburt, der Taufe, den Thaten und Reden, dem Leiden und der Herrlichkeit Christi Jesu, von der Sünde und Gnade [etc]. und könnte also bey einem folgsamen Herzen im Glauben, in der Liebe, in der Hoffnung seliglich erbauet werden.

---

7   Bedürfen, brauchen (DWb 2, Sp. 1721–1730).
8   Nachlässigsten (DWb 10, Sp. 1450f.).
9   Mk 1,40–45 par. und Mk 2,1–12 par.

§ VIII.

Aber wie man im natürlichen Leben nicht nur die äusserste Nothdurft, sondern auch die Bequemlichkeit, die Reinlichkeit, die Zierde, die Anmuth suchet, ja es in der Eitelkeit treibet, so hoch man immer kan; so solle es vielmehr im Geistlichen seyn. Jn Uebersetzung menschlicher Schriften kan ein Mensch des andern Sinn viel leichter erreichen und ausdrücken, und wann er auch dessen verfehlet, so ist gemeiniglich nicht viel daran gelegen. Aber bei der Uebersetzung der Worte Gottes, himmlische und ewige Dinge betreffend, soll man mit einem tiefen Respect, mit Furcht und Zittern[10] handeln, daß man nichts daran schmützen,[11] nichts unterschlagen, nichts verwechseln möge. Jn einer Rede oder Gedichte hält einer ihm selber oder andern nicht gern eine unrichtige Sylbe; an einem Gemählde oder musicalischen Stücke einen unreinen Strich oder Ton: in dem Essen ein anbrüchiges[12] Körnlein, am Handschuh einen gebrochenen Faden, an einem Degen oder Messer eine Scharte, im Zimmer eine gespaltene Fensterscheibe zu gut: so kan denn bey den Worten Gottes keine verächtliche Kleinigkeit seyn. Bey den heiligen Menschen Gottes hat der *Eindruck* der Sachen selbsten in ihren Herzen, und der *Ausdruck* der Worte gegen andere, gar eigentlich zusammen gestimmet, und manchmal ist an dieser oder jener Redensart, die den meisten ganz gleichgültig vorkam, etwas gelegen, das endlich von irgend einem wahrgenommen und andern erbaulich mitgeteilet werden kan. Es hat nicht die Meinung, daß ein jeder Leser der heiligen Schrift dergleichen Arbeit übernehmen müsste: sondern was in diesem

---

10 Vgl. Phil 2,12.
11 Ändern (DWb 15, Sp. 1138).
12 Vermodernd (DWb 1, Sp. 301f.).

Stück bisweilen einer thut, damit ist vielen andern gedienet.

§ IX.

Aus dieser Ursache hat man in denen morgen= und abendländischen Gemeinen zu alten und neuen Zeiten, immer vielerlei Uebersetzungen in einerley Sprachen gemachet, geduldet, werth gehalten, gebrauchet: Schon vor der Geburt Christi und bald hernach ist die heilige Schrift Alten Testaments vielfach in die griechische Sprache übersetzet worden: und so ist hernach das Neue Testament aus der griechischen Grundsprache mehrmal in die Egyptische, mehrmal in die Syrische, mehrmal in die Persische, mehrmal in andere Sprachen, und sehr häufig in die Lateinische übersetzt, und dergleichen Uebersetzungen sind auch nach und nach verbessert oder auch ohne Verbesserung geändert worden. Es finden sich von solchen mancherlei Uebersetzungen die Stücke, die Nachrichten und die Spuren in grosser Menge: und hingegen findet sich nicht, daß man in der ganzen Christenheit zu allen Zeiten wider mehr als eine einige Uebersetzung in diese oder jene Sprache etwas eingewendet oder sich daran gestossen hätte. Und in Engelland, in Holland, in Dänemark, zu Geneve [etc]. wird immer von einer Zeit zu der andern, von einer Auflage zu der andern, die Uebersetzung, die man dem Volk durch den Druck in die Hände liefert, verbessert. Selbst in der Römischen Kirche, da man sich so sehr an die *Vulgatam* gebunden hat, daß unter allen Versionen keine ist, um die man einen so grossen Eifer gehabt hätte; dann man hat sie auf der Versammlung zu Trient für authentisch erklärt:[13] lässt man den-

---

13 Die Kanonisierung der lateinischen, zuerst von Hieronymus (gest. 420)

noch zerschiedenen[14] Uebersetzungen, nicht nur in Lateinischer Sprache für Studirende und Gelehrte, sondern auch im Französischen und in zerschiedenen Muttersprachen für andere Leser ihren freyen Lauf. Man besehe nur *Jac. Le Long Bibliothecam sacram*,[15] als woselbst die alte und neue Uebersetzungen in Menge beschrieben werden. Vor Luthers Zeiten wurden zerschiedene deutsche Uebersetzungen der heiligen Schrift gedruckt, die zwar sehr uneben[16] waren, aber den Leuten selbiger Zeit gleichwol ihre Dienste thäten. Doch war es sehr löblich, daß Lutherus eine neue Uebersetzung machte: wie dann insonderheit, seit der Reformation, seine gesegnete Uebersetzung in grosse Aufnahm gekommen.[17] Gleichwie aber dieser[18] grosse Rüstzeug sich die vor ihm übliche deutsche Uebersetzungen nicht hat abschröcken lassen, eine neue zu machen, und sich auch selbst an seine erste Arbeit nicht gebunden, sondern dieselbe von einer Zeit zur andern immer weiter übersehen, und anderer tüchtiger Männer Erinnerungen[19] hiebey angenommen, auch mit der Erkänntniß,

---

       übersetzten Bibel (Vulgata) als verbindlicher Text der römisch-katholischen Kirche erfolgte auf dem Konzil von Trient (DH 1506–1508).

14 Verschiedenen (DWb 31, Sp. 756 i. V.m. 754).

15 *Jacob Le Long*: Bibliotheca Sacra. In Binos Syllabos Distincta: Quorum Prior Qui Iam Tertio Auctior prodit, omnes sive Textus sacri sive Versionum eiusdem quâvis Linguâ expressarum Editiones […] exhibet. Posterior Vero Continet Omnia Eorum Opera quovis idiomate conscripta, qui huc usque in sacram Scripturam quidpiam ediderunt, Bd. 1–2, Paris 1723.

16 Holperig (DWb 24, Sp. 443).

17 Erg. „ist".

18 In der älteren Sprache ist Rüstzeug auch ein Maskulinum (DWb 14, Sp. 1553f.).

19 Korrekturvorschläge. Luther hat seine Bibelübersetzung nach und nach mit anderen Wittenberger Gelehrten verbessert (Bibelrevisionen). Vgl. *Hans-Jürgen Schrader*: Zwischen sprachlicher Aura und Umgangsdeutsch. Zur Sprachgestalt der Luther-Bibel und zur Problematik ihrer Revision, in: Anmut und Sprachgewalt. Zur Zukunft der Lutherbibel, hg. von Corinna Dahlgrün und Jens Haustein, Stuttgart 2013, S. 145–180.

daß einer fernere Verbesserung Statt finde,[20] im Frieden entschlafen ist: also haben neben ihm, nach ihm und erst auch bey neuern Zeiten andere fleissige Leute an seiner Uebersetzung manches hin und wieder verbessert und solche Verbesserungen entweder in den Text selbst hineingerücket, oder auf dem Rand, oder bey andern Gelegenheiten angebracht, oder auch neue Uebersetzungen besonders gestellet, darinnen sie den Worten Lutheri bald mehr, bald weniger nahe kommen.[21] Lutherus eiferte zwar billig über diejenige, die in dieser Sache untreulich handelten, und seine Arbeit besudelten: er sahe aber auch anderer redlichen Männer ihre Arbeit mit günstigen, frölichen Augen an. Eben da er im Uebersetzen begriffen gewesen, schrieb er aus der Wüsten[22] an Joh. *Lang*[23] einen Augustiner=Prediger zu Erfurt: *In ea re* (versione N.T.) *et te audio laborare. PERGE ut coepisti, Vtinam OPPIDA SINGVLA interpretem suum haberent.*[24]

Ich begehre keine bessere, sondern eine andere als Luthers ist, zu geben, und das nicht ohne Ursach. Die Deutlichkeit und Reinigkeit der Sprache ist nächst der Richtigkeit des Sinnes die vornehmste Tugend einer Uebersetzung: und wenn wir die Uebersetzung Lutheri nicht hätten, so wäre eine solche Uebersetzung, wie die seinige ist, *vor allen* zu wünschen. Nachdem aber dieselbe nun vorhanden ist, so wird sie dank-

---

20 Luther dachte an eine Verbesserung der Bibel über seinen Tod hinaus.
21 Zu den Korrekturen an der Luther-Bibel im 18. Jahrhundert siehe *Köster*: Die Lutherbibel (wie Text 4 Anm. 22), S. 136–187.
22 Luther nannte sein Versteck auf der Wartburg gelegentlich Patmos (nach Apk 1,9) oder wegen des spärlichen Bewuchses dieser Insel Wüste.
23 Johannes Lang (1487–1548), Luthers Ordensbruder in Erfurt (Augustinereremiten) und späterer reformatorischer Prediger.
24 An Johannes Lang, 18.12. [1521] (WA.B. 2, S. 413, 7f.): „In dieser Angelegenheit (Bibelübersetzung) arbeitest auch Du, wie ich höre. Fahre fort, wie du begonnen hast. Wenn doch jede einzelne Stadt ihren eigenen Übersetzer hätte."

barlich[25] vorausgesetzt, und nebenher ist eine andere gut, die nicht so fliesset, aber den ächten griechischen Grundtext sorgfältiger ausdrücket. Derselben können sich denn etliche, denen damit gedienet ist, *für sich* bedienen, und also zwo Uebersetzungen zusammen halten, derer eine jede ihren Mangel vermittelst der anderen erstattet. Wenn man auf diese Stunde eine solche Uebersetzung hätte, die alle Vortrefflichkeiten aller neueren Uebersetzer und Lutheri selbsten dazu, unstrittig in sich begriffe, so solten doch weder wir noch unsere nächste Nachkommen Lutheri Version aufgeben. Sie solle billig bey dem allgemeinen und öffentlichen Gebrauch in ihrem Besitze gelassen, und insonderheit sollen die bekannte Kernsprüche,[26] wie er sie verdeutschet, beybehalten werden. Auch solle man in denen Bibeln, die man unter seinem Namen drucket, nichts ändern und nichts setzen, das nicht von Luthero wäre. Was für Seelen seit der Reformation selig worden sind, deren vielen ist Lutherus entweder vermittelst[27] seiner Uebersetzung oder vermittelst anderer durch ihn veranlassten Uebersetzungen, Predigten und Schriften dienlich gewesen. Dieser theure Rüstzeug herrschet mit seiner Gabe in dem besten Theil der abendländischen Christenheit, allermeist von seinem Auftritt an, von dem Ende der 1260 Tage des Weibes in der Wüsten, bis das Weib ihre vierthalb Zeiten an ihrem Ort in der Wüsten überstanden hat.[28]

---

25 Dankbar.
26 Zu den graphisch hervorgehobenen Bibelversen siehe *Hartmut Hövelmann*: Kernstellen der Lutherbibel. Eine Anleitung zum Schriftverständnis, Bielefeld 1989.
27 Vermittels.
28 Apk 12,6. – Bengel sah in der heiligen Schrift die Zukunft des Christentums und das Ende der Geschichte prophezeit und versuchte diese zu berechnen. So erwartete er den Beginn des tausendjährigen Reiches (Apk 20) um das Jahr 1836. – Vierthalb = drei und einhalb (DWB 26, Sp. 312f.)

Das weitere soll man der erleuchteten Posterität[29] überlassen.

Wann man noch keine neuere deutsche Uebersetzung nach Luthero hätte, so möchte man eher sagen, man solle bey Luthero allein bleiben: nun aber der neueren so viel sind, so ist eben dis ein Vortheil für Lutheri Version. Es kan dabey ein Freund und Feind ruhig seyn: dieser, weil so viele Uebersetzungen Luthero desto weniger Abbruch thun, und einander immer selbsten[30] hindern und aufreiben: Jener, weil sie eben den Nutzen bringen, welchen vorlängst *Augustinus*[31] der Vergleichung der vielen Lateinischen, theils genauern, theils freyern Uebersetzungen zugeschrieben hat. Es kan auch die letzte unter ihnen mit Luthero in keine Vergleichung kommen, noch für die Uebersetzung Lutheri gefährlich werden, so lang jene nur das neue und nicht auch das alte Testament betrifft, und dazu nicht ganz alleine gedruckt, sondern mit dazwischen laufenden Auslegungen begleitet wird. Es ist die deutsche Uebersetzung der H. Schrift durch Lutherum ein vortreffliches, heroisches Werk. Es hat solches insonderheit[32] *Muthmann* in seiner Vorrede zu der deutschen Original=Bibel ausführlich gezeiget.[33] Es ist ein leichtes das N.T. zu verdeutschen. Das alte Testament hatte die meiste Schwierigkeiten. Doch hat es nicht die Meinung, daß alle evangelische Deutschen an die Uebersetzung Lutheri allein gebunden

---

29 Nachkommenschaft.
30 Selbst.
31 *Augustinus*: De Doctrina Christiana 2, 12.17–18; 15.22.
32 Besonders.
33 Evangelische deutsche Original-Bibel. Das ist: Die gantze Heilige Schrift Altes und Neues Testaments dergestalt eingerichtet, daß der hebräische oder griechische Grundtext und die deutsche Übersetzung D. Martin Luthers neben einander erscheinen [...]. Nebst einer Vorrede Johann Muthmanns, Züllichau: Waysenhaus 1741.

wären. Manche Protestantische Nation ist ausser Deutschland, die entweder mehr als eine Uebersetzung hat oder ihre gewohnliche Uebersetzung von einer Zeit zur andern verbessert. *Vid.* Rumpaei *comm. ad libros N. T. in genere, p.* 344–443.[34] So kan man denn bey den Evangelischen in Deutschland neben Luthero auch andere deutsche Uebersetzungen gelten lassen; in dem man die *Vulgatam* zu Trient von allen Fehlern frey gesprochen hat, und wir hingegen am Luthero Fehler erkennen. Als Augustus Herzog zu Lüneburg[35] mit einer neuen deutschen Uebersetzung umging, mochte es für Lutheri Bibel bedenklich scheinen, weil dieselbe Uebersetzung 1) die ganze H. Schrift betraf, und 2) Von einem so grossen Fürsten unterstützet ward:[36] und von selbiger Zeit an hat der Eifer um Lutheri Bibel merklich zugenommen. Wo es aber solche Gefahr nicht hat, da haben auch diejenige, die um Lutheri Uebersetzung am meisten eifern, nicht alle andere Uebersetzungen, ohne Unterscheid verworfen, sondern solche bisweilen gut geheissen, oder auch Vorschläge gethan, wie man desfalls zu einer unanstössigen Besserung gelangen könnte. *Vid.* Theoph. a Ver. *Bel. p.* 28.103 ss.[37] Jn dieser Betrachtung möchte eine rechtmässige Uebersetzung, andere nicht wohl geratene abzutreiben, einen grossen Nutzen haben. Sie würde denn auch bey

---

34 *Justus Wesselius Rumpaeus*: Commentatio critica ad libros Novi Testamenti in genere, Leipzig: 1730 (²1757).
35 Herzog August d. J. von Wolfenbüttel (1579–1666). – Der Nürnberger Johannes Saubert d. J. (1638–1688) begann während seiner Anstellumg als Professor für orientalische Sprachen in Helmstedt (1660–1665) auf Anregung des Herzogs August eine sprachlich am Grundtext orientierte Übersetzung der Bibel ins Deutsche, die nur in Teilen gedruckt wurde. Zum Unternehmen und der zeitgenössischen Kritik siehe *Hermann Conring*: Epistola Gratulatoria, Helmstedt 1666.
36 Wurde.
37 *Theophilus a Veritate [i. e. Johann Friedrich Bertram]*: Nähere Beleuchtung Der Zinzendorffischen Uebersetzung Des Neuen Testamentes, Hildesheim 1741, S. 28. 103–107 (Anhang).

röm.[38] Catholischen, die nichts annehmen, was Lutheri Namen führet, nicht vergeblich seyen.

§ X.

Diß Orts lässet sich nicht die ganze Lehre von der rechten Manier zu übersetzen mit allen ihren Reguln ausführen: doch will ich deren etliche, die ich insonderheit zu beobachten für nöthig gehalten habe, anzeigen, und auf gehörige Weise erläutern.

1. Eine Uebersetzung muß sich auf einen genau revidirten Original=Text gründen.

Hier gibt es etwas, das vornehmlich zu eröffnen ist. Andere, z. E. *Reitz*,[39] *Triller*,[40] *Junkerroth*,[41] haben sich etwa an eine gewisse griechische Edition, deren sie gewohnt waren, gehalten, und sind daher in ihrem Text oft von Luthero, der in seiner Uebersetzung dem griechischen Druck Erasmi,[42] oder auch dessen lateinischer Version, und bisweilen dem *Vulgato* gefolget, abgegangen, da jener recht hatte, und haben es auch deswegen oft nicht so gut als Lutherus getroffen: aber um die Beschaffenheit ihrer griechischen Exemplarien selbsten, oder um die Entscheidung deren darinn befindlichen oft hochwichtigen varianten Lectionen[43] haben sie sich

---

38 Römisch.
39 S. Text 1.
40 Caspar Ernst Triller (1650–1717), zuletzt Konrektor in Schleswig. – Eine Mit dem Grund-Text genauer übereintreffende Ubersetzunge Des Neuen Testaments / Ausgefertiget Von Caspar Ernst Trillern, Amsterdam [eig. Halle/S.] 1703. – Siehe *Beate Köster*: »Mit tiefem Respekt, mit Furcht und Zittern«. Bibelübersetzungen im Pietismus. In: Pietismus und Neuzeit 24, 1998, S. 95–115, bes. 98f.
41 Johann Jacob Junckerrott (gest. um 1730). – Das Neue Testament Des HERREN Unsere JESU Christi, Eigentlich aus dem Griechischen Grund=Text gedollmetschet und in das Teutsche übersetzt, durch weyland Johann Jacob Junckherrott, Offenbach 1732. – Siehe *Köster*: Mit tiefem Respekt (wie Anm. 40), bes. S. 101f.
42 Erasmus von Rotterdam (1466/69–1536), Humanist.
43 Abweichende Lesarten.

wenig bekümmert. Bey einer genauen Uebersetzung hingegen ist das allererste und nöthigste, ein reiner griechischer Text. Gegenwärtige Uebersetzung beruhet, wie auch *Timothei Philadelphi*[44] Arbeit, auf einer sorgfältigen Revision des Grundtexts selbsten: und hiebey habe ich auf diejenige griechische Edition, die ich Anno 1734. mit Gottes Hülfe zu Stande gebracht,[45] gesehen; auch, wo mir bey einer und andern Stelle mittler Zeit[46] eine andere Lection[47] eingeleuchtet, diese vorgezogen, wobey gemeiniglich die sogenannte *Vulgata*, oder längstübliche lateinische Version, die ich gleichfalls mit vieler Arbeit reviditet, und ihr unvergleichliches Alterthum und Wichtigkeit *in Apparatu critico* dargethan habe,[48] mir das Wort redet. Sie ist ein unschätzbares Stück aus dem christlichen Alterthum: und wenn diese deutsche Uebersetzung irgend in eines Catholiken[49] Hände kommen solte, so wird er befinden, daß sie mit der *Vulgata*, wie sie den *Fontem*[50] oder griechischen Grund=Text ausdrücket, und theils mit dem heu-

---

44 Johann Kayser, Arzt in Stuttgart und dort 1710 Gründer einer philadelpischen Gemeinde, veröffentlichte unter dem Pseudonym Timotheus Philadelphus drei Evangelien: Das Neue Testament nach dem Sinn des Grund=Textes übersezt, durch Timotheum Philadelphum. I. Teil, 1733 (Siehe *Josef Urlinger*: Die geistes- und sprachgeschichtliche Bedeutung der Berleburger Bibel. Ein Beitrag zur Wirkungsgeschichte des Quietismus in Deutschland, Saarbrücken 1969, S. 253–263; vgl. *Hans-Jürgen Schrader*: »red=arten u[nd] worte behalten / die der Heil[ige] Geist gebrauchet.« Pietistische Bemühungen um die Bibelverdeutschung, in: ders.: Literatur und Sprache des Pietismus. Ausgwählte Studien, Göttingen 2019 (Arbeiten zur Geschichte des Pietismus, 63), S, 307-345, bes. 339f.
45 Ἡ ΚΑΙΝΗ ΔΙΑΘΗΚΗ Novum Testamentum Græcum, Tübingen: Georg Cotta 1734.
46 Mittlerweile.
47 Lesart.
48 Aufnahme der anderslautenden (lateinischen) Lesarten der Vulgata in seine Edition des griechischen Neuen Testamentes.
49 Katholiken.
50 Quelle.

tigen Text derselben, theils mit guten lateinischen Abschriften bei *Franc. Luca. Brugensi,*[51] *G. Estio*[52] und andern, und mit den Allegationen[53] bey den lateinischen *Patribus* selbsten übereinkomme, und man kein Mistrauen in deren Aufrichtigkeit zu setzen habe. Wann ein gelehrter Leser hier oder da weitere Rechenschaft fordern möchte, und auch an *Millii allegatis*[54] nicht genug hat, so wolle derselbe ermeldten *Apparatum* aufschlagen, wiewol manches auch erst in meinem *Gnomone*[55] nachgeholet wird. Jch versichere also den Leser überhaupt, daß ich nichts, weder grosses noch kleines, wiewol in den Worten des lebendigen Gottes nichts geringe ist, nach freyer Willkühr, ausgelassen, oder eingerücket, oder verwechselt habe, sondern allemal denenjenigen Exemplarien und Urkunden, die jeden Orts für die richtigsten zu achten waren, nach meinem besten Wissen und Gewissen gefolget sey. Diß bezeuge ich in der Furcht Gottes, der mich richten wird. Jetztgedachte Revision des Grundtexts scheinet anfangs nicht gar viel auf sich zu haben; aber je weiter man in die Bücher des N.T. hineinkommt, je mehr Wichtigkeit ergibt sich, sonderlich in Johannis Schriften.[56]

2. *Eine Uebersetzung muß dem Leser in seiner Seelen* und deren innersten Kräften *eben den Eindruck*, in der Hauptsache, und, so viel möglich, in allen, auch

---

51 Franciscus Lucas Brugensis oder François Luc de Bruges (1548/9–1619), römisch-katholischer Bibelexeget.
52 Guillelmo Estio (1542–1613), römisch-katholischer Theologe.
53 Anspielungen, Anführungen.
54 John Mill (ca. 1645–1707) gab 1707 in Oxford ein griechisches Neues Testament mit einer starken Erweiterung der Lesarten heraus.
55 *Johann Albrecht Bengel*: GNOMON NOVI TESTAMENTI *IN QVO* EX NATIVA VERBORVM VI SIMPLICITAS, PROFVNDITAS, CONCINNITAS, SALVBRITAS SENSVVM COELESTIVM INDICATVR, Tübingen 1742.
56 In den Schriften des Johannes.

kleinsten, Nebensachen *geben, als*[57] *das Original* selbst, es mag wichtige Puncten, den Glauben, die Liebe, die Hoffnung, oder Historien und deren Umstände, oder die allerzärteste Gemüthsregungen und dergleichen betreffen. Jn Summa, sie muß seyn wie ein vollkommenes *Contrefait*:[58] die einige wesentliche Eigenschaft einer Uebersetzung, ist die *Aehnlichkeit* mit dem Original. Man muss nichts dazu setzen, nichts zurücksetzen, nichts anders setzen, sondern *übersetzen*.

Hiezu gehört zuvorderst *Proprietas*, die eigentliche Kraft der Worte, die das Original dem Uebersetzer in den Mund legt. Auf solche zu sehen ist der Vortrefflichkeit der Schreib= und Redensart in dem N. T. gemäß. Wegen des *Stili*[59] in dem N. T. ist ein weitläuftiger Streit unter den Gelehrten, in der That aber hält man sich nur zu viel dabey auf. Wann ein ungläubiger Grieche das Hebräisch=Griechische im N. T. gelesen hat, so konnte er es gegen seine angeborne pur=griechische Mundart von *Barbarismis*[60] und *Soloecismis*[61] nicht frey sprechen: wer es aber für Gottes Wort erkennet, der soll sich unbescheidener Gedanken und Reden enthalten, in Betrachtung, daß, so viel der Himmel höher ist, als die Erde, so viel ist Gottes Sprache, und bey aller Condescendenz[62] in Ansehung ihrer Werkzeuge, bleibt sie, höher als der Menschen Sprachkünsten. Bisweilen finden die Redensarten des N. T. auch in solchen Fällen, wo man sichs nicht versahe, endlich durch den Fleiß deren, die alles durchsehen, ihres gleichen in heidnischen Schriften, welches nicht gar zu verachten

---

57 Wie.
58 Abbild.
59 Stils.
60 Sprachliche Verrohung.
61 Grammatikalische Fehler.
62 Herabneigende Anpassung.

ist: aber doch sind solche Redensarten bey den Heiden dünne gesäet, und hingegen in dem N. T. was gemeines, und müssen also diese vielmehr durch eine Vergleichung ihrer selbsten untereinander, und mit dem Hebräischen A. T. samt dessen bey den Hebräern in griechischen Landen sehr bekannt gewessten griechischer Uebersetzung, erörtert werden. Was nun einzele Wörter betrifft, da haben die Apostel keine grosse Wahl gehabt, ob sie γλωσσοκομεῖον oder γλωσσόκομον, ἀνάκειμαι oder κατάκειμαι, ἐπέκεινα oder ὑπερέκεινα sagten, und daher kommt so vieles, welches denen *Atticistis*[63] nicht gefället, in dem N. T. vor, weil es nemlich dem Verstand nichts benommen, ja bey gemeinen Leuten demselben vielmehr förderlich war. Aber wo der Unterscheid des Ausdrucks den Verstand selbsten angehet, da ist ihre Accuratesse,[64] weil sie nach Göttlicher Absicht einen deutlichen Ton geben mussten, ganz unvergleichlich, und kommt keine philosophische oder politische Schärfe diesen heiligen Jdioten[65] bey. Also darf ein Uebersetzer des N. T. gar nicht *quid pro quo* vertiren,[66] sondern er muß bey ermeldeer Proprietät[67] bleiben, dieselbe aber nicht nur im Griechischen, sondern auch im Deutschen beobachten. Denn obschon zum Exempel weder im Griechischen, σῶμα, κοιλία, γαστὴρ, noch im Deutschen, Leib, Bauch, [etc]. einerley ist, so muß man doch ein jedes von diesen griechischen Wörtern bald so, bald so verdeutschen. 1 Cor. VI.13. Tit 1. 12. Joh. III. 4. VII. 38.[68] Zwar aus der Ursache, weil die Apostel nicht so Atheniensisch geschrieben haben, wird man es auch mir zu

---

63 Vertreter des klassischen Griechisch.
64 Genauigkeit.
65 Laien.
66 Etwas durch etwas anderes ersetzen.
67 Eigenart.
68 1Kor 6,13; Tit 1,12; Joh 3,4; 7,38.

gut halten, wann ich mich etlicher Worte bediene, die in meinem Vaterlande üblich sind, zumalen es noch nicht so gar ausgemacht ist, in was Stücken ein deutscher *Dialectus* dem andern vor= oder nachgehe. Aber wo es den Verstand selbsten gilt, da habe ich ermeldte Proprietät sorgfältig in acht genommen, welche denn theils bei den *Thematibus*,[69] theils bei den *Terminationibus*[70] waltet. Also heisst ἁγιότης, *Heiligkeit*, nicht *Heiligung*; ἀγωγὴ, *die Aufführung*, von ἄγω, ich führe: ἀδελφότης, *Brüderschaft*: ἅπαξ, *einmal*; ἐφάπαξ, *auf einmal*: ἐρίφιον, *diminutive*[71] ein *Böcklein*: Matth. XXV. 33.[72] ἀποκαλύπτειν, *entdecken*; φανεροῦν, *offenbaren*: ἐκλεκτὸς *auserwählet*; und also ἐκλογὴ *die Auswahl*: ein militarisches Wort, aber die Sache selbst auszudrücken dienlich: Θεότης, *Gottheit*; hingegen Θειότης, *Göttlichkeit*: Θλίψις, *Drangsal*, von Θλίβειν, *drängen*: Κύριος ὁ Θεός σου, *der HERR dein* Gott: παῖς (*unde*[73] παιδίον) ein *Knabe*, Luc. II. 43.[74] παρακαλεῖν, *zusprechen*: πελεκίζειν, *mit dem Beil hinrichten*: ποτήριον, *Becher*; denn *Kelch*, ist *calix*, κύλιξ. ῥάβδος, *Stab*: σφάτλειν, *schlachten*, Offenb. V. 6.[75] τεχνίτης, *Künstler*. [etc].

Nur muß diese *Proprietas* bisweilen nach dem Hebräischen beurtheilet werden: auf welche Weise βίβλος γενέσεως so viel heisst als ספר תולדת eine *Genealogie*: ἑτοιμασία, מכונה *fester Stand*: κεφαλὶς βιβλίου, מגלת ספר *eine Schrift*; τροποφορεῖν, נשא *tragen*, wie man ein Kindlein auf den Armen trägt. [etc]. Gleicherweise wären die hebräische Namen, welche bei den 70 Dolmet-

---

69 Inhalten.
70 Abgrenzung anderen Wörtern gegenüber.
71 Verkleinernd.
72 Mt 25,33.
73 Von daher.
74 Lk 2,43.
75 Apk 5,6.

schern[76] und im N.T. selbst nach der griechischen Mundart gelenket worden, durchgehends wieder auf ihren Ursprung zu führen, wann es nicht fremd heraus käme, *Jitzehak* für *Jsaac, Mariam* (Maria) *sprach* [etc].

So ist es auch keine Verletzung der Proprietät, wann man die Alterthümer mit dem, was zu unsern Zeiten üblich und bekannt ist, ausdrücket, ob[77] es schon keine vollkommene Gleichheit giebt. Zum Exempel: ἀνάκειμαι, ἀνακλίνομαι, ἀναπίπτω κ.τ.λ.[78] heisst eigentlich, *ich lege mich hin, zu essen*, denn so machtens die Alten, dahingegen wir uns *zu Tische setzen*, weswegen ich die letztere Redensart mit Luthero behalte. Jn der That ist beederley Postur nicht weit unterschieden. Ἀσκὸς ist ein *Schlauch*, nicht nur ein solcher, dadurch man den Wein in das Faß laufen lässet, sondern auch ein Sack von Leder oder Fellen, worinn man den Wein und anders Getränke führet und aufhebet: wie man denn auch an einem Bette dasjenige einen *Schlauch* heisset, was man mit Federn füllet, und mit einer Ziechen[79] überdecket.

Δηνάριον, *denarius*, hält zehen *asses*, ἀσσάρια oder *Kreutzer*, und heisst nicht unbequem ein *Zehner*. κοδράντης, *quadrans*, ist der vierte Theil eines Kreutzers, ein *Pfennig*; λεπτὸν, die Hälfte eines Pfennigs, ein *Heller*. Δραχμὴ, eben so viel als ein *denarius*, daher δίδραχμον, ein *Kopfstück*; σατὴρ, noch so viel. μνᾶ, *mina*, ein *Mark*.

Wegen des Worts μετάνοια trägt man Bedenkens. Nach der griechischen Etymologie heisst es eine *Aenderung des Sinnes*: aber das griechische Wort wird für das hebräische *Nicham* gesetzt, welches eine Reue und viel-

---

76 Die Übersetzer der sogenannten Septuaginta, der antiken griechischen Übersetzung des Alten Testamentes; siehe Text 3 Anm. 136.
77 Obwohl.
78 Und das übrige, und so weiter (καὶ τὰ λοιπά).
79 Bezug, Überzug.

mehr eine Aenderung an dem *Willen* als an dem *Sinne* bedeutet; und also gienge dieses vor. Jndessen ist das kurze, runde Wörtlein *Busse* eben das. Man wendet ein: *Busse* sey so viel als *Strafe*. Antwort: Will man so weit gehen, so soll man noch weiter gehen. Auch *strafen* heisst eigentlich *überzeugen*. 1 Mos. XX. 16. Joh. XVI. 8.[80] Denn darum straft man den Uebertreter, damit er in sich gehen, und seiner Verschuldung überzeuget werden möge. Wann nun eine Seele ihrer Abweichung halben überzeuget wird und sich überzeugen lässet, so ist eben das die *reumüthige Sinnesänderung*, wobey sie auch gewiß die Sünde richtet, rächet und *strafet*. Ferner heisset *büssen* eigentlich *ergänzen*, *erfüllen*, als *Lücken büssen*, *Lust büssen* Neh. IV. 7. Ps. LXXVIII. 30.[81] (daher auch die Strafe, *Busse* heisst, weil ein Gesetzgeber sich dadurch an einem Uebertreter erholet, damit der Abgang des Gehorsams erstattet werde:) und durch die *reumüthige Sinnesänderung* werden die *Lücken*, Brüche, und Risse des Herzens, wie auch die neue *Lust* und Begierde nach dem Heil *gebüsset*, ergänzet und erfüllet. Lasse nur jemand das, was das Wort *Busse* erfordert, an sich finden, wird er gewiß *reumüthig* und *eines andern Sinnes* seyn. Jch will es niemanden verargen, der μετάνοια verdeutschet *Sinnesänderung*, sondern gebe nur die Ursachen, warum ich meines Orts das Wort *Busse* behalte. Selbst diejenige, die vor Alters,[82] für μετάνοια, *Busse* setzten, haben keine *Strafe* gemeinet, sonsten hätten sie nicht die *poenitentiam* (welche sie in *Contritionem, Confessionem, et Satisfactionem* eintheilten,)[83] sondern nur die *Satisfactionem* so verdeutschet: und heut zu Tag

---

80 Gen 20,16 (יבח); Joh 16,8; vgl. DWb 19, Sp. 701–730, bes. 712–716.
81 Neh 4,7; Ps 78,30.
82 Seit langem.
83 Reue, Beichte, Genugtuung als die drei Teile des mittelalterlichen Bußsakraments und Bedingung der Absolution.

ist man des Worts *Busse* so gewohnet, daß ein jeder, dem das Wort, *Sinnesänderung*, eine Rührung geben mag, von dem Wort *Busse* eben so oder noch mehr, beweget wird.

3. Eine Uebersetzung darf *nicht dunkler*, aber auch *nicht deutlicher*; *nicht schwächer*, aber auch *nicht heftiger*; *nicht härter*, aber auch *nicht zierlicher* seyn, als das Original.

Sonst wird entweder dem göttlichen Sinn eines Apostels etwas benommen, oder durch den menschlichen Sinn des Uebersetzers wird etwas hinzugetan. Dieses ist noch misslicher, als jenes. Jn allen Dingen ist besser, *was wenigers, und lauter*.

Zum Exempel: Röm. I. 17. Gal. III. 11. Hebr. X. 38.[84] heisset es: *Es wird der Gerechte aus Glauben leben*. Jm Griechischen lässet sich dieses, *aus Glauben*, mit dem Vorhergehenden, oder mit dem Nachfolgenden zusammenhängen, daß *die Gerechtigkeit aus dem Glauben*, oder *das Leben aus dem Glauben* zu verstehen ist: und was nun in dem Original so zweydeutig ist, das soll ein getreuer Uebersetzer mit Fleiß auch zweydeutig verdeutschen, und denen Lesern nicht vorgreifen, sondern die Wahl frey lassen, wiewol er hernach auch seine eigentliche Meinung durch Anmerkungen an den Tag legen, und, bey diesem Spruch, die *Gerechtigkeit aus dem Glauben*, Röm. III. 22.[85] auch durch die *Accentuation* Hab. II. 4.[86] darthun kan.

Matth. VI. 13.[87] heisst es: *Erlöse uns von dem Argen*, oder *von dem Bösen*: da denn *der Arge, der Böse*, nemlich der Satan, oder *das Arge, das Böse*, verstanden werden

---

84 Röm 1,17; Gal 3,11; Hebr 10,38.
85 Röm 3,22.
86 Hab 2,4.
87 Mt 6,13.

kan, eben wie es in dem Griechischen ein *Masculinum* oder *Neutrum* seyn kan, τοῦ πονηροῦ. Jn den Anmerkungen wird das Masculinum vorgezogen.

Joh. I. 9.[88] schicket sich das Wort *kommend* (ἐρχόμενον) auf das *Licht* oder auf den *Menschen*. Die Uebersetzung überlässet also dem Leser mit aller Bescheidenheit die Decision.[89]

4. Eine Uebersetzung muß bey uns *nicht undeutsch*, sie darf aber auch *nicht gar zu deutsch* seyn.

Wie der hebräischen Redensart die griechische Uebersetzung des A. T. und jenen beeden die griechische Redensart im N. T. folgt: also muß ein Uebersetzer allen dreyen folgen. Jn der Uebersetzung Lutheri sind viele Hebräisch=Griechische Redensarten, die uns wegen langwieriger Gewohnheit nicht mehr befremden: und diese sollen wir nicht ändern, sondern uns vielmehr auch an die Uebrigen gewöhnen. Der himmlische Griffel hat sich im Griechischen selbst nicht an die zärtliche Aussprache derselbigen Nation gebunden, sondern eine eigene dem himmlischen Sinn in *allen* Sprachen geziemende Rede mit sich geführt: und wir sollen eine solche Mässigung treffen, daß wir uns an die majestätische Einfalt des heiligen Originals gewöhnen, und dieses nicht nach unserer weltlichen Sprachweise, es koste was es wolle, beugen. Ein gewissenhafter Uebersetzer machet es nicht eben so, wie er gleichwol siehet, daß es einem delicaten Deutschen als licht und leicht am meisten gefiele, sondern so wie er sich in seinem Gewissen vorstellen kan, daß zum Exempel Paulus, wann er auf der Welt wäre, es sich bey einer Revision sothaner[90] Uebersetzung würde gefallen lassen. Es ist

---

88 Joh 1,9.
89 Die Entscheidung.
90 So beschaffen (DWb 16, Sp. 1817).

eine Art einer schuldigen Verläugnung, sich wissentlich eines gar zu schönen, floriden,[91] und, in Summa, menschlichen Ausdrucks zu enthalten.

5. Eine Uebersetzung soll *lauter*, und mit andern Sprachen auf das sparsamste vermenget seyn.

Eine deutsche Uebersetzung soll ein deutscher Leser verstehen können: doch gibt es solche Fälle, da man einer andern Sprache nicht gar entrathen[92] kan. Jm griechischen N. T. selbst gibt es viel hebräische und lateinische Wörter und Formuln, und diese werden oft billig auch im Deutschen so gelassen: als, *Amen*, (dann wann man es im Beschluß eines Gebets oder einer Rede behält, warum soll man es nicht eben so wol im Anfang der Rede behalten?) *Bar*, ein Sohn; *Katigor*, ein Verkläger, Offenb. XII. 10.[93] *Maranatha*, der HErr kommt: *Pascha*, Osterfest, Osterlamm: *Rabbi*, Meister. Ferner wann ein lateinisches Wort sehr bekannt und sehr bequem, und kein deutsches von gleichem Gewicht da ist, habe ich mich auch dessen bedienet, als, *Jdiot, Disputator, General, Nation, Spectacul,* (*Schauspiel* hätte sich Luk. XXIII. 48.[94] nicht geschicket:) *Talent.* Das griechische Wort evangelisiren war an etlichen Orten sehr bequem, als Ap. Gesch. VIII. 4. Off. X. 7.[95] Da nun das Wort *Evangelium, Evangelist*, so üblich ist, so wird man auch das unter einer gleichfalls bekannten Termination schon von andern formirte *Verbum,*[96] *evangelisiren*, mitlaufen lassen. Wo das Wort *Christus* als ein *appellativum*[97] stehet, und wo es also heisset, *Jesus ist*

---

91 Blühenden.
92 Entbehren (DWb 3, Sp. 580 f.).
93 Apk 12,10.
94 Lk 23,48.
95 Apg 8,4; Apk 10,7.
96 Das von anderen gebildete Verb.
97 Gattungsbegriff.

der Christ, oder, *der Christ Gottes*, da habe dafür gesetzet, *der Gesalbte*; als bisweilen in den Schriften Johannis und Lucae, wie auch bey Matthäo und Marco. Sonsten aber habe ich es, als ein *nomen proprium*,[98] Griechisch gesetzet.

6. Wo an einer einigen Stelle ein einiges[99] Wort, oder solche Worte, die einerley Stammwort haben, im Original öfters wiederholet werden, und zwar so, daß die Wiederholung sich auf das Vorhergehende, auch nach einer guten Weile, beziehet, so muß die Uebersetzung, so viel müglich, auch mit *einerley* Wort bestritten werden. Hingegen wo in dem Original unterschiedene Worte sind, da soll die Uebersetzung auch *unterschiedene* Worte führen.

Röm. I. 28. 32. XII. 2[100] beziehen sich die Worte, οὐκ ἐδοκίμασαν, ἀδόκιμον, συνευδοκοῦσι, δοκιμάζειν, aufeinander, und da habe ich es, so gut ich vermochte, auch mit gleichen deutschen Worten gegeben. Das lautet zwar etwas gezwungen: aber der Abgang der Zierlichkeit wird durch die Kraft der im Grundtext nicht ungefähr sich reimenden Worte erstattet. Und wer auf die Sache selbsten siehet, wird sich nicht stossen, sondern vielmehr, wann er dieser Weise gewohnet, viel Anmuth finden.

Wiederum Röm. VII. 8. 13. 15. ff.[101] stehen die Verba κατεργάζομαι, πράσσω, ποιῶ, item[102] ἀγαθὸς, καλὸς, oft nach einander. Da habe ich nun bey dieser Stelle das erste übersetzet, *wirken*; das zweyte, *begehen*; das dritte, *thun*; ferner das vierte, *gut*; das fünfte, *fein*.

---

98 Eigenname
99 Einzelnes.
100 Röm 1,28.32; 12,2.
101 Röm 7,8.13.15–20.
102 Ebenso.

Ob die Wiederholung, oder hingegen die Variation eines Worts, jeden Ortes etwas, und wie vieles sie auf sich habe, lässet sich nicht leicht bestimmen: aber doch ist das sicherste, daß man bey dem Original bleibe. Gar zu streng sind diejenige, die durch das ganze Neue Testament ein jedes griechisches Wort mit einem einigen deutschen gegeben wissen wollen:[103] wir aber reden nur von solchen Stellen, die sich in einem gewissen Buch oder Capitel auf einander beziehen, und sehen im übrigen auf oben gerühmte Proprietät der Worte, auf welcher manchmalen folgende Differentien beruhen:

ἀγαλλιᾶσθαι, frolocken; χαίρειν, sich freuen, Luc. X. 20.21.[104]

ᾅδης, Hölle: γέεννα, heisse Hölle.

ἄνεμος, Wind: πνεῦμα, Geist, Joh III. 8 VI. 18.[105]

ἀπώλεια, Verderben: κατάκριμα Verdammniß.

ἀφιέναι, nachlassen: χαρίζεθαι, vergeben, schenken.

βασιλεύειν, regieren: κυριεύειν, herrschen.

βόθυνος, Grube: σπήλαιον, Höle: φωλεὸς, Loch.

γενεὰ, Geschlecht: φυλὴ, Stamm.

δόμα, Gabe: δωρεὰ, Geschenke.

ἐθνικοὶ, Heiden: ἔθνος, Nation: λαὸς, Volk:

ὄχλος, Haufe: πλῆθος, Menge.

ἔρις, Streit: ἐριθέια, Trotz. 2 Cor XII. 20.[106]

ἔρχομαι, ich komme: ἥκω, ich bin gekommen, ich bin da.

καιρὸς, Zeit: χρόνος, Frist. Off. VI. XII.[107] [etc].

κακία, Untugend: πονηρία, Bosheit.

κόλπος, Schoos: ζῆθος, Brust. Joh. XIII. 23.25.[108]

λῃστὴς, Räuber: φονεὺς, Mörder.

---

103 Siehe in dieser Ausgabe Reitz (Text 1).
104 Lk 10,20f.
105 Joh 3,8; 6,18.
106 2Kor 12,20.
107 Apk 6,11; 12,12.
108 Joh 13,23.25.

λούειν, baden: νίπτειν, waschen. Joh. XIII. 10.[109]
λύχνος, Kerze, Leuchte: φῶς, Licht.
νεκρὸς, todt; τεθνηκὼς, verstorben.
νέος, neu, jung: πρόσφατος, frisch.
νήπιος, τέκνον, Kind; υἱὸς, Sohn. Gal. IV. 1. 6.[110] [etc].
πονηρότερος, ärger; χείρων, schlimmer.
τηρεῖν, behalten: φυλάσσειν behüten. Joh XVII. 12.[111]
So habe ich Joh. XXI. 15. ff[112] ἀγαπᾶν zweymal übersetzet, *lieben*, und fünfmal, φιλεῖν, *lieb haben*; desgleichen βόσκειν, *weiden*; ποιμαίνειν, *hüten*: nicht, als ob ich im Griechischen und im Deutschen einen merklichen und gleichen Unterscheid sähe, sondern nur anzuzeigen, daß im Grundtext zweyerley Worte stünden. Das Wort φιλαδελφία habe ich gegeben *Bruderliebe*, wie es denn erkläret wird 1 Thess. IV. 9. 1 Pet. II. 17.[113] aber an zwo Stellen habe ich, zum Unterscheid von der *Liebe*, überhaupt, gesetzet *brüderliche Huld*, Röm. XII. 9. 10. 2 Petr. I. 7.[114] wie *Gotthold* und *Gottlieb*, *Christhold* und *Christlieb* einerley ist. Einen grössern Unterschied hat αἰτῶ, *ich bitte*: ἐρωτῶ, *ich ersuche*: Joh. XIV. 13. 16.[115] Denn jenes Wort hat der Sohn Gottes, wann er von sich redet, niemalen; wohl aber dieses, als ein würdigers, gebraucht.

Wo die Griechen sehr unterschiedene Worte haben, und wir Deutschen nicht, da müssen wir uns behelfen, so gut es seyn kan. Zum Exempel, das Wort, *Teufel*, heisst eigentlich διάβολος, und bedeutet jenen argen Feind Gottes und alles Guten: es ist aber auch von Alters her üblich für das Wort δαίμων oder δαιμόνιον, welches überhaupt einen oder mehrere Geister, in zer-

---

109 Joh 13,10.
110 Gal 4,6.28.
111 Joh 17,12.
112 Joh 21,15–17.
113 1Thess 4,9; 1Petr 2,17.
114 Röm 12,9f.; 2Petr 1,7.
115 Joh 14,13.16.

schiedenen Stufen der Bosheit, bedeutet. Wenn nun die Rede von vielen solchen Geistern ist, so gibt es keinen Misverstand: wo aber ein einiger,[116] von dem Teufel unterschiedener Geist, beschrieben wird, da muß man der Confusion vorbiegen,[117] so viel man kan. Marc. VII. 26.[118] Mit dem einigen Wort, *Thier*, werden zwey Griechische ausgedrücket, zwischen denen gar ein grosser Unterschied ist. Off. IV. XIII.[119] [etc]. Denn die vier *Zoa* (eben diß Wort fängt man an deutsch zu gebrauchen,) sind in dem Himmel, und nahe bey dem Thron: aber die zwey θηρία, *Thiere*, mit den zehen und mit den zwey Hörnern, sind gar greulich. Σῶον möchte man geben, *Lebbild*, wie man sagt *Mannsbild*, *Weibsbild*. Jch zweifle aber ob es Eingang finden würde. Der Leser wolle sich selbsten bey diesen wichtigen Benennungen an jedem Ort des jetzt angezeigten Unterscheides erinnern.

7. Eine Uebersetzung muß der Rede keine andere *Emphasin*[120] oder *Nachdruck* geben, als in dem Original ist; hingegen aber auch wahre *Emphases*[121] nicht unterschlagen.

Diß ist schon in der dritten Regul,[122] wie die dritte in der zweyten begriffen. Unrichtige *Emphases*[123] trifft man hin und wieder bey Uebersetzern und Auslegern an. Denn man übertreibt es, zum Exempel, wann man die *Praepositiones* ἐξ, ἐν, ἐις, immer so scharf nimmt, nach der Weise der so genannten *Syllabicorum*:[124] wann

---

116 Einziger.
117 Vorbeugen (DWb 26, Sp. 907f.).
118 Mk 7,26.
119 Apk 4,6–8; 13,1–18.
120 Emphase, Hervorhebung von Wörtern im Satz.
121 Emphasen.
122 Regel.
123 Emphasen.
124 Syllabisten, Sprachtheoretiker, die die Vorsilben als Bedeutungsträger verstehen.

man ὑπὸ in den *Compositis*[125] ὑπεναντίος, ὑποδείκνυμι (die bey den LXX *Int[erpretantes]*[126] eben das, was ihre *simplicia*, bedeuten,) desgleichen ἐν in ἐνδυναμόω, ἐνεργέω, gar sehr urgirt,[127] da diese Worte an sich selbst kräftig genug sind: wann man ἐπιόυσιος gibt *überwesentlich*, da es doch nicht ἐπόυσιος heisset, sondern von ἐπιοῦσα herkommt: wann man die Nomina βιβλίον, θηρίον, παιδάριον, χρυσίον, immer nicht nur in *forma*,[128] sondern auch *in sensu* für *diminutiva*[129] ausgibt: wann man den *Subjunctivum*[130] bey dem οὐ μὴ (welches doch ganz ordinaire[131] ist) durch das Wort *sollen* schmücket: wann man das ἐκβάλλω Matth. IX. 38.[132] wider alle Art des Neuen Testaments auf solche *zwingende Gewalt* deutet, als ob von der Austreibung eines bösen Geistes die Rede wäre: wann man mehr auf die Etymologie, als auf den manchmal andere Wege nehmenden *Vsum*[133] und Gebrauch der Wörter siehet, dergleichen sind ἀσωτία, μαθητὴς, παράκλητος, πεισμονὴ, σπερμολόγος, σπιλὰς, τετραχηλισμένος, ὑπομονή.

Insonderheit gehöret das unter die gezwungene *Emphases*,[134] wenn man das *verbum* γίνομαι, wo eine *Präposition* genau damit verknüpfet ist, von derselben trennet. Also ist 1 Tim. II. 14.[135] ἐν παραβάσει γέγονε, gar nicht die Meinung, als ob das Weib in der Uebertretung erschaffen wäre, sondern es heisst *coepit esse in trans-*

---

125 Kompositionen.
126 Übersetzer der Septuaginta.
127 Übermäßig betont.
128 Der Form nach.
129 Dem Sinn nach für Verkleinerungsformen.
130 Konjunktiv.
131 Gewöhnlich.
132 Mt 9,38 (hier: aussenden).
133 Gebrauch.
134 Emphasen.
135 1Tim 2,14.

gressione, sie ist in die Uebertretung gerathen. Siehe eben diese Redensart Joh. I. 15. VI. 25.[136]

Dergleichen gesuchte Deutungen habe ich sorgfältig geflohen, und man wird es mir für keine rohe Gleichgültigkeit aufnehmen, wohl aber als ein Zeugniß annehmen können, daß ich nicht eben überall lauter *Emphases*[137] zu erzwingen begehre. Man bedarf keiner Lüge dazu, daß man Gottes Wort, in grossen und kleinen Dingen, ziere; und wann man solche Leute, die in diesem Stück eine indiscrete Andacht, oder keine genugsame Erfahrung in der Grundsprache haben, freundlich zurück hält, so gewinnen die ächte und warhafte *Emphases*, deren es genug gibt, einen desto bessern Credit und desto hellern Schein. Von diesen aber ist nicht noth, besonder zu handeln. Denn sie ergiessen sich aus dem Grundtext von selbsten in die Uebersetzung, wann diese sich nach beeden vorbemeldten,[138] und auch nach denen nun folgenden Reguln richtet.

8. Die Uebersetzung muß bey der *Ordnung der Worte* bleiben, so viel es die Muttersprache verträget.

Joh. XIII. 15.[139] heißt es nach dem Griechischen: *daß, wie Jch euch gethan habe, auch Jhr thuet*. Da geht das *Thun des HErrn* vor dem *Thun der Jünger* her. Bey dergleichen und vielen andern Dingen ist die Ordnung der Worte sehr natürlich und bedächtlich. Man erwege insonderheit das XVII Capitel Johannis.[140] Es gibt viel gewohnliche Redensarten, als *Himmel und Erden, Mutter und Brüder, Hände und Füsse, Fleisch und Blut* [etc]. und bey solcher Ordnung der Worte lässet sich keine besondere Bedeutung suchen. Aber wo die Ord-

---

136 Joh 1,15; 6,25.
137 Emphase.
138 Vorher erwähnten.
139 Joh 13,15.
140 Joh 17.

nung wider die Gewohnheit umgewendet wird, daß es heisset: *die Erde und der Himmel, die Brüder und die Mutter, Füsse und Hände, Blut und Fleisch,* da hat es etwas auf sich. Solcher gestalten ist es gemein, daß es heisset *Jesus Christus*, weil *Jesus* der Name, und *Christus* der Zuname ist; und da lässet sich aus dieser natürlichen Ordnung der Worte nichts weiters machen: aber wann es hingegen bisweilen heisset *Christus Jesus*, so wird damit auf die Verheissungen von dem Messia oder Christo, und auf den Glauben der Alten gesehen.

Bisweilen wird an einer einigen Stelle die Ordnung der Worte bedächtlich[141] verwechselt:

Luc. XI. 36.[142] stehet: *ganz und gar helle*, und, *helle ganz und gar*, da denn in dem ersten Satz das Wort *ganz und gar*, und in dem zweyten Satz das Wort *helle*, vorstehet,[143] und das vorstehende Wort in beeden Sätzen mit einem Accent[144] in der Aussprache erhöhet werden muß, weilen[145] in dem ersten Satz das *ganz und gar* dem finstern *Theil* entgegen gesetzet, und in dem zweyten das *helle* eigentlich betrachtet wird.

Also spricht der Heiland, Joh. XIV. 1.[146] zu seinen Jüngern: *Glaubet an Gott, und an mich glaubet.* Jn dem ersten Satz stehet das Wort, *glaubet*, und in dem zweyten das Wort, *mich*, voran. Zu dem alttestamentischen Glauben an Gott, solte nun auch der neutestamentische[147] Glaube an Jesum Christum bey den Jüngern in voller Masse[148] kommen.

---

141 Mit Bedacht.
142 Lk 11,36.
143 Voransteht.
144 Betonung.
145 Weil.
146 Joh 14,1.
147 Neutestamentliche.
148 In vollem Maß.

Eben daselbst, v. 2.3.[149] heisset es: *eine Stätte euch*, und so dann, *euch eine Stätte*. Erstlich gehet die *Stätte*, hernach das *euch* in der Ordnung der Worte mit einem Nachdruck und in der Aussprache mit einem Accent voran. Nach weltlicher Weise möchte man sagen: das Schloß ist schon gebauet, nun muß es vollends meublirt werden, damit ihr es beziehen könnet.

Beyläufig machen wir bey diesen Stellen, da des Accents gedacht worden, diese Anmerkung, wie viel dazu gehöre, wann einer auch nur ein Capitel oder einen Text aus der Bibel in öffentlicher Gemeine recht verlesen[150] soll.

Was von der wahren *Emphasi*,[151] und insonderheit von der Ordnung der Worte, hier gemeldet worden ist, möchte mancher als eine unnütze und weitgesuchte Subtilität verlachen und vernichten. Aber ich schäme mich nicht: ich bin auch nicht der erste, der es auf die Bahn bringt. Viel weise Leute, vornemlich unter den Alten, haben es erkannt, und es beruhet nicht auf einer und anderer Stelle allein, sondern es gründet sich auf die Natur der menschlichen Rede selbst, und daher lässet es sich in einer beständigen Analogie durch das ganze N. T. deduciren,[152] so daß man nur über die Ordnung der Worte einen ziemlichen *Commentarium*[153] machen könnte. Wird doch in dem *Stilo curiae*[154] manchmal so genau auf den Rang der Worte gesehen, daß die natürliche *Construction* zurücke gesetzet wird. Es ist zum wenigsten sicher, daß man bey der Ordnung der Worte in der Uebersetzung bleibe: hernach hat ein

---

149 Joh 14,2f.
150 Laut vorlesen (DWb 25, Sp. 777f.).
151 Nachdruck.
152 Ableiten.
153 Kommentar.
154 Kurialstil, Kanzleistil, förmlicher Stil.

Leser die Wahl, etwas in solcher Ordnung zu suchen, oder nicht. Auf diesen Punct wird wol das meiste ankommen, was dem Leser an meiner Uebersetzung fremde vorkommen möchte.

9. Eine Uebersetzung soll die *articulos,*[155] *pronomina,*[156] *particulas,*[157] *numeros,*[158] *tempora,*[159] *verba media,*[160] und anderes, bald mit einer verständigen *Freyheit*, bald auf das *genaueste*, auflegen.

Die Reden der Leute, die der Heiland und seine Apostel um und vor sich hatten, es mochten Freunde oder Feinde seyn, sind bei weitem nicht so erheblich, als das, was Gott, Christus, der Heilige Geist, ein Engel, Johannes der Täufer, ein Apostel, ein Prophet, ein Evangelist redet: und dabey ist auch in Ansehung des Jnnhalts bald weniger, bald mehr, an der Accuratesse[161] der Uebersetzung, oder hingegen an der Deutlichkeit derselben, gelegen.

Ob der *Articulus,* ὁ, ἡ, τὸ, *der, die, das*, wie auch *ein, eine*, gesetzet werde, oder nicht, solches ist oft nicht so gleichgültig, als mancher meinet. Man besehe die Stellen, da er vorkommt, Matth. I. 23. V. 35. VI. 6. VIII. 12. Marc. IV. 38. Joh I. 21. 34 X. 11.[162] und da er nicht vorkommt, Joh. V. 27. XIII. 2. XVIII. 15. 1 Joh. IV. 16. Off. XIII. 11. 18.[163] Also bin ich im Anfang Matthäi, Marci, der Offenbarung, und vieler Apostolischen Briefe, dem Griechischen, und zugleich unserer Weise gefolget, da es auf den Titelblättern der Bücher nicht heisset, zum Exempel: *diß ist die Kirchenpostille Lutheri*, sondern

---

155 Artikel.
156 Pronomen.
157 Partikel.
158 Numerus: Singular oder Plural.
159 Tempora.
160 Verben in der Medialform.
161 Genauigkeit.
162 Mt 1,23; 5,35; 6,6; 8,12; Mk 4,38; Joh 1,21.34; 10,11.
163 Joh 5,27; 13,2; 18,5; 1Joh 4,16; Apk 13,11.18.

nur, *Kirchenpostille* [etc]. desgleichen, *Eberhard, ein Herzog*; sondern *Eberhard, Herzog*. Eigentlich heisst ὁ υἱὸς τοῦ ἀνθρώπου *der Sohn des Menschen*, oder, wann man diese Benennung, die der Heiland bey den Evangelisten so häufig führet, kürzer geben solle, so ist es bequemer, *der Menschen=Sohn, dem Menschen=Sohn, den Menschen=Sohn*, als, *des Menschen Sohn*, damit der *Articulus*[164] dem Hauptwort, *Sohn*, zufallen, und das *compositum, Menschen=Sohn*, als ein einiges Wort geachtet werden möge.

Bey den Griechen stehen die *Verba* sehr oft ohne das *ich, du, er, wir, ihr, sie*, und wann sie diese *pronomina*[165] hinzutun, so hat es einen Nachdruck, welchen wir Deutschen nicht so anzeigen können, weil wir diese *pronomina* allezeit bey den *Verbis* haben. Jn der Aussprache kan man den Nachdruck mit dem Accent bemerken, und im Schreiben oder im Druck mit einem grossen Anfangsbuchstaben, womit wir auch das *numerale*,[166] *Ein, unus*, von dem *Articulo*[167] *ein*, [etc]. unterscheiden, und deßfalls den seligen Baron *von Canstein*[168] zum Vorgänger haben.

Mit den *Particulis*[169] καὶ, δὲ, fangen die Erzehlungen bey den Evangelisten, und bey Johanne auch mit οὖν, sehr oft an; und das καὶ, τὲ, macht oft ein *Polysyndeton*.[170] Die deutsche Sprache aber bedienet sich solcher Wörtlein nicht so häufig. So setzen die Griechen auch γὰρ, wo es *a propositione ad tractationem* gehet, Matth. I. 18. Luc. IX. 44. Röm. I. 18. 1 Thess V. 3.[171] Wir Deutschen

---

164 Artikel.
165 Fürwörter.
166 Zahlwort.
167 Artikel.
168 Siehe Text 4, S. 163f.
169 Partikel.
170 Häufung von Bindewörtern.
171 Übergang von der These zu ihrer Begründung: Mt 11,18; Lk 9,44; Röm 1,18; 1Thess 5,2.

lassen das *denn* in solchem Fall aussen, oder setzen *nemlich* dafür. Sonsten habe ich die *conjunctiones*[172] genau in Acht genommen. Denn sie heissen oft viel: wie bisweilen auch die *praepositiones*, welche ich nicht nach dem *Vocabulario*, sondern nach ihrer eigentlichen Kraft zu verdeutschen beflissen gewesen bin.

Die Griechen haben oft das πᾶς omnis, *in singulari Numero*, welches man im Deutschen nachmachet, so gut es seyn kan: wiederum setzen jene oft die *adjectiva neutra*, und die *substantiva in plurali*, da die Deutsche nur den *singularem*, aber mit gleichem Begriff, wie jene, haben. Also heisst ὄχλος, *der Haufen Leute*; ὄχλοι, *die Haufen*. Dieser *Pluralis* kommt bey den Evangelisten oft vor, bey der Menge Leute, die zu Jesu kamen. *Das Volk, in singulari*, bedeutet auf deutsch eben das. Die Griechen sagen οὐρανοὶ, *in plurali*, wie die Hebräer *in duali*; daher ἡ βασιλεία τῶν οὐρανῶν, *das Königreich deren Himmel*, oder *das Himmelreich*; sie sagen aber auch οὐρανὸς, wie die Lateiner. Lutherus hat den *pluralem* auch bisweilen nachgemacht: wir aber folgen dem Grundtext desfalls durchgängig, daher im Gebet des HErrn der *pluralis*[173] et *singularis*[174] beysammen sind. Matth. VI. 9.10.[175]

Bey den *Verbis*[176] ist das *tempus praeteritum*, wie auch die *aoristi*,[177] oft zu verstehen *inchoative*, von dem Anfang einer Sache, die Fortsetzung derselben nicht ausgeschlossen: ἐπίστευσα, *ich bin zum Glauben gekommen*, Röm. XIII.11.[178] ἠγάπηκα, *ich habe lieb gewonnen*,

---

172 Bindewörter.
173 Plural (in den Himmeln).
174 Singular (im Himmel).
175 Mt 6,9f.
176 Verben.
177 Griechische Vergangenheitsformen.
178 Röm 13,11.

2 Tim. IV.8.[179] ἤλπικα, *ich habe meine Hoffnung gesetzet*, 1 Cor. XV.19.[180] ἕστηκα, *ich habe den Stand erlanget*, Röm. V.2.[181] [etc]. Bei den *participiis*[182] soll das *praesens* nicht geändert werden, Matth. XXIII.35. Off. VII.14.[183] Nur hat es *vim imperfecti*,[184] wo es einen Gegensatz auf ein anders *präsens*[185] abgibt. Joh. IX.25. und so auch Cap. I.18. verglichen mit 1 Joh. I.2. [etc].[186] Die *verba media et passiva*[187] haben oft *vim reciprocam*:[188] Luc. XXII.25.[189] καλοῦνται, *sie lassen sich nennen, gnädige Herren*. Luc. XXIV.35 und Ap. Gesch. VII.13.[190] ἐγνώσθη, ἀνεγνωρίσθη, *er hat sich zu erkennen gegeben*.

Wo eine *Aposiopesis* oder abgebrochene Rede ist, da pflegen die Deutschen zu setzen [etc]. und diß haben wir Marc. VII.11. Luc. XII.1.9. Ap. Gesch. XXIII.9. Röm. II.8.[191] für sicherer gehalten, als eigene Worte hinein zu setzen.

§ XI.

Wie fern die Uebersetzung Lutheri, und alle unterschiedene Ausgaben derselben, wie sie von ihm selbst und von andern geändert worden seyn, wie fern andere deutsche Uebersetzungen, sie seyn älter oder neuer, als Lutheri seinige, wie fern allerhand angegebene Verbesserungen und Vertheidigungen derselben mit

---

179 2Tim 4,8.
180 1Kor 15,19.
181 Röm 5,2.
182 Partizipien.
183 Mt 23,35; Apk 7,14.
184 Kraft, Bedeutung eines Imperfektes.
185 Anderes Präsens.
186 Joh 9,25; 1;18; vgl. 1Joh 1,2.
187 Mediale und passive Verbformen.
188 Reflexive, auf das Subjekt sich beziehende Bedeutung.
189 Lk 22,25.
190 Lk 24,35; Apg 7,13.
191 Mk 7,11; Lk 13,9; Apg 23,9; Röm 2,8.

dem heiligen Original übereinkommen oder nicht, ist nicht nöthig auszuführen: Wer das alles vermittelst meiner Uebersetzung, mit den alten griechischen Urkunden von Wort zu Wort vergleichen will, der kan hier Uebung genug finden: und je mehr ein solcher sich hierin üben wird, je mehr dürfte er meiner Arbeit hold werden.

Von alten und neuen, ausländischen und deutschen Uebersetzungen hat eine jede ihre Tugenden und ihre Mängel. Bey Luthero gibt es hiebey etliche nahmhafte Bedenklichkeiten. 1. Hat Er einen nicht gar reinen und lautern Grundtext vor sich gehabt, und ist theils der griechischen Recension Erasmi,[192] (Basler oder Venediger oder Hagenauer Drucks: daran ligt nichts[193]), theils dem damals noch nicht revidirten *Vulgato*[194] gefolgt, und eine genauere Untersuchung anzustellen weder Gelegenheit noch Musse gehabt. 2. Die eigentliche Bedeutung vieler griechischen Redensarten, die aus den 70 Dolmetschern[195] [etc]. zu erlernen und viele Antiquitäten hat man erst hernach entdecket. 3. Viele deutsche Redensarten, derer er sich bedienet, sind indessen unverständlich worden: die deutsche Sprach hat sich in vielen geändert, da man sich denn bey einer neuen Uebersetzung billig in die Zeit schicken soll. 4. Die Ordnung der Wörter, den *articulum*,[196] die *particulas*[197] und manches andere, daran oft viel gelegen, hat er nicht allezeit beobachtet. An denen Mängeln nun

---

192 Luther benutzte die zweite Auflage von 1519 der Ausgabe des Neuen Testaments von Erasmus (Novum instrumentum omne, zuerst 1516), des ersten Drucks des griechischen Neuen Testamentes.
193 Erasmus' Edition erschien in unterschiedlichen Druckereien in Basel, Venedig und Hagenau.
194 Vulgata.
195 Septuaginta.
196 Artikel.
197 Partikel.

soll ein neuer Uebersetzer sich witzigen lassen,[198] denen Tugenden aber nachfolgen. Daneben kan man aus denen häufigen Widerlegungen, Verantwortungen und Anmerkungen, die bey dergleichen Gelegenheiten ausgegangen sind, viel gutes, ja auch zu noch weiteren Gedanken Anlaß nehmen, damit ermeldte[199] Reguln desto besser beobachtet werden mögen.

§ XII.

Ob nach dieser Vorschrift eine neue Uebersetzung des N. T. zu machen, auch mir in meinem Theil zugekommen seyn möge, und, ob nun durch gegenwärtige Uebersetzung einiger Nutzen geschaffet werden könne, will und darf ich dem Urtheil eines jeden erleuchteten und unparteyischen Lesers von Herzen gerne zu beurtheilen überlassen. Mir war hiebey hauptsächlich um einen deutschen Text zu thun, auf den ich meine deutsche Auslegung des N. T. gründen und bauen, und dabey nicht nöthig haben möchte, bei der Uebersetzung Lutheri immer zu sagen: *Griechisch heisset es eigentlich so und so.* Jch habe meine Lebenstage ziemlicher massen in dergleichen Arbeit, die einem Uebersetzer behülflich ist, zugebracht: und die Uebersetzung selbst habe ich geübten und tüchtigen Freunden communiciret,[200] die mir ihre Gedanken eröffnet, und zu mancher Verbesserung Anlaß gegeben haben. Nun stehet sie einem jeden zu Dienste, der sich derselben *privatim* und *für sich selbst* (wie § 9. gedacht worden) bedienen will: und ein anderer darf sich wenigstens nicht dadurch irren lassen. Es ist dieselbe nach einem genau revidirten Grundtext eingerichtet. Nach der Ordnung der Text-

---

198 Klug werden (DWb 30, Sp. 897 f.).
199 Angeführte (DWb 3, Sp. 914).
200 Mitgeteilt.

worte, daran bisweilen viel gelegen, haben wir das Deutsche, so gut sichs thun ließ, gestellet, wo Lutheri Version sonsten keine Aenderung erforderte. Ob der *articulus,*[201] ὁ, ἡ, τὸ, *der die das* gesetzet werde oder nicht, daran ist oft etwas gelegen: und hiebey hat sich manches merkwürdige gefunden. Es gibt sonst durchgehends vieles, dem alleine zu lieb keine Aenderung vorzunehmen wäre: nachdem aber solche bey wichtigeren Dingen nöthig ist, so nimmt man nicht unbillig die [ge]ringere mit. Es geschicht diß aus keiner Tadelsucht: und man könnte auch bey dergleichen Stellen die Ursachen anzeigen, wann es nicht zu weitläuftig wäre, alle Gedanken, die ich unter der Arbeit selbsten gehabt, zu beschreiben, und, warum ich diß oder jenes so und nicht anders gegeben, ausführlich zu melden. Ein Gemählde oder Music kan einen, der es siehet oder höret, afficiren,[202] wann die Meister ihre besondere Manieren schon nicht dabey beschreiben: also kan auch von einer richtigen Uebersetzung ein Leser einen Nutzen schöpfen, wann man ihm schon nicht von allen Zeilen Rechenschaft gibt. Auch wird manchem dieses und jenes jetzt im Anfang hart und ungewohnt vorkommen, welches leicht wäre, wann es von den Voreltern her gäng und gebe wäre, und künftighin denen, die dessen etwa gewohnen,[203] leicht werden wird.

Jn demjenigen, was § 10. gemeldet worden ist, werden beynahe die nöthigste General=Reguln einer rechtmässigen Auslegung bestehen: welches denn andere sich etwa zu Nutz machen, und ihre oder meine, oder noch anderer ihre Arbeit darnach beurtheilen und verbessern können. Jn allen Dingen, und also auch bey einer, zumal

---

201 Der Artikel.
202 Beeindrucken.
203 Daran gewöhnen (DWb 6, Sp. 6482–6511).

solchen, Uebersetzung, ist es leichter, Vorschriften für sich und andere zu machen, als dieselbe ins Werk zu richten, und also kan ich mich gar wohl bescheiden, daß ich diesen Reguln so wenig, als mir selbsten, eine Genüge geleistet, oder mir auch bisweilen die Hände dadurch zu stark gebunden habe. Doch bin ich versichert, daß man auf diesem Weg je mehr und mehr zu einer dem Original ähnlichern Uebersetzung hinankomme; und unparteyische Gemüther werden jeden Orts die Ursache ermessen können, warum ich bisweilen von Luthero abgehe, auch wo andere Uebersetzer bey ihm bleiben, und wo es mich selbsten sauer angekommen ist, mich seines runden und fliessenden Ausdrucks zu enthalten: und hinwiederum, warum ich bisweilen bey Luthero bleibe, auch wann andere von ihm abzugehen wichtige Ursachen zu haben vermeinen und bekennen.

§ XIII.

Wer etwas an dieser Arbeit aussetzen will, der soll billig in dergleichen Dingen ziemlich geübet seyn, und also die Ursachen, die ich bey diesem oder jenem Ausdruck gehabt habe, zu erachten und zu beantworten vermögen. Einen solchen Gegner will ich mit herzlicher Liebe und Achtung umfahen,[204] und nur gebeten haben: 1) Er wolle alles zuvor wohl erwegen, und entweder obige Reguln umstossen, oder zeigen, wie fern ich dieselbe überschritten habe, und auf was Weise man denselben besser nachleben könne. 2) Er wolle das, was Lutherus, früh oder spät, oder andere, eben so wie ich, gegeben haben, nicht mir allein, als eine Neuerung, aufbürden. 3) Er wolle, wann er etwas an meiner Arbeit

---

204 Umfangen (DWb 23, Sp. 865).

ändern will, mir nichts von der seinigen, wo auch sie besser ist, zuschreiben.

§ XIV.

Es ist bey denen, die die Wissenschaft zu interpretiren vortragen oder ausüben, eine ausgemachte Sache, daß eine Uebersetzung mit *scholiis*[205] oder *kurzen Anmerkungen*, die Aehnlichkeit mit dem Original zu ergänzen begleitet werden müsse. Dergleichen gebe ich denn auch hier, unterhalb des Textes. Es ist aber schon manches oben bey den Reguln überhaupt erinnert worden: und manches wird nun in denen *Anmerkungen* erläutert werden, und das allermeist bey solchen Stellen besonders, wo die *Uebersetzung* den Leser vielleicht am meisten befremdet.

In den *Anmerkungen* selbst wird hauptsächlich auf das Wachsthum in der Gnade und Erkänntniß des HErrn Jesu Christi gesehen. Doch gebe ich gar wenig *ausdrückliche* Nutzanwendungen; nicht aus Kaltsinnigkeit, sondern aus Bescheidenheit. Denn die Schrift führt ihre *Nutzanwendungen* selbst bey sich. Wann der HErr sagt: *Ringet danach,*[206] so kan niemand was kräftigers dazu sagen. Wann der Apostel sagt: *Freuet euch*, so kan niemand was erwecklichers aufbringen. Nimm also, wann du gern viele *Nutzanwendungen* haben willt, zum Exempel eine *Abtheilung* vor dich, und durchgehe sie ganz, den Text, und die untenstehende Anmerkungen, in der Absicht, 1) auf die Lehre, so denn wieder ganz in Absicht 2) auf die Widerlegung des Jrrthums, 3) auf die Ermahnung, 4) auf die Warnung, 5) auf den Trost.[207] So wirst du Nutzanwendung genug

---

205 Anmerkungen.
206 Lk 13,24.
207 Vgl. 2Tim 3,16.

haben. Und wo im Text selbst eine Lehre, Strafe, Ermahnung [etc]. stehet, da nimm es auch gerade zu als eine Nutzanwendung an.

§ XV.

In der griechischen Grundsprache und in vielerley Uebersetzungen, in geschriebenen und gedruckten, alten und neuen Exemplarien, stehen die Bücher des N. T. nach zerschiedener Ordnung. Mit unserer Uebersetzung und Anmerkungen bleiben wir bey der Ordnung Lutheri:[208] diß Orts aber wird es nicht ohne Nutzen seyn, wenn wir vorher bemerken, wie nach den Spuren des Alterthums die Bücher des N. T. der Zeit des Schreibens halben auf einander gefolget, und wo sie zum Theil geschrieben sind.

A[nno] 39. Matthäus.
       41. Marcus.
       46. Lucas.
       48. zu Corintho, beede Br[iefe] an die Thess.[209]
       49. in Phrygien, Br[ief] an die Gal.[210]
       52. zu Epheso: 1 Cor.[211]
           zu Troas: 1 Tim.[212]
           zu Maced.[213]   2 Cor.[214]. und Tit.[215]
           zu Corintho: Röm.[216]
       57. zu Rom: Philipp. Philem. Eph. Kol.[217]

---

208 Luthers.
209 Thessalonicherbrief.
210 Galaterbrief
211 Korintherbrief.
212 Timotheusbrief.
213 Mazedonien.
214 Korintherbrief.
215 Titusbrief.
216 Römerbrief.
217 Philipper-, Philemon-, Epheser-, Kolosserbrief.

58. aus Jtalien.	Hebr. Ap. Geschichten.[218]
vor dem Brief Jacobi:[219]	
zu Babylon.	1 Petri.[220]
vor dem Jahr 61.	Jacobi Brief.
63.	Ev. Joh.[221]
66. Rom.	2 Tim.[222]
hernach	Br. Judae.[223]
A. 96. Pathmos	Offenb. Joh.[224]

Was aber Johannis Briefe betrifft, so solte man fast zweifeln, ob dieselbe so späte geschrieben seyen, als man meinet. Denn im ersten und zweyten Brief zeuget er wider diejenige, die nicht bekennen, daß Jesus der Gesalbte sey, dahingegen andere Apostel in ihren Briefen solche Grundlehre als bekannt voraus setzen. Doch hat er den 2 und 3 Brief nicht gar halb geschrieben, weil er sich den Aeltesten nennt. Man erwege auch die Alter= Stufen, 1 Joh. II. 13 f.[225]

Die einzele Bücher des N.T. hat man je und je auf zerschiedene[226] Weise in längere oder kürzere *Capitel* eingetheilet; die heutige Eintheilung aber ist zu jener düstern Zeit des XIII Jahrhunderts gemacht worden: und die Eintheilung solcher Capitel in gewisse *Versicul*[227] ist erst nach der Reformation aufgekommen.[228]

---

218 Hebräerbrief und Apostelgeschichte.
219 Jakobusbrief.
220 Petrusbrief.
221 Johannesevangelium.
222 Timotheusbrief.
223 Judasbrief.
224 Apokalypse.
225 1Joh 2,13f.
226 Verschiedene.
227 Verse.
228 Die Verszählung in der christlichen Bibel wurde durch Robert Estienne

Daß beedes nicht durchgehends zum besten gerathen, sondern der eigentlichen Verständniß oft hinderlich seye, ist versuchter[229] Männer einmüthiges Erachten. Weilen aber doch die *Allegationes*[230] in so vielen, auch wichtigen und daurhaften Büchern, hiernach eingerichtet sind, so wird kein besserer Rath seyn, als daß man die Zahlen der Versicul[231] und Capitel auf dem Rand unverändert beybehalte, aber die Absätze des Texts selbsten, desgleichen die *puncta et virgulas*[232] so einrichte, wie es dem Sinn und Absicht der Apostel und Evangelisten gemäß ist. Beedes haben wir auch bey gegenwärtiger Uebersetzung angebracht. Und der Leser wird dießfalls wohl tun, wenn er sich bey jedem Buch die vorangesetzte *Synopsin*[233] und Grundriß recht bekannt macht.

§ XVI.

Hätte die Vorrede zu einem deutschen Neuen Testament nicht erbaulicher seyn sollen? So werden viele, auch solche, die immer etwas starkes und angreiffendes, das sie allein für erbaulich halten, haben wollen, und sich doch nicht erbauen, gedenken. Antwort: Eine Vorrede, nicht zum Neuen Testament selbst, sondern eigentlich zur Uebersetzung, ist dieses. Ein Aufwärter, der in einem Saal auf dem Tisch das von dem Hausherrn hergegebene Licht recht schneutzet,[234] daß es helle brennet, thut denen die zugegen sind, einen weit

---

(1499/1503–1559) eingeführt (1553) und in Deutschland von David Pareus (1548–1622) in die Neustädter Luther-Bibel von 1579 übernommen.
229 Bewährter.
230 Anführung von Schriftstellen.
231 Verse.
232 Satzzeichen: Punkte und Virgel (Kommata).
233 Übersicht.
234 Reinigen (DWb 15, Sp. 1322–1326).

bessern und angenehmern[235] Dienst, als wann er nebenher ein eigenes besonders Lichtlein von jenem anzündete. Nun ist die Heilige Schrift ein Licht, das an sich selbst zu einer Zeit wie zu der andern eine vollkommene Klarheit hat: aber aus Schuld der Menschen wird solche Klarheit oft auf zerschiedene[236] Weise verhindert: und wer solche Hindernissen wegthut, der erzeiget denen Liebhabern der Schrift einen wichtigern Dienst, als mancher von ihnen selbsten schätzet. Es genüget auch einem getreuen Arbeiter daran, daß er ihnen dienet, wann sie schon den Unterscheid zwischen dem vorigen und jetzigen Schein des Lichts nicht merken. Um diß ist es mir bey gegenwärtiger Uebersetzung des N. T. zu thun: und in dieser Vorrede ist nöthig gewesen zu zeigen, wie man sich in die Uebersetzung und Anmerkungen zu schicken habe, gleichwie man auch in dem *Anhang* auf jenen Zweck vornehmlich zu sehen gemüssiget[237] war. Wer aber lieber zur Vorrede ein *Informatorium Biblicum*,[238] oder eine Anleitung zur Lesung des N. T. und zum wahren Christenthum selbst gehabt hätte, für den habe ich nichts bessers machen können, als *Arnd, Spener, Schade, Franke*[239] [etc]. Ja das N. T. selbst gab jenen heiligen Männern, und gibt eben so wol auch uns die vollkommenste Anleitung,

---

235 Angenehmeren.
236 Verschiedene.
237 Bemüht; siehe S. 291.
238 Information zur Bibelübersetzung.
239 *Johann Arndt*: Informatorium Biblicum: Das ist: Ettliche Christliche Erinnerungs=Puncten / So als ein Denckmahl im eingang einer Bibel sollen geschrieben werden, Lüneburg 1623 u. ö.; *Philipp Jacob Spener*: Vorrede [Wie die Heilige Schrift mit Nutz und Frucht zulesen], in: Biblia, Leipzig 1694 u.ö.; *Johann Kaspar Schade*: Einige treue und deutliche Anleitung oder Unterricht, wie man die Bibel, das ist: die Heilige Schrifft altes und neues Testaments mit Nutzen und Erbauung lesen soll, Leipzig 1691 u. ö.; *August Hermann Francke*: Einfältiger Unterricht, Wie man die H. Schrifft zu seiner wahren Erbauung lesen solle, Halle [1694] u. ö.

wie es gelesen seyn wolle, nemlich mit Gebet, Matth. XIII. 36. XV.15.[240] mit Aufmerksamkeit, c. XXIV. 15.[241] mit heilsamer Absicht, 2 Tim. III. 15.16.17.[242] und mit wirklichem Gehorsam. Joh. VII. 17.[243] Gehe denn mit einer so gefassten Seele, du erbauungs=begieriger Leser, zu dem N. T. selbst: so wird dieses den Mangel meiner Vorrede auf das reichlichste erstatten, und dich an sich selbst durch den Glauben in Christo Jesu zur Seligkeit unterweisen. Das gebe der Gott aller Gnaden, zu seiner Ehre.

Stutgart
den 10 Oct. 1752

D. J. A. B

Das Neue Testament

—

Anmerkung.

Das Neue Testament ist eigentlich die grosse Anstalt selbst, da Gott durch den Tod seines Sohnes dem menschlichen Geschlechte die Vergebung der Sünden und das ewige Heil zuwege gebracht, und also die vorher gegebene Verheissung wirklich erfüllet hat. Und daher werden die sämtliche heilige Bücher, darin solche grosse Sache beschrieben ist, das Neue Testament genennet; weil sie uns nemlich von dem Neuen Testament eine Nachricht geben. Gleichwie eine Herrschaft ihren Bedienten ihren Stat[244] nicht nur mündlich, sondern auch schriftlich gibt, also hat der grosse Gott seinem

---

240 Mt 13,36; 15,15.
241 Mt 24,15.
242 2Tim 3,15–17.
243 Joh 7,17; vgl. Text 6 Anm. 29,
244 Status, Stand (DWb 17, Sp. 271–282).

Volk beedes vor und nach der Zukunft seines Sohnes im Fleisch anfangs mündlich, und so denn auch schriftlich dasjenige mitgetheilet, was ihnen zur heilsamen Nachricht von seinem heiligen und gnädigen Willen und von ihren schuldigen Pflichten nöthig war. Dreyerlei Jnnhalts ist die Schrift Alten, und auch Neuen Testaments. Denn es wurde im Alten Testament beschrieben 1) die Historie, wie es zugegangen, von der Schöpfung bis auf die Annahme des Volks Jsrael und dann die Geschichten dieses Volks selbsten; hernach 2) die Lehren, Ermahnungen, Warnungen [etc]. die dem Volk gegeben wurden: und dabey 3) die Anzeige künftiger Dinge. Jm Neuen Testament wurde gleichfalls beschrieben 1) die Historie von dem Wandel des Sohns Gottes unter den Menschenkindern, von seiner Geburt bis zu seiner Himmelfahrt, und von der Stiftung seiner Gemeine, in den Evangelisten und in der Apostelgeschichten. 2) Die *Apostolische* Lehren, Ermahnungen [etc]. in den Briefen: 3) die Anzeige künftiger Dinge, in der Offenbarung.

Vollständige Nachricht! Unschätzbare Wohlthat! Es war der mündliche Vortrag unsers Erlösers viel vortrefflicher, und die Predigt seiner Apostel viel bequemer, als was mit Papier und Federn zu tun war: aber die schriftliche Verfassung ist für die Abwesende und für die Nachkommen nöthig gewesen. Und da die Vergessenheit, die Untreue, die Ungeschicklichkeit bey den Menschen so groß ist, so wäre ohne Zweifel keine kenntliche Spur von Christo und dem Christentum vorhanden, wann die Schrift Neuen Testaments nicht gewesen wäre. Es ist diese aber auch die lauterste Quelle aller heilsamen Lehre. Viele suchen eine Weide in allerhand geistlichen Büchern, Predigten, Betrachtungen, Auslegungen [etc]. welches man auch nicht untersagen kan; aber die Heil. Schrift ist eben das allerbewährteste. Menschliche Schriften gehen zu hoch oder zu nieder, und machen die Sache zu leicht oder zu schwer: Die H. Schrift ist eben recht. Wohl dem, der recht damit umgehet!

Dank sey dir, hocherhabner HErr Jesu Christe, daß du den Menschen so grosse Gaben gegeben, und etliche zu Aposteln, etliche zu Propheten, etliche zu Evangelisten, etliche zu Hirten und Lehrern gesetzet, und die heilsame Unterweisung auch schriftlich hast verfassen und auf uns kommen lassen. Gib, daß wir es recht gebrauchen und die Unterweisung annehmen zur Seligkeit durch den Glauben der in dir ist.

8. Philipp Matthäus Hahn:
Die heilige Schriften der guten Botschaft vom verheissenen Königreich (1777)

Die heilige Schriften der guten Botschaft vom verheissenen Königreich, oder das sogenannte neue Testament. – Zum Dienst derer, welche sich aus den ersten Quellen der göttlichen Schriften selbst erbauen wollen, nach der heutigen deutschen Sprachart, neu übersetzt; und mit vielen zum lautern Wortverstand leitenden Hülfsmitteln, Fingerzeigen und Erklärungen versehen. – 1777.

[Vorbericht]

Vorbericht.

Anstatt der Vorrede, findet man für nöthig, einige Erläuterung von der Einrichtung dieses Buchs zu geben.

1) Jst man bey dem revidirten Grundtext des Bengelischen griechischen Testaments,[1] und zwar bey der ihm am glaubwürdigst scheinenden, und deswegen auch in seine deutsche Uebersetzung[2] selbst aufgenommenen Lesart, wie auch bei seinen Unterscheidungszeichen geblieben.

2) Hat man die Lutherische, Bengelische, Heumännische und Reitzische Uebersetzung[3] genutzet: und

---

1 H KAINH ΔIAΘHKH. Novum Testamentum Graecum ita adornatum ut textus probatarum editionum medullam margo variantium lectionum in suas classes distributarum locorumque parallelorum delictum apparatus subiunctus criseos sacrae millianae praesertim compendium, limam, supplementium ac fructum exhibeat inserviente Io. Alberto Bengelio, Tübingen 1734.
2 Siehe Text Nr. 7.
3 Siehe Text Nr. 1,7 und *Christoph August Heumann*: Das Neue Testament (1748).

ohne jene zwey erstere zu verachten, welche ihre eigene Vorzüge haben und behalten, auf reine deutsche Worte und Wortfügungen gesehen, welche an und vor sich selbst dem Verstand den Weg bahnen. Dieses ist wenigstens der Zweck dieser Uebersetzung gewesen, den man so viel möglich zu erreichen gesucht hat.

3) Hat man zur Wahl des Lesers, bey einigen Worten, auch andere, mit schwabacher gröberer Schrift,[4] eingeklammt; welche theils andere Uebersetzer gebraucht, theils ebenfalls dem Grundtext gemäß sind.

4) Durch Einklammungen mit kleinerer Schrift hat man Fingerzeige zur Erklärung dunkler Stellen geben wollen: welches besonders in der Offenbarung, als in dem schwersten und wichtigsten Buch,[5] bis zum Ueberfluß geschehen. Bey den Erklärungen selbst aber hat man meistens auf den Bengelischen Gnomon[6] gesehen, und auch bey der Offenbarung seine Erklärungen meistens beybehalten;[7] und wo man abgegangen, hat man suchen die Zeitfolge der enthaltenen Dinge, nebst seiner Zeitrechnung unverändert beyzubehalten.

5) Sind die Ueberschriften über alle enthaltene Theile neu verfaßt: und wie man glaubt, zur Uebersicht des Ganzen und der Theile eines jeden Buchs, und folglich auch zum lautern Verstand der Schriftworte, der noch vielen Glaubigen fehlt, und ohne welchen keine gründliche Befestigung in der Erkenntniß der Wahrheit erlangt werden kan, sehr dienlich.

---

4 Schwabacher Schrift (siehe Text Nr. 4 Anm. 32).
5 Apk.
6 Siehe Text Nr. 7 Anm. 55.
7 *Johann Albrecht Bengel*: Erklärte Offenbarung Johannis und vielmehr Jesu Christi. Aus dem revidirten Grund-Text übersetzet: Durch die prophetische Zahlen aufgeschlossen: Und Allen, die auf das Werk und Wort des Herrn achten, und dem, was vor der Thür ist, würdiglich entgegen zu kommen begehren, vor Augen geleget, Stuttgart 1740.

6) Hat man in jedem der vier Evangelisten, durch Ueberschriften und angezogene Schriftstellen, diejenige Stücke des Lebenslaufs JEsu[8] ergänzen wollen, die der andere aussengelassen, oder ausser der rechten Zeitordnung beschrieben, und also versetzt hat; wie besonders Markus und Lukas solches gethan: die vermuthlich nicht selbst dabey gewesen, und es von andern gehört haben. Wobey der Zusammenhang der Lebensgeschichte JEsu, und die Zeitbestimmung, aus Herrn D. Bengels Harmonie der vier Evangelisten[9] genommen und meistens beybehalten, die Abweichungen angezeigt, hauptsächlich aber in eine neue behaltlichere Haupt= und Nebeneintheilung verfaßt worden.

7) Jst noch anzumerken: daß aus bewegenden Gründen, die Worte: Christus, Evangelium, Apostel, Testament, deutsch gegeben worden. Und es wäre zu wünschen, daß ein jeder sich angewöhnen möchte, solche Worte deutsch auszusprechen: indem auch solches eine Beyhülfe zum Schriftverstand ist, und ausser diesem auch solchen, welche die Grundsprachen verstehen, diese Worte nichts anders, als ein von Jugend auf angewohnter leerer Schall sind, deren Verstand man nicht bedenkt, ob man ihn schon weißt: weil auch der größte Sprachgelehrte nur in seiner Muttersprache denkt. Jch geschweige, daß man auch andern durch solche Worte nicht verständlich wird: indem es ihnen zwar ein bekannter Schall, aber kein verständliches Wort ist.

---

[8] Versuch einer Evangelienharmonie.
[9] *Johann Albrecht Bengel*: Richtige Harmonie der Vier Evangelisten. Da die Geschichten, Werke und Reden JEsu Christi unsers Herrn, in ihrer geziemenden natürlichen Ordnung zur Befestigung der Wahrheit, wie auch zur Übung und Erbauung in der Gottseligkeit vorgestellet werden. Dritte Auflage, Tübingen, Verlegts Christoph Heinrich Berger, 1766; zuerst 1736.

Editorische Notiz

A. Biobibliographische Angaben

1. Johann Henrich Reitz: Das Neue Testament (1703)

1.1 Zum Werk

Vorlage dieser Edition bildet die erste Ausgabe von 1703 (Exemplar der Universitäts- und Landesbibliothek Halle a. S.). Das Werk wurde noch fünf- bis siebenmal (1706, 1712, [1713], 1717, 1730, [1735] und 1738) aufgelegt und fand auch Eingang in die Biblia Pentapla (s. d.).[1] Verleger war der aus einer hugenottischen Familie stammende Buchdrucker Bonaventura de Launoy (1685–1724). Seine Druckerei im zur Grafschaft Isenburg-Büdingen gehörenden Offenbach a. M. zählte zu den bedeutendsten radikalpietistischen Druckereien.[2] Das Werk enthält neben den hier abgedruckten Teilen und dem Bibeltext ein Frontispiz und eine Korrigendaliste.

1.2 Zum Herausgeber

Johann Henrich Reitz (1665–1720) stammte aus Oberdiebach bei Bingen und war damit Landeskind der reformierten Pfalzgrafschaft bei Rhein (Kurpfalz). Nach

---

[1] Bibliographisch dokumentiert von *Hans-Jürgen Schrader*: Literaturproduktion und Büchermarkt des radikalen Pietismus. Johann Henrich Reitz' »Historie Der Wiedergebohrnen« und ihr geschichtlicher Kontext, Göttingen 1989 (Palaestra, 283), S. 570–578, bes S. 570. In eckigen Klammern stehen die Ausgaben, von denen kein Exemplar verifiziert werden konnte.

[2] *Hans-Jürgen Schrader*: Literaturproduktion (wie Anm. 1), S. 135–141. Vgl. *Christoph Reske*: Die Buchdrucker des 16. und 17. Jahrhunderts im deutschen Sprachgebiet. Auf der Grundlage des gleichnamigen Werkes von Josef Benzing. Wiesbaden ²2015, S. 825 f. (2007, S. 754 f.).

seinem Studium in Heidelberg, Bremen, Herborn und Leiden, währenddessen er in Bremen in Beziehung zu Theodor Undereyck (1635–1693) trat, wirkte er als reformierter Pfarrer ab 1681 in Freinsheim bei (Bad) Dürkheim (Kurpfalz) und seit 1689 als Inspektor (Superintendent) in Ladenburg. Vertrieben durch den Pfälzischen Erbfolgekrieg (1688–1697) wurde er 1694 Pfarrer in Aßlar bei Wetzlar und schließlich Hofprediger und Inspektor in Braunfels (Grafschaft Solms-Braunfels). Wegen seiner Unterstützung separatistischer Pietisten (Balthasar Christoph Klopfer [1659–1703], Heinrich Horch [1652–1729]) wurde er dort 1697 seines Amtes enthoben und des Landes verwiesen. Nach Aufenthalten in Frankfurt am Main und Homburg v. d. Höhe zog er 1699 nach Herborn und Eschwege (Henrich Horch, Samuel König [1671–1750]) und schließlich nach Siegen. Vom Separatismus abgewandt, lebte Reitz seit 1711 in Wesel, wo er eine lateinische Privatschule leitete. Er starb dort am 25. November 1720. Zu seinen einflussreichsten Werken zählt die Sammelbiographie *Die Historie Der Wiedergebohrnen* (1701–1717. 1730–1745).

1.3 Zum Text
Bei der Übersetzung des Neuen Testamentes durch Reitz handelt es sich um eine an dem Wortlaut der griechischen Vorlage orientierte Neuübersetzung, die zu vergleichen ist mit ähnlichen Versuchen von Caspar Ernst Triller (siehe Text 7 Anm. 40) oder Johann Jacob Junckerrott (siehe Text 7 Anm. 41). Der Text wurde bislang weder theologisch noch philologisch eingehend untersucht.

1.4 Literatur
Beate Köster: »Mit tiefem Respekt, mit Furcht und Zittern«. Bibelübersetzungen im Pietismus. In: Pietismus und Neuzeit 24, 1998, S. 95–115, bes. 99–101.

Jürgen Quack: Evangelische Bibelvorreden von der Reformation bis zur Aufklärung, Heidelberg 1975, S. 297–299.

Hans-Jürgen Schrader: »red=arten u[nd] worte behalten / die der Heil[ige] Geist gebrauchet«. Pietistische Bemühungen um die Bibelverdeutschung nach und neben Luther (2014), in: ders.: Literatur und Sprache des Pietismus. Ausgewählte Studien. Hg. von Markus Matthias und Ulf-Michael Schneider, Göttingen 2019 (AGP, 63), S. 307–345, bes. S. 328–332 (unter Einbeziehung der älteren Literatur).

2. Henrich Horch: Mystische und profetische Bibel (1712)

2.1 Zum Werk

Vorliegender Edition wurde die erste Auflage dieses Werkes von 1712 (Exemplar der Bayerischen Staatsbibliothek München) zugrundegelegt. Eine zweite Ausgabe erschien 1733 in Marburg bei Philipp Casimir Müller.[3] Buchdrucker und Verleger der Erstauflage war die Offizin (ca. 1677–1693) von Johann Jodocus Kürßner (1654– 1693) in Marburg, weitergeführt durch seine Witwe.[4] Das Buch enthält neben den hier abgedruckten Teilen und dem Bibeltext (siehe dazu unter 2.3) keine weiteren Beigaben, auch kein eigenes Titelblatt für das Neue Testament. Am Ende wird auf einzelne wenige Druckfehler verwiesen.

---

[3] *David L. Paisey:* Deutsche Buchdrucker, Buchhändler und Verleger 1701–1750, Wiesbaden 1988, S. 183.

[4] *Christoph Reske*: Die Buchdrucker (wie Anm. 2), ²2015, S. 661f. (2007, S. 609).

2.2 Zum Herausgeber

Henrich Horch (1652–1729) aus Eschwege war reformierten Bekenntnisses. Nach seinem Studium der Theologie in Marburg und Bremen (Theodor Undereyck) studierte er seit 1674 in Marburg auch Medizin und Physik. Seit 1683 war er zunächst in Heidelberg Hilfsprediger, seit 1685 in (Bad) Kreuznach Pfarrer und Hofprediger. 1686 wurde Horch in Heidelberg zum Dr. theol. promoviert und reformierter Pfarrer an der Heilig-Geist-Kirche in Heidelberg, wenig später in Frankfurt am Main (1689) und ab 1690 Pfarrer und Theologieprofessor in Herborn (Reformierte Hochschule). Unter dem Eindruck des separatistischen Propheten Balthasar Christoph Klopfer (s. o.) vertrat Horch selbst immer radikalere Positionen gegenüber dem etablierten Kirchentum. 1697 seines Amtes enthoben, führte er ein Wanderleben als apokalyptischer Wanderprediger und sammelte philadelphische Gemeinden in Hessen in Erwartung des Tausendjährigen Reiches nach Apk 20. Für seine Ansichten konnte er auch Mitglieder der Familie Sayn-Wittgenstein-Berleburg gewinnen (siehe dazu unter 5.2). Auf Grund von Konflikten mit hessenkasselschen Behörden kam er mehrfach in Haft und verfiel zeitweise in religiösen Wahn, zuletzt 1700. In den Jahren 1701–1707 reiste Horch nach den Niederlanden und England, seit 1708 lebte er zurückgezogen in Kirchhain bei Marburg. Horch stand mit verschiedenen radikalen Pietisten in Berleburg (Samuel König [1671–1750], Johann Henrich Reitz [1665–1720]) und Offenbach (Konrad Bröske [1660–1713]) in Verbindung. Er starb am 5. August 1729 in Kirchhain. Sein bedeutendstes Werk ist sein auch als Marburger Bibel bekanntes Bibelwerk von 1712.

2.3 Zum Text

Horch hat sein Bibelwerk zusammen mit Ludwig Christoph Schefer (1669–1731), Hebraist, Pfarrer und Inspektor in Berleburg (siehe zu ihm unter 5.2), verfasst und 1712 einbändig in Marburg mit Unterstützung der Philadelphier in Berleburg (u. a. des Grafen Casimir) veröffentlicht. Dafür hat er Luthers Übersetzung nach einem hebräischen und griechischen Exemplar der Bibel durchgreifend korrigiert. Seine Bearbeitung ist bislang weder theologisch noch philologisch hinreichend untersucht. Anders als Reitz' reine Neuübersetzung gibt Horch seinem Luther-Text noch Kommentare bei, die er den einzelnen Kapiteln als Summarien und Interpretationsrichtlinien voranstellt. Damit richtet Horch das Verständnis der Bibel auf seine philadelphischen, konfessions- und dogmenkritischen Überzeugungen aus, wie er umgekehrt diese in der Bibel begründet aufweisen will. Ähnlich wie Johanna Eleonora (1644–1724) und Johann Wilhelm Petersen (1649–1727) sieht Horch in der Bibel einen mystischen und einen prophetischen Sinn verborgen, den es durch Interpretation zu finden gilt. Der mystische Sinn offenbart das Gleichnishafte der biblischen Erzählungen, nämlich die Entsprechung des erzählten Geschehens im Seelenleben des einzelnen Gläubigen. Prophetisch wird die Bibel ausgelegt, wenn das Erzählte als Aufschluss über die geschichtliche Zukunft verstanden werden muss.

2.4 Literatur

Beate Köster: Mit tiefem Respekt (wie 1.4), S. 97.
Jürgen Quack: Bibelvorreden (wie 1.4), S. 299–304.
Hans-Jürgen Schrader: Literaturproduktion und Büchermarkt des radikalen Pietismus. Johann Henrich Reitz' „Historie der Wiedergebohrnen" und ihr geschichtlicher Kontext, Göttingen 1989 (Palaestra, 283).

Hans-Jürgen Schrader: red=arten (wie 1.4), S. 336f.
Hans-Jürgen Schrader: Zores in Zion. Zwietracht und Missgunst in Berleburgs Philadelphia (2009), in: ders.: Literatur (wie 1.4), S. 591–623, bes. S. 609f.
Douglas H. Shantz: The Millennial Bible Study of Heinrich Horch. A Case study in Early Modern Reformed Hermeneutics. in: The Practical Calvinist. An introduction to the Presbyterian & Reformed heritage, hg. von Peter A. Lillbeck, Fearn 2002, S. 391–414.

3. Johann Otto Glüsing: Biblia Pentapla (1710–1712)

3.1 Zum Werk
Vorlage der fünfbändigen Edition ist die einzige Auflage (Exemplare der Staatlichen Bibliothek Regensburg und der Universitäts- und Landesbibliothek Darmstadt). Ihr Drucker und Verleger war Hermann Heinrich Holle (1680–1736),[5] der im zum dänischen Gesamtstaat gehörigen Schiffbek sowie Altona (und Wandsbek) wirkte und damit die Reichszensur umgehen konnte. Dieses Bibelwerk ist deutlich aufgeteilt in Altes (2 Bände) und Neues Testament (eigenes Titelblatt und eigene Vorrede). Zu beiden Teilen findet sich auch je ein Frontispiz. Eröffnet wird das Werk durch eine Widmung (»Zuschrifft«) an den evangelischen Administrator des Fürstbistums Lübeck in Eutin, Christian August von Schleswig-Holstein-Gottorf (1673–1726). Abgeschlossen wird das Neue Testament mit einer Zusammenstellung der »Gebote des Neuen Bundes / durch JEsum Christum gegeben« (S. 860). Über den kanonischen Bibeltext hinaus bietet Glüsing in einem eigenen, vierten Band die

---

[5] *Patricia Pleimann*: Die Buchdruckerfamilie Holle in Hamburg und Schiffbek 1680–1784, Hamburg 1999.

Übersetzung der im radikalen Pietismus häufig hochgeschätzten apokryphen und frühchristlichen Briefe. Dazu übernimmt er die erläuternden Beigaben aus der Ausgabe von Johann Henrich Reitz (siehe Text 1). Schließlich druckt er als eigenen, fünften Band historische Erläuterungen des Hebraisten Matthäus Hiller (1646–1725), nämlich ein Namensregister, eine Karte des Heiligen Landes mit Erklärungen sowie eine Chronologie, beginnend mit der Schöpfung, bis zum Ende der Regierung Domitians (81–96). Den Schluss bildet ein Bibelleseplan für das Kirchenjahr.

3.2 Zum Herausgeber
Johann Otto Glüsing (1675/76–1727) war Pfarrerssohn aus Altenesch bei Delmenhorst und wirkte nach dem Theologiestudium in Jena (1696–1700) wahrscheinlich als Hauslehrer in Kopenhagen, wo er sich durch Abhaltung von eigenen Erbauungsversammlungen und kirchenkritische Schriften als (radikaler) Pietist positionierte und endlich aus der Stadt ausgewiesen wurde. Eine anschließende Hauslehrertätigkeit in Oslo endete ebenfalls mit der Ausweisung, und seit Dezember 1706 war ihm das ganze dänische Reich (bis auf Altona) verwehrt. Nach einem ebenfalls Anstoß erregenden Aufenthalt in Hamburg siedelte Glüsing in das für religiöse Dissidenten offene Altona über. Nach ihrer Eroberung durch den dänischen König und holsteinischen Herzog waren der Stadt umfassende Privilegien wie Zuzugs-, Religions- und Gewerbefreiheit gewährt worden. Nach dem sogenannten Schwedenbrand von 1713, bei dem mit der Stadt Altona auch Glüsings Bibliothek eingeäschert wurde, wirkte er als Übersetzer in Hamburg. Hier schloss er sich den sogenannten Engelsbrüdern (Gichtelianern) an. Nach erneuter Ausweisung aus Hamburg kehrte Glüsing nach Altona zurück, wo er am 2. August 1727 verstarb.

3.3 Zum Text

Die 1712 bis 1714 anonym erschienene *Biblia Pentapla* von Glüsing wählt für die Suche nach der Wahrheit des biblischen Wortes eine andere Methode als diejenige einer Revision der Lutherbibel, einer Neuübersetzung oder einer Kommentierung. Sie stellt ganz unterschiedliche und konfessionell konkurrierende Bibelübersetzungen synoptisch und äußerlich unparteiisch nebeneinander, so dass ein der biblischen Sprachen unkundiger Laie aus dem Vergleich der Übersetzungen zum einen die jeweils plausible Übersetzung wählen, zum anderen auch die Vielfalt der möglichen Übersetzungen erkennen konnte. Besonders hervorzuheben und als ein wahrer Meilenstein der religiösen Toleranz und Wahrnehmung der deutsch-jüdischen Kultur oder zeitgenössischen Frömmigkeit zu betrachten ist die transkribierte Aufnahme einer jiddischen Übersetzung des Alten Testamentes (des Josel ben Alexander von Witzenhausen [1616–1686]) in dieses Bibelwerk. Dabei handelt es sich um die zweite vollständige Übersetzung des Alten Testamentes überhaupt in das »Jüdisch=Teutsche« oder Jiddische.[6] In seiner Zeit freilich sprengte das Programm der *Biblia Pentapla* sowie die Aufnahme einer jüdischen und einer radikalpietistischen Bibelübersetzung in die Zusammenschau das Fundament des Reichskirchenrechtes, wie es zuletzt im Westfälischen Frieden Gestalt gefunden hatte, und das Selbstverständnis der Religionsparteien als Hüterin der einen Wahrheit.

---

[6] Für die weitere Entwicklung siehe *Hans-Joachim Bechtoldt*: Jüdische Bibelübersetzungen vom ausgehenden 18. bis zum Beginn des 20. Jahrhunderts, Stuttgart 2005.

3.4 Literatur:

Marion Aptroot: 'In galkhes they do not say so, but the taytsh is as it stands here.' Notes on the Amsterdam Yiddish Bible translations by Blitz and Witzenhausen in: Studia Rosenthaliana 27, 1993, S. 136–158.

Hans Haupt: Glüsing, Johann Otto. In: Schleswig-Holsteinisches Biographisches Lexikon. Bd 1, Neumünster 1970, S. 149f.

Hermann Patsch: Arnoldiana in der Biblia Pentapla. Ein Beitrag zur Rezeption von Gottfried Arnolds Weisheits- und Väter-Übersetzung im radikalen Pietismus, in: Pietismus und Neuzeit 26, 2000, S. 94–116.

Hermann Patsch: Verstehen durch Vergleichen. Die Biblia Pentabla, in: Die Hermeneutik im Zeitalter der Aufklärung, hg. von Manfred Beetz und Giuseppe Cacciatore, Köln u. a. 2000, S. 113–130.

Hans-Jürgen Schrader: Lesarten der Schrift. Die Biblia Pentapla und ihr Programm einer „herrlichen Harmonie Göttlichen Wortes" in »Fünf=facher Deutscher Verdolmetschung (1996), in: ders.: Literatur (wie 1.4), S. 285–305.

Hans-Jürgen Schrader: Sulamiths verheißene Wiederkehr. Programm und Praxis der pietistischen Begegnung mit dem Judentum (1988), in: *ders.*: Literatur (wie 1.4), S. 169–204, bes. S. 179–181.

Douglas H. Shantz: A Companion to German Pietism, 1660–1800, Leiden–Boston 2015, S. 332–336.

Erika Timm: Die Bibelübersetzungssprache als Faktor der Auseinanderentwicklung des jiddischen und des deutschen Wortschatzes. In: Vestigia bibliae 10/11 (1988/89), 1991, S. 59–75.

Erika Timm: Formen der Bibelvermittlung im älteren Jiddisch. Zur jiddistischen Forschung der letzten siebzig Jahre. In: Bibel in jüdischer und christlicher Tradition, hg. von Helmut Merklein u. a., Frankfurt a. M. 1993, S. 299–324.

Paul Wexler: Interdialectal translation as a reflection of lexical obsolescence and dialect distance. The West Yiddish Bible translation of 1679 in the Biblia pentapla (1711), in: International Journal of the Sociology of Language 67, 1987, S. 7–26.

4. Carl Hildebrand von Canstein: Biblia (1713)

4.1. Zum Werk
Die in dieser Edition abgedruckte Vorrede ist die Vorrede der ersten im stehenden Satz gedruckten Vollbibel der Canstein'schen Bibelanstalt (Exemplar der Bibliothek der Franckeschen Stiftungen, Halle a. S.). Das Werk enthält über die vorliegend abgedruckte Vorrede und dort genannte Variantenzusammenstellung sowie den Bibeltext hinaus keine weiteren Texte.

4.2 Zum Herausgeber
Die „Canstein-Bibel" muss als ein gemeinsames Projekt von August Hermann Francke (1663–1727) in Halle a. S. und Baron Carl Hildebrand von Canstein (1667–1719) in Berlin betrachtet werden. Es galt, möglichst vielen (einfachen) Menschen wenigstens das Neue Testament zu einem geringen Preis anzubieten, um so ihre geistliche Kompetenz zu steigern. Dieses missionarische Ziel sowie das Mittel des stehenden Satzes hatte Francke schon 1704 ins Auge gefasst. Realisiert wurde es sowohl unter dem Schutz wie mit tatkräftiger Förderung des brandenburgischen Adligen. Für die genauere Geschichte der Canstein'schen Bibelanstalt sei hier auf die einschlägige Literatur verwiesen.

4.3 Zum Text
Die ersten Canstein'schen Bibeln bieten den Text in der Übersetzung Martin Luthers. Durch den Vergleich

der verschiedenen auf Luther selbst zurückgehenden Versionen konnte man nicht nur inzwischen hineingekommene Fehler korrigieren, sondern man konnte auch diejenige Wortwahl Luthers wählen, die nach neuerer Erkenntnis der ursprachlichen Vorlage am nächsten kam. So ließ sich Luther mit Luther verbessern. Hierin folgte man dem Vorbild der Bibelausgaben des Stader Generalsuperintenden Johann Die(c)kmann (1647–1720) seit 1690.[7]

4.4 Literatur

Kurt Aland: Carl Hildebrand von Canstein und die von Cansteinische Bibelanstalt, Bielefeld 1983.

Beate Köster: Die Lutherbibel im frühen Pietismus, Bielefeld 1984 (Texte und Arbeiten zur Bibel, 1), S. 100–135. 233–254 (Anm.).

Peter Schicketanz: Carl Hildebrand Freiherr von Canstein, Tübingen 2001.

Hans-Jürgen Schrader: red=arten (wie 1.4), S. 312–315. 321–323.

5. Die Berleburger Bibel (1726)

5.1 Zum Werk

Die Berleburger Bibel erschien in acht Bänden[8] (Exemplar der Universität- und Landesbibliothek Halle a. S.). Ein Nachdruck wurde 1832 angekündigt, aber offenbar nicht realisiert. Ihr Text fand aber als mögliche andere Übersetzung Berücksichtigung in den Variantenanga-

---

7 *Beate Köster (von Tschischwitz)*: Die Lutherbibel im frühen Pietismus, Bielefeld 1984 (Texte und Arbeiten zur Bibel, 1), S. 32–35. 200–206 (Anm.).

8 Bd. 1: Gen–Dtn; Bd. 2: Jos-Esther; Bd. 3: Hi–Hhld; Bd. 4: Jes–Mal; Bd. 5: Mt–Joh; Bd. 6: Apg–Phlm; Bd. 7: Hebr–Apk inkl. Weish und Sir; Bd. 8: Apokryphen des Alten und Neuen Testamentes (vgl. 3.1).

ben der vierbändigen, mehrfach herausgegebenen *Polyglotten-Bibel zum praktischen Handgebrauch* von Rudolf Stier (1800–1862) und Karl Gottfried Wilhelm Theile (1799–1854), zuerst 1847–1855. Auf die hier abgedruckte Vorrede folgt ein sachlich einleitender Vorbericht in den ersten „Theil / in sich haltend das Gesetz oder die Fünff Bücher Moseh". Auch die einzelnen Bücher werden ihrerseits umfangreich eingeleitet. Wie der erste Band enthalten auch die anderen Bände Vorreden, Vorberichte und Einleitungen, dazu in den beiden letzten Bänden neben einigen wenigen erbaulichen Beigaben und Registern auch apokryphe Schriften des Alten und Neuen Testamentes, insbesondere auch die frühchristlichen Briefe.

5.2 Zum Herausgeber
Die Berleburger Bibel wurde in den Jahren 1726–1742 in Berleburg veröffentlicht. Sie entstand unter der theologischen Führung des in Straßburg amtsenthobenen und 1705 ausgewiesenen pietistisch-philadelphischen Theologen Johann Friedrich Haug (1680–1753). Zusammen mit seinem Bruder, dem Buchhändler und Verleger Johann Jacob Haug (1690–1756), zog Haug um 1720 in die Grafschaft Sayn-Wittgenstein-Berleburg, die unter der Regentschaft des Grafen Casimir (bis 1741) zur Hochburg des radikalen Pietismus avancierte und verlegerisches Zentrum radikalpietistischer Literatur wurde. Als Initiator gilt der Berleburger Pfarrer und spätere Hofprediger des Grafen Casimir Ludwig Christof Schefer (1669–1731), der bereits 1712 die sog. Marburger Bibel (s. d.) mit Heinrich Horch herausgegeben hatte. Als Übersetzer und Kommentatoren wirkten unterschiedliche in Berleburg ansässige Pietisten mit, neben Schefer Tobias Eisler (1683–1753), Christoph Seebach (1685–1745), Johann Christian Edelmann (1698–1767) und auch Graf Casimir (1687–1741) selbst. Nach

dem Zeugnis Jung-Stillings war auch eine ganze Reihe von korrespondierenden Mitarbeitern vor allem aus Dänemark und England beteiligt.

5.3 Zum Text
Die Berleburger Bibel stellt ein großes Bibelwerk dar, das neben einer Neuübersetzung eine umfangreiche Kommentierung bietet. Dazu griff man auf einen breiten Schatz an mystischer und philadelphischer, vor allem quietistischer Literatur zurück: Johann Arndt (1555–1621), Jakob Böhme (1575–1624), Johanna Eleonora Petersen (1644–1724), François Fénelon (1651–1715), Antoinette Bourignon de la Porte (1616–1680), v. a. Jeanne-Marie Bouvier de la Motte-Guyon (1648–1717), Thomas Bromley (1629–1691), John Pordage (1607–1681), Jane Leade (1624–1704). Daneben wurden auch antike, frühchristliche und jüdische Autoren rezipiert.

5.4 Literatur:
Martin Brecht: Die Berleburger Bibel. Hinweise zu ihrem Verständnis, in: Pietismus und Neuzeit 8, 1982, S. 162–200 (abgedruckt in: ders.: Ausgewählte Aufsätze, Stuttgart 1997, S. 369–407).
Johannes Burkardt und *Ulf Lückel*: Das Fürstliche Haus Sayn-Wittgenstein-Berleburg, Werl 2005 (Deutsche Fürstenhäuser, 17).
Jean-Marc Heuberger: Les commentaires bibliques de Madame Guyon dans la Bible de Berleburg, in: Revue de théologie et de philosophie 51, 2001, S. 303–324.
Beate Köster: Mit tiefem Respekt (wie 1.4), S. 108–111.
Ulf Lückel: Ein fast vergessener großer Berleburger: Inspektor und Pfarrer Ludwig Christof Schefer (1669–1731). Eine erste Spurensuche. In: Wittgenstein. Blätter des Wittgensteiner Heimatvereins 88, 2000, S. 137–159.
Jürgen Quack: Bibelvorreden (wie 1.4), S. 304–322.

Christoph Reimann: Die Tagebücher des Grafen Casimir zu Sayn-Wittgenstein-Berleburg (1687–1741) als Selbstzeugnis eines pietistischen Landesherrn, Kassel 2019.

Hans-Jürgen Schrader: Fürstengnade und Lotterie. Modalitäten der Finanzierung der Berleburger Bibel, in: Pietismus und Ökonomie (1650–1750), hg. von Wolfgang Breul u. a., Göttingen 2021, S. 227–248.

Hans-Jürgen Schrader: Literaturproduktion und Büchermarkt des radikalen Pietismus. Johann Henrich Reitz' „Historie der Wiedergebohrnen" und ihr geschichtlicher Kontext, Göttingen 1989 (Palaestra, 283), S. 176–238.

Hans-Jürgen Schrader: Pietistisches Publizieren unter Heterodoxieverdacht. Der Zensurfall „Berleburger Bibel" (1988), in: ders.: Literatur (wie 1.4), S. 261–283.

Hans-Jürgen Schrader: red=arten (wie 1.4), S. 336f.

Xenia von Tippelskirch: Casimir, comte de Sayn-Wittgenstein et la réception des éditions de Pierre Poiret à Berleburg, in: Revue de théologie et de philosophie 153, 2021, S. 99–113.

Josef Urlinger: Die geistes- und sprachgeschichtliche Bedeutung der Berleburger Bibel. Ein Beitrag zur Wirkungsgeschichte des Quietismus in Deutschland, Diss. phil. Saarbrücken 1969.

Von Wittgenstein in die Welt. Radikale Frömmigkeit und religiöse Toleranz, hg. von Johannes Burkardt und Bernd Hey, Bielefeld 2009.

6. Die Ebersdorfer Bibel (1727)

6.1 Zum Werk

Vorlage der Edition ist die einzige Auflage von 1727 (Exemplar der Staats- und Landesbibliothek Dresden). Sie erschien in Ebersdorf in Thüringen bei dem Buchdrucker Abraham Gottlieb Lud(e)wig. Dieser war der erste Drucker der Herrnhuter Brüdergemeine. Ursprünglich sollte Ludwig in Berthelsdorf tätig werden, um ähnlich wie der Waisenhausverlag in Halle a. S. Schriften der Herrnhuter Brüdergemeine zu drucken und zu vertreiben. Wegen eines Verbotes konnte die Druckerei nur in Ebersdorf unter der Herrschaft von Zinzendorfs Schwager Heinrich XXIX. von Reuss. (1699–1747) errichtet werden. 1727 wurde die Druckereitätigkeit verboten, da die hier gedruckte „Ebersdorfer Bibel" vom Dresdner Ober-Konsistorium beanstandet und 1732 sogar konfisziert wurde. Ludwig ging darauf nach Greiz. Seit 1731 druckte er die Herrnhuter Losungen. Die Bibel ist Karl von Dänemark (1680–1729) gewidmet. Das Neue hat wie das Alte Testament ein eigenes Titelblatt und ein eigenes Frontispiz. Nach der hier abgedruckten Einleitung folgen Luthers Vorreden auf das Alte und Neue Testament (siehe Text 3) und Johann Arndts *Informatorium Biblicum* sowie von Zinzendorf „Gedancken vor unterschiedliche Leser der Schrifft." und ein „Kurtzer Auffsatz, was in dieser *Edition* geleistet worden." mit noch nachgetragenen Summarien zu einzelnen Psalmen, den Sprüchen und dem Hohelied sowie ein Inhaltsverzeichnis. Ein Bibelleseplan für das ganze Jahr sowie ein Verzeichnis der Korrigenda beschließen das Werk. Mit eigenem Titelblatt folgt am Ende Johann Andreas Rothes (1688–1758) „Verzeichniß und neue Übersetzung der meisten Oerter H. Schrifft Altes und Neuen Testaments, Welche in denen Grund= Sprachen einen mehrern Nachdruck haben".

6.2 Zum Herausgeber

Nikolaus Ludwig Graf von Zinzendorf und Pottendorf (1700–1760) ist als Begründer der Herrnhuter Brüdergemeine bekannt, die 1722 mit der Aufnahme von Glaubensflüchtlingen aus Mähren (Nachfahren der Böhmischen Brüder) ihren Anfang nahm und am 13. August

1727 im Rahmen einer Abendmahlsfeier in der lutherischen Kirche in Berthelsdorf gegründet wurde. Zinzendorf, der 1734 zum lutherischen Pfarrer ordiniert worden war, wurde 1737 durch den reformierten Hofprediger in Berlin, Daniel Ernst Jablonski (1660–1741), der zugleich Bischof der polnischen Brüder-Unität war, zum Brüderbischof ordiniert. Zinzendorf begann 1727 mit eigenen Übersetzungsversuchen, die er seit 1734 auszugsweise in den Druck gab; daraus entstand schließlich eine eigene Übersetzung des Neuen Testamentes von 1739, noch einmal überarbeitet in den Jahren 1744–1746. Zu Beginn dieser Tätigkeit steht sein Beitrag zur Herausgabe einer Lutherbibel in Ebersdorf. Diese Vorrede lässt erkennen, mit welchen Erwartungen Zinzendorf an seine eigenen Übersetzungsversuche heranging.

6.3 Zum Text
Die Ebersdorfer Bibel folgt wie die Canstein'sche Bibel dem Text von Luthers Übersetzung. Zinzendorf erlaubt sich aber erste Eingriffe in den weithin als sakrosankt verstandenen Text, indem er zum einen dem Bibeltext (einzelnen Kapiteln oder Bibelbüchern) eigene Summarien voranstellt, und zum anderen für einzelne Bibelpassagen in Klammern neue Übersetzungen vorschlägt, die auf den Berthelsdorfer Pfarrer Johann Andreas Rothe zurückgehen.

6.4 Literatur
Beate Köster: Mit tiefem Respekt (wie 1.4), S. 103–108.
Jürgen Quack: Bibelvorreden (wie 1.4), S. 283–294.
Hans-Jürgen Schrader: red=arten (wie 1.4), S. 342f.
Nikolaus Ludwig von Zinzendorf: Bibel und Bibelgebrauch, Bd. 7.1, hg. von Dietrich Meyer, Göttingen 2022 (Texte zur Geschichte des Pietismus, IV, 7), S. 1–292 (mit Abdruck der Beigaben zum Bibeltext).

7. Johann Albrecht Bengel: Das Neue Testament (1753)

7.1 Zum Werk

Die Übersetzung ist postum erschienen, wurde aber von Johann Albrecht Bengel noch vom Krankenbett aus begleitet. Weitere Auflagen erschienen 1769, 1781. Abgedruckt ist die Vorrede nach der ersten Auflage (Exemplar der Universitäts- und Landesbibliothek Halle a. S.). Verlegt wurde das Buch von Johann Benedikt Metzler d. Ä. (1696–1754), Verleger und Buchhändler in Stuttgart.[9] Der Übersetzung ist ein Anhang (S. 945–1016) mit philologischen und theologischen Aufsätzen beigegeben.

7.2 Zum Autor

Johann Albrecht Bengel (1687–1752) aus Winnenden gehört zu den hervorragenden Gestalten des württembergischen Pietismus. Nach dem Studium der Theologie in Tübingen in den Jahren 1703 bis 1706 wurde Bengel zunächst Stiftsrepetent, Vikar und schließlich 1713 Lehrer an der evangelischen Klosterschule Denkendorf. 1741 wurde er Prälat von Herbrechtingen und 1749 Abt von Alpirsbach. Bengel gilt als ein Begründer der textkritischen Methodologie des Neuen Testamentes. Gerade das Festhalten an dem Dogma der Verbalinspiration ließ ihn nach dem ursprünglichen Text suchen. 1734 veröffentlichte er eine neue textkritische Ausgabe des Neuen Testaments. Zugleich war Bengel von der prophetisch-historischen Verlässlichkeit der Bibel, insbesondere der Johannes-Apokalypse, überzeugt. 1740 legte er einen Kommentar über dieses letzte Buch der Bibel vor (Erklärte Offenbarung Johannis), worin er

---

9 *Reinhard Wittmann*: Ein Verlag und seine Geschichte. 300 Jahre J. B. Metzler Stuttgart, Stuttgart 1982.

den Beginn des zukünftigen Tausendjährigen Reiches nach Apk 20 für den 18. Juni 1836 berechnete. Sein lateinisches Gnomon [= Schattenzeiger der Sonnenuhr] Novi Testamenti von 1742 ist ein um Genauigkeit bemühter Kommentar zum Neuen Testament.

7.3 Zum Text
Bengels postum erschienene deutsche Übersetzung des Neuen Testamentes orientierte sich an seiner eigenen textkritischen Vorarbeit und bemühte sich wie andere pietistische Übersetzungen darum, der Eigenheit des ursprachlichen Originals Rechnung zu tragen.

7.4 Literatur
Beate Köster: Mit tiefem Respekt (wie 1.4), S. 111–114.

8. Philipp Matthäus Hahn: Die heilige Schriften der guten Botschaft vom verheissenen Königreich (1777)

8.1 Zum Werk
Als Vorlage diente das Exemplar der Staatsbibliothek zu Berlin. Diese Ausgabe des Neuen Testamentes wurde nur in wenigen Exemplaren und zwar von Hahns Schwager Strubel außer Landes in Winterthur (Schweiz) gedruckt. Offenbar wollte Hahn nicht als Verfasser dieser Ausgabe erscheinen. Nach Hahns Aussage seien auch „die neuen Aufschlüsse des Geistes nicht so durchgängig angenommen" worden.[10] Im Anschluss an den Bibeltext folgt ein Druckfehlerverzeichnis.

---

10 *Max Engelmann*: Leben und Wirken des württembergischen Pfarrers und Feintechnikers Philipp Matthäus Hahn, Berlin 1923, S. 63

8.2 Zum Herausgeber

Philipp Matthias Hahn (1739–1790) wurde als Sohn eines Pfarrers in Scharnhausen bei Esslingen geboren. Von Jugend an pflegte Hahn mathematische, physikalische und technische Interessen (Erfindung von astronomischen Maschinen, Sonnenuhren, Taschenuhren u. a.). Nach dem Abschluss des Theologiestudiums in Tübingen im Jahr 1759 wurde er nach verschiedenen Zwischenstationen 1764 Pfarrer und Nachfolger seines verstorbenen Vaters in Onstmettingen (heute Stadtteil von Albstadt) und erhielt 1770 wegen seiner astronomisch-technischen Verdienste die gut dotierte Pfarrei in Kornwestheim anstatt einer von ihm ausgeschlagenen Mathematik-Professur in Tübingen. Seit 1781 wirkte er als Pfarrer in Echterdingen bei Stuttgart. Er starb am 2. Mai 1790.

8.3 Zum Text

Theologisch stand Hahn, der auch in fortschrittlichen Kreisen des späten 18. Jahrhunderts als großer und geheimnisvoller Mann anerkannt war, zwischen dem eher pragmatischen Pietismus eines Johann Albrecht Bengel und dem mystischen eines Friedrich Christoph Oetinger (1702–1782). Hahn legte seiner Übersetzung die neueste textkritische Edition des griechischen Textes durch Bengel zugrunde und bemühte sich, auf dieser wissenschaftlichen Basis die Bibel sinngetreu und in gutem Deutsch wiederzugeben. Dabei versuchte er die biblischen Texte historisch einzuordnen und zu verstehen.

8.4 Literatur

Ilse Franke: Die Übersetzung des Neuen Testaments von Philipp Matthias Hahn (1777) im Vergleich zu den von ihm benutzten Übersetzungen von Luther, Bengel, Heumann und Reitz, Greifswald Diss. 1935 [1936].

Philipp Matthäus Hahn 1739–1790. Ausstellung des Württembergischen Landesmuseums Stuttgart. T. 1 (Katalog) und Teil 2 (Aufsätze), Stuttgart 1989.

B. Editionsrichtlinien

Vorliegende Edition bietet die Texte sprachlich und orthographisch getreu nach der jeweils zugrunde gelegten Vorlage. Auch die eher rhetorisch orientierte Virgel, die erst im 18. Jahrhundert von dem syntaktisch ordnenden Komma abgelöst wird, wurde aus den Vorlagen übernommen. (Da die Antiqua-Schrift keine Virgel kennt, folgt auf fremdsprachige Texte in Antiqua in der Vorlage immer ein Komma.). Die Schreibung der Umlaute wurde modernisiert (Punkte statt übergeschriebenes e) und Ligaturen sind aufgelöst. Offenkundige Druckfehler (z. B. verdrehtes u/n) wurden stillschweigend korrigiert, alle anderen editorischen Eingriffe werden vermerkt. Abkürzungen in der Druckvorlage sind in eckigen Klammern aufgelöst. Alle Hervorhebungen in der Druckvorlage (Kursive, Fettdruck) sowie Antiqua-Schrift für fremdsprachige Texte sind kursiviert.

Die Drucke der Vorlagen kennen in der Regel keinen eigenen Großbuchstaben für I (dafür steht auch J) oder Umlaute (dafür steht der einfache Vokal, also U auch für Ü). Dies wurde in der Edition beibehalten.

Das für Bibeldrucke gewöhnliche zweispaltige Druckbild wurde nur ausnahmsweise zur Illustration übernommen.

Innerhalb der Syntax ist darauf zu achten, dass im 18. Jahrhundert Adjektive auch nach einem starken Adjektiv oder dem bestimmten Artikel häufig noch stark dekliniert werden.

Der Kommentar dient nur der Identifikation der im Text angesprochenen Sachverhalte; eine historische Interpretation wurde ausdrücklich nicht angestrebt.

Nachwort

Nach der Reformation und der aus ihr hervorgegangenen Bibelübersetzung Martin Luthers hat es in Deutschland mit Beginn des 18. Jahrhunderts auffällig viele Neuübersetzungen der Heiligen Schrift gegeben. Es waren insbesondere Anhänger einer pietistischen Reform von Theologie und Kirche, die sich nun einer neuen „Verdeutschung" widmeten. Johann Henrich Reitz beschreibt zu Beginn des Jahrhunderts dieses Bestreben, wenn es bei ihm heißt: „ES haben die besten unter den Gottsgelehrten bezeuget / daß es grossen Nutzen habe / wann vile übersetzungen der H.Schrift obhanden. Dahero auch so vile männer in Teutschland (von andern ländern jetzt nichts zu melden) diselbe nit nur ins lateinische / sondern auch ins teutsche übersetzet. In welcher absicht vor wenigen jahren einige Gottsgelehrte vorgehabt / so wol das Alte / als Neue Testament / beydes beysammen / u. auch dises besonders / auffs neue nach dem grund zu verteutschen"[1]

Zunächst versprachen sich die Pietisten von der Verbreitung volkssprachlicher Bibeln ein echtes Vertrautwerden der Christen mit dem Gotteswort, das seinerseits – unverfälscht durch menschliche Worte – die Kraft habe, den Menschen zu Gott und einem christlichen Lebenswandel zu bekehren oder darin zu festigen.[2] Unbeschadet der Anerkennung Luthers und seiner Übersetzung sowie des Vertrauens, auch aus weniger perfekten Bibeln oder Übersetzungen seines Heils ge-

---

[1] Siehe Text 1, S. 8, Z. 11–20.
[2] Siehe *Philipp Jacob Spener*: Pia desideria, hg. von Kurt Aland, Berlin ³1966, S. 58.

wiss werden zu können, ist der besondere pietistische Impetus zu neuen Bibelübersetzungen in folgenden Motiven begründet.

(1) Die zunehmende wissenschaftliche Überprüfung des überlieferten biblischen Textes, gefördert durch den textkritischen Vergleich unterschiedlicher Handschriften, machte es nötig, den vorausgesetzten Urtext des Neuen und des Alten Testamentes neu zu konstituieren und gegebenenfalls durch den Aufweis von Lesarten offen zuhalten. Das von Erasmus von Rotterdam († 1536) unter dem Titel *Novum Instrumentum omne* herausgegebene griechische Neue Testament von 1516 war die erste allgemein, nämlich als Buch, zugängliche Ausgabe dieses Teils der Bibel in seiner Originalsprache. Bei dieser Ausgabe handelte es sich indes um einen aus heutiger Sicht noch mangelhaften Versuch einer Rekonstruktion eines verlässlichen Textes auf der Grundlage junger Textüberlieferungen. Gleichwohl bildete sie den Grundbestand dessen, was im 17. Jahrhundert als allgemein anerkannter Text des Neuen Testamentes galt (*Textus receptus*). Luther hat bekanntlich die zweite Auflage von 1519 für seine Übersetzung benutzt.

Zu den großen Editionen des *Textus receptus* gehören die erste gedruckte, mehrsprachige Bibelgesamtausgabe von 1520, die sog. Complutensische[3] Polyglotte von Kardinal Francisco Jiménez de Cisneros (1436–1517), die zehn Ausgaben des Neuen Testamentes von Theodor Beza (1519–1605) zwischen 1565 und 1611 sowie die verlegerischen Unternehmungen von Robert Estienne (Stephanus) (1503–1559), der 1546 eine auf dem Erasmustext von ^{5}1535 beruhende, textkritische Ausgabe des Neuen Testamentes (Tēs Kainēs Diathēkēs

---

3   Nach dem lateinischen Namen der Stadt Alcalá de Henares in Kastilien.

Hapanta) sowie darüber hinausgehend der ganzen Bibel herausgab (Testamenti Veteris Et Novi Biblia Sacra. Ex Hebraeo Et Graeco Latina facta). Deren dritte Auflage von 1550 wird als *Editio Regia* bezeichnet, weil sich Estienne hier „Imprimeur du Roy" nennt. (Bei der vierten Auflage von 1551 wurde von Estienne auch die bis heute gültige Verszählung für das Neue Testament eingeführt.) Auf der Grundlage der Edition Bezas, der wiederum auf der Stephanus-Ausgabe von ⁴1551 aufbaute, gaben der niederländische Drucker Lodewijk Elzevi(e)r (1540–1617) und seine Söhne ihre Ausgabe heraus, die in der zweiten Auflage von 1633 den vorgelegten Text als *Textus receptus* bezeichnet. Noch immer beruhten diese Ausgaben im Blick auf das Neue Testament im Wesentlichen auf dem von Erasmus rekonstruierten Text. Schon damals wurde man sich aber bewusst, dass jede neue Handschrift auch neue Varianten ins Spiel brachte und die Authentizität des bekannten Bibeltextes in Frage stellen konnte. Einen gewissen Fortschritt brachte für die Zeitgenossen insbesondere die von John Fell (1625–1686) herausgegebene Oxforder Bibel von 1675 (siehe Text 1 Anm. 41). Aber erst seit der Mitte des 19. Jahrhunderts wandte man sich vom *Textus receptus* als grundsätzlich unzureichend ab.

Die Herstellung eines verlässlichen hebräischen Textes des Alten Testamentes war noch schwieriger gewesen. Hier ist die 1720 in Halle a. S., im damaligen Zentrum des Pietismus, erschienene *Biblia Hebraica*[4] von

---

4   עשרים וארבע ספרי הקדש sive BIBLIA HEBRAICA, ex aliquot manuscriptis et compluribus impressis condicibus, item masora tam edita, quam manuscripta, aliisque hebraeorum criticis diligenter recensita. praeter nova lemmata textus s. in pentateucho, accedunt loca scripturae parallela, verbalia et realia, brevesque adnotationes, quibus nucleus graecae LXX. interpretum et OO. versionum exhibetur, diffici= les in textu dictiones et

Johann Heinrich Michaelis (1668–1738) als wichtiger Meilenstein zu nennen.[5] Die Frage nach der richtigen Vorlage für den Urtext ist für die pietistischen Übersetzer ein wichtiges Motiv für ihre Arbeit.

(2) Die bessere Kenntnis des Griechischen und Hebräischen und die Entwicklung der philologischen und hermeneutischen Wissenschaft legten die Mängel der Übersetzung Luthers offen. Innerhalb des akademischen Diskurses wurde die Erforschung insbesondere der Bedeutung alttestamentarischer Aussagen durch hebraistische Studien weitergetrieben, etwa durch Valentin Schindler (1543–1604), Johannes Tarnov (1586–1629), Johann Gerhard (1582–1637), Wolfgang Franz (1564–1628) und vor allem Michael Walther (1593–1662) oder Balthasar Scheidt (1614–1670), dem Lehrer Philipp Jacob Speners (1635–1705).

Philipp Jacob Spener, vertritt zu Beginn des Pietismus noch weitgehend die Auffassung, dass man Luthers Übersetzung zwar im Einzelnen korrigieren könne, aber nicht durch eine Neuübersetzung ersetzen solle. In einem Brief an Johann Heigel aus dem Jahr 1673 schreibt er: „Also nenne ich billig seine dollmetschung ein unvergleichliches werk, deme ich keine andere dollmetschung, so vorher gemacht, vorzuziehen wüste, oder auch nur gleich achten könte."[6]

---

phrases explicantur, ac dubia resolvuntur; ut succincti commentarii vicem praestare possint. singulis denique columnis selectae variantes lectiones subiiciuntur. cura ac studio IO. HEINR. MICHAELIS, s. s. theol.& ac OO. lingg. in acad. Frider. P. P. Ord. et ex parte opera sociorum; ut pluribus in praefatione dicetur. cum gratia et privilegiis Sacrae Caes. Maiestatis. Potentiss. Reg. Polon. ac Porusiae, nec non Elect. Saxon.& Brand. Halae Magdeburgicae, Typis & sumtibus Orphanostrophei MDCCXX.

5 Vgl. *Alexander Achilles Fischer*: Der Text des Alten Testaments. Neubearbeitung der Einführung in die Biblia Hebraica von Ernst Würthwein, Stuttgart 2007, S. 56–59.

6 *Philipp Jakob Spener*: Briefe aus der Frankfurter Zeit, Bd. 1, Tübingen 1992, S. 677, 17–19.

Bei allem Lob für Luthers Übersetzungsleistung (im Blick auf seine Vorläufer) erkennt er aber, dass einige Bibelstellen so „vertiret seynd"[7], dass sie nicht mit dem Urtext, der für die reformatorischen Kirchen nun einmal maßgeblich war,[8] übereinstimme. Auch später fordert Spener zwar keine Neuübersetzungen der Heiligen Schrift, zeigt sich aber offen für Verbesserungen, ja sogar eine vollständige Revision der Lutherübersetzung, immer versehen mit dem Vorbehalt, dass dadurch Luthers Übersetzungsleistung nicht geschmälert oder seine Übersetzung aus der Kirche verdrängt werde. Diese Vorsicht, die weitgehend die Linie des sog. kirchlichen Pietismus bestimmte, war nicht nur geboten im Blick auf die theologische Auseinandersetzung mit den Vertretern der Lutherischen Orthodoxie, sondern auch pragmatisch begründet. Es galt, die einfachen Leser und Hörer, denen Luthers Übertragung vertraut war, nicht durch Veränderungen oder gar Neuübersetzungen zu verunsichern oder ihr Vertrauen auf die Eindeutigkeit der kirchlichen Lehre zu erschüttern.

Als aber im Jahr 1695 August Herrmann Francke (1663–1727) offen für eine Korrektur der Übersetzung Luthers auf Basis des Grundtextes eintrat (Observationes Biblicae, Anmerckungen über einige Oerter

---

7   Ebd, S. 677, 20 („übersetzt sind"; vgl. DWb 25, Sp. 1911).
8   Exemplarisch sei hier auf einen Brief Speners von 1678 an einen Theologiestudenten in Wittenberg verwiesen, indem er verdeutlicht, dass er das Studium der biblischen Sprachen der aristotelischen Philosophie vorziehe: »Meo iudicio si res agatur, non existimen, Philosophiae nostratis in Theologiae usum nullum esse, si tamen illi conferatur, quem a linguis haec capere potest, exiguum. Unde altero si carendum sit organo, Aristotelem quam linguas, quibus Spiritus Sanctus locutus est, et alia istarum subsidia ignorare mallem.« (*Philipp Jakob Spener*: Briefe aus der Frankfurter Zeit, Bd. 3, Tübingen 2000, S. 689, 1–5). – Vgl. *Beate Köster (von Tschischwitz)*: Die Lutherbibel im frühen Pietismus, Bielefeld 1984 (Texte und Arbeiten zur Bibel, 1), S. 35–66.136–144 mit Anmerkungen auf S. 206–220. 253–256.

H. Schrifft. Darinnen die Teutsche Ubersetzung des Sel. Lutheri gegen den Original Text gehalten und bescheidentlich gezeiget wird / Wo man dem eigentlichen Wort-Verstande näher kom[m]en könne / Solches auch Zur Erbauung in der Christl. Lehre angewendet / und im Gebet appliciret wird / ausgefertigt im Ianuario [bis September] 1695),[9] entwickelte sich die philologische Sachfrage zu einer grundsätzlichen theologischen Auseinandersetzung. Auf der einen Seite standen nun die dogmenkritischen Pietisten mit ihrem Drängen auf eine Korrektur, auf der anderen Seite die Orthodoxen, die mit der Kritik an Luthers Übersetzung auch dessen kirchlich etablierte Theologie angegriffen sahen. Am Ende waren es kirchlich ungebundenere Pietisten, die neue Übersetzungen forcierten.

(3) Aufgrund der Sprachentwicklung des Deutschen veralteten manche Wörter und Ausdrücke Luthers und mussten durch neue ersetzt werden. Bis in die Mitte des 17. Jahrhunderts war es gerade durch die Verbreitung von Luthers Bibelübersetzung zu einem gewissen Sprachausgleich des Neuhochdeutschen gekommen; zugleich begann seit dieser Zeit die Klage darüber, dass Luthers Wortschatz zum Teil veraltet sei.[10] Allerdings wagte man sich nur vorsichtig an eine Korrektur des Bibeltextes selbst, eigentlich nur an eine Korrektur der Orthographie und des Laut- oder Formenbestandes der Luther-Bibeln, weil ja schon ein Austausch von einzelnen Wörtern den theologischen Sinn (und damit die

---

9   Vgl. *Beate Köster*: Die Lutherbibel (wie Anm. 8), S. 145–161. 256–262 (Anm.).
10 *Manfred Lemmer*: Zur Bewertung von Luthers Bibelwortschatz im 17./18. Jahrhundert, in: Luthers Deutsch. Sprachliche Leistung und Wirkung, hg. von Herbert Wolf, Frankfurt a. M. u. a. 1996, S. 270–290, hier 272–280; auch in *ders.*: Ausgewählte Schriften, Sandersdorf-Brehna [2015], S. 453–477.

lutherische Lehre) zu verändern drohte.[11] Daher versuchte man das Sprachproblem auf andere Weise zu lösen, nämlich durch selbständige Wörterbücher,[12] beigegebene Glossare[13] oder beigedruckte Glossen im Text.[14] Als eine Frucht dieser Arbeiten kann die Bibelausgabe des Stader Generalsuperintenden Johann Diekmann (1647–1720), zuerst 1690, gelten, der nicht nur durch die Kollation der verschiedenen, von Luther autorisierten Bibelausgaben die inzwischen etablierten Überlieferungs- und Druckfehler eliminierte, sondern auch auf offenkundige Übersetzungsfehler hinwies.[15]

(4) Das zunehmende realhistorische Interesse musste durch eine möglichst umfängliche Präsentation der historischen Umstände befriedigt werden, in denen sich die biblischen Geschichten abspielten. Das erklärt, warum gerade die pietistischen Bibelübersetzungen nach und nach mit Sacherläuterungen zu Maßen und Gewichten, Münzen und Titeln, Namen und Realien oder mit der Beigabe von Karten ergänzt wurden. Die Erforschung und Kenntnisnahme dieser historischen Umstände als der Schale des biblischen Wortes galten schon für August Hermann Francke (1663–1727) als notwendige Voraussetzungen, um die Bibel richtig zu verstehen.

---

11 Zum Beispiel die Bibelausgaben Lüneburg 1663 mit der Vorrede von Jakob Weller von Molsdorf (1602–1664) und Schleusingen 1684 von Johann Pretten (1634–1708).
12 *Philipp Saltzmann*: Sonderbare Worte Welche entweder veraltet oder neu erdichtet oder sonsten ein feines Nachsinnen verursachen Aus denen Schrifften Des Herrn Martini Lutheri zusammen getragen, Naumburg 1664. – *Dietrich von Stade*: Kurtze richtige Erläuter- und Erklärung etlicher deutschen Wörter, deren sich [...] Doct. Martin Luther [...] in Übersetzung der Bibel [...] gebrauchet, Stade 1711.
13 Schleusingen 1684 (wie Anm. 11).
14 Weimarer bzw. Nürnberger Bibel von 1641 (siehe Text 4 Anm. 17).
15 *Köster*: Lutherbibel (wie Anm. 8), S. 32–35.

(5) Manche Pietisten, denen die konfessionelle Unterscheidung und die gegenseitige Polemik ein Dorn im Auge waren, hofften, durch eine möglichst nahe an der ursprünglichen Sprache der Bibel und insbesondere am Hebräischen als der Sprache Gottes angelehnte Übersetzung dem Worte Gottes näherzukommen und damit alle durch menschliche Traditionen entstandenen konfessionellen Sichtweisen zu überwinden. Die grundsätzliche Spannung zwischen einer an der Vorlage oder an der Zielsprache orientierte Übersetzung wurde hier zugunsten der Treue gegenüber der Vorlage entschieden und zugleich mit dem Argument überhöht, dass das wahre Gotteswort eben auch sprachlich anstößig sei.

(6) Schließlich dienten manche Bibelübersetzungen auch der Verbreitung bestimmter theologischer Deutungen und hermeneutischer Ansätze, sei es durch eine entsprechend konnotierte Wortwahl der Übersetzung, sei es durch mehr oder weniger umfangreiche Kommentierungen des Bibelwortes.

Um einen Eindruck dieser Bemühungen im Pietismus zu vermitteln, werden in diesem Band die Vorreden der wichtigsten Bibelausgaben des Pietismus präsentiert, in denen die unterschiedlichen Motive sowie die philologischen und theologischen Überlegungen ihrer Herausgeber sichtbar werden. Unberücksichtigt bleiben sowohl einige Übertragungen, die entweder nicht eindeutig dem Pietismus (Caspar Ernst Triller [siehe Text 7 Anm. 40] oder Johann Jacob Junckerrott [siehe Text 7 Anm. 41]) oder dem rationalistischem (Wertheimer Bibel 1735 von Johann Lorenz Schmidt [1702–1749]) und aufklärerischem Denken (Christoph August Heumann [1681–1764]) (siehe Text 8 Anm. 3) zuzuordnen sind. Allenfalls die Vorreden Johann Reinhard Hedingers (1664–1704) zu seiner Ausgabe eines Neuen Testamentes und einer Vollbibel nach der Übersetzung

Martin Luthers aus dem Jahr 1704 hätten noch einbezogen werden können. Da diese aber noch recht traditionell argumentieren und eher in die Geschichte der Revisionen der Lutherbibel gehören,[16] sind sie nicht in diesen Band aufgenommen worden.

Dass einige Übersetzungen nur das Neue Testament betreffen, ist zum einen damit zu erklären, dass eine Übersetzung des Alten Testamentes ungleich umfangreicher und schwieriger war,[17] und zum anderen damit, dass gerade der Pietismus dafür warb, sich Lehre und Leben des Neuen Testamentes zu eigen zu machen.[18]

Die in dieser Sammlung edierten Vorreden sind auch jeweils vor dem konfessionellen Hintergrund zu betrachten, denen ihre Herausgeber entstammen. Sie eint das Bestreben, einen unverstellten Zugang zur Bibel zu ermöglichen, um auch konfessionelle Grenzen zu überwinden. Es ist dabei gerade das Vertrauen auf eine historische Herangehensweise, die pietistische und aufklärerische Interessen verbindet.

Die nachlutherischen Bibelübersetzungen des Pietismus sind ein wichtiger zeitgeschichtlicher Beitrag, denn sie verdeutlichen in ihrer Verschiedenheit, welche Bedeutung der Bibel im Glaubensleben zugesprochen wurde und wie man sie ergründen wollte. Die Vorreden

---

16 Köster: Lutherbibel (wie Anm. 8), S. 171–186. 264–271 (Anm.).
17 Vgl. Text 7, S. 235, Z. 23–25 („ist [es] ein leichtes das N.T. zu verdeutschen. Das alte Testament hatte die meiste Schwierigkeiten.").
18 „Hingegen bin ich nicht in abrede, daß ich vor rathsam geachtet hätte, daß nicht das Alte Testament zuerst würde tractiret, sondern weil das Neue das jenige liecht ist, aus welchem die dunckelheit des Alten erleuchtet werden muß, auch unsere Christenpflicht unvergleichlich heller und nachtrücklicher in dem Neuen als Alten uns vor augen geleget wird, so achte rathsam, daß die lection des Neuen Testaments vorginge, nach dero folgendes das Alte so viel nutzlicher vor die hand wird genommen werden können, welches ich nicht verachte, aber dem Neuen solches weit nachsetze." *Philipp Jakob Spener*: Briefe aus der Frankfurter Zeit, Bd. 2, Tübingen 1996, S. 128 f., Z. 162–169.

zu den Bibelübersetzungen der bekannten pietistischen Theologen zeigen, wie sehr um die Bibel als das „Wort der warheit"[19] gerungen wurde.

---

19   Siehe Text 1, S. 8, Z. 21f.

Personenregister

Aben Esra *siehe* Abraham (ben Meir)
Abraham (ben Meir) iben Esra 80
Abravanel *siehe* Don Isaak ben Juda
Alexander der Große 88
Andreae, Jakob 171
Anton, Paul 207
Aquila 52
Archimedes von Syrakus 220
Aristoteles 214, 220
Arndt, Johann 159, 268, 287, 289
Athias, Abraham 91, 107
Athias, Emanuel 107
Athias, Joseph 47, 48, 88, 91, 96, 97, 101, 106, 107
August d. J. von Wolfenbüttel 236
Augustinus 235

Baumgarten, Jacob Siegmund 49
Bengel, Johann Albrecht 4, 225, 234, 239, 269, 272, 273, 274, 291, 293
Bernhardi, Daniel 159
Bertram, Johann Friedrich 236
Beza, Theodor 11, 296
Blitz, Jekuthiel ben Isaac 47, 49, 87, 283
Böhme, Jacob 287
Borromaeo, Antonio Maria 10
Bourignon, Antoinette 185, 287
Bromley, Thomas 287
Bröske, Konrad 278
Brugensis, Franciscus Lucas 239
Buxtorf, Johannes, d. Ä. 170

Calov, Abraham 176
Canstein, Carl Hildebrand von 3, 150, 151, 152, 153, 158, 163, 257, 284, 285, 290
Cappel, Louis 170

Carpzov, Johann Gottlob 49
Casimir zu Sayn-Wittgenstein-Berleburg 186, 279, 286, 288
Christian August von Schleswig-Holstein-Gottorf 280
Coccejus, Johannes 8, 97, 176
Conring, Hermann 236

David Kimchi 50, 79, 81, 82, 106
Diec(k)mann, Johann 157, 158, 160, 301
Domitian, römischer Kaiser 144, 281
Don Isaak ben Juda Abrabanel 82

Edelmann, Johann Christian 286
Eisler, Tobias 286
Elzevier, Lodewijk 297
Erasmus von Rotterdam 237, 260
Estienne, Robert 266, 296, 297
Estio, Guilelmo 239

Fénelon, Francois de Salignac de La Mothe 218, 287
Ferdinand von Bayern, Kurfürst von Köln 134
Francke, August Hermann 35, 36, 211, 268, 284, 299, 301
Franz, Wolfgang 161, 298
Friedrich Wilhelm Kurfürst von Brandenburg 48

Gell, Robert 10
Gerhard, Johann 298
Geviha ben Psisa 88
Glassius, Salomo 35
Glüsing, Johann Otto 3, 46, 116, 280, 281, 282, 283
Guyon, Jeanne-Marie Bouvier de la Motte 175, 178, 186, 287

Hahn, Philipp Matthäus 4, 168, 213, 272, 292, 293, 294
Haug, Johann Friedrich 286
Haug, Johann Jacob 286
Hedinger, Johann Reinhard 302
Heigel, Johann 298
Heinrich XXIX. von Reuss 289

Hermeias von Alexandrien 119
Hesiod 133
Heumann, Christoph August 272, 302
Hieronymus 56, 156, 231
Hiller, Matthäus 281
Holle, Johann Heinrich 46, 113, 280
Horch, Henrich 3, 34, 39, 276, 277, 278, 279, 280, 286
Hottinger, Johann Heinrich 40, 41

Jablonski, Daniel Ernst 290
Jacob ben Jsaak 82
Jesaja ben Abraham Horovitz 82
Jiménez de Cisneros, Francisco 296
Joseph ben Alexander 106
Jun(c)kherrott, Johann Jacob 237, 276, 302
Jung-Stilling, Johann Heinrich Jung gen. 287
Junius, Franciscus 11

Karl der Große 136
Karl von Dänemark 289
Kayser, Johann 144, 238
Klopfer, Balthasar Christoph 276, 278
König, Samuel 278
Kortholt, Christian 161
Kürßner, Johann 34, 277
Kustl 86

Lang, Johannes 166, 233
Launoy, Bonaventura de 7, 275
Le Long, Jacob 232
Leade, Jane 169, 185, 287
Leusden, Johannes 97, 101
Levi ben Gershon 82
Lichtenstern, Johannes 135
Link, Wenzeslaus 166
Longinus, Pseudo- 214, 217
Lotther, Melchior 136, 166
Ludewig, Abraham Gottlieb 208, 288
Luft, Hans 159, 166

Luther, Martin 9, 12, 13, 17, 27, 46, 47, 56, 71, 81, 135, 136, 137, 150, 155, 156, 157, 158, 159, 160, 161, 163, 166, 171, 192, 196, 202, 208, 228, 232, 233, 234, 235, 236, 237, 243, 246, 256, 258, 259, 260, 261, 262, 263, 265, 266, 272, 277, 279, 284, 285, 289, 290, 293, 295, 296, 298, 299, 300, 301, 303

Mathesius, Johannes 156
Mei(e)r Stern 99
Mendes de Castro *siehe* Athias, Abraham
Mentelin, Johannes 136
Metzler, Johann Benedict 225, 291
Meurer, Christoph 159
Michaelis, Johann Heinrich 298
Migeot, Gaspard 10
Mill, John 239
Mohammed 39, 40, 42
Moses Jsaschar 49
Müller, Philipp Casimir 277
Musch, Cornelis 110
Muthmann, Johann 235

Naphthali ben Ascher 82

Oetinger, Friedrich Christoph 293
Origenes 51, 52, 53, 56, 175, 176
Osiander, Johann Adam 176

Pareus, David 266
Petersen, Johann Wilhelm 279
Petersen, Johanna Eleonora 37, 185, 186, 279
Philadelphus, Timotheus *siehe* Kayser, Johann
Piscator, Johann 46, 47, 74, 111, 112, 142, 143
Ploos van Amstel, Adriaen 110
Polanus von Polansdorf, Amandus 12
Pordage, John 287
Ptolemaios II. (Philadelphus) 84, 94

Rambach, Johann Jacob 214

Raschi *siehe* Schlomo Jizchaki
Reitz, Johann Henrich 3, 7, 16, 46, 47, 147, 148, 237, 249, 272, 275, 276, 278, 279, 281, 288, 293, 295
Rörer, Georg 156
Rothe, Johann Andreas 289, 290
Rumpaeus, Justus Wesselius 236

Sa'adiah ben Yosef Gaon 95, 122
Salmerón, Alfonso 214
Saltzmann, Philipp 301
Saubert, Johannes d.J. 236
Schade, Johann Kaspar 268
Schefer, Ludwig Christof 279, 286
Scheffler, Johannes gen. Angelus Silesius 198
Scheidt, Balthasar 298
Schindler, Valentin 298
Schlomo Jizchaki (Raschi) 79
Schmidt, Johann Lorenz 302
Schmidt, Sebastian 176
Schönborn, Johannes Philipp von 135
Schütz, Johann Jacob 211
Seebach, Christoph 286
Shabtai ben Yosef 101
Sixtus V., Papst 134
Solomon ben Melekh 82
Spalatin, Georg 166
Spener, Philipp Jacob 50, 51, 211, 213, 268, 295, 298, 299, 303
Starke, Johann George 38
Stier, Rudolf 286
Symmachus 52

Tarnov, Johannes 298
Tertullianus 200
Theile, Karl Gottfried 286
Theodotion 53
Theophilus a Veritate *siehe* Bertram, Johann Friedrich
Tremelius, Immanuel 11, 142
Triller, Caspar Ernst 237, 276, 302

Ulenberg, Kaspar 46, 47, 134
Undereyck, Theodor 276, 278

von Stade, Dietrich 301

Wagenseil, Johann Christoph 49
Walther, Michael 298
Weller von Molsdorf, Jakob 157
Wenzel (Wenzeslaus) von Luxenburg 135
Witzenhausen, Josel von 48, 77, 87, 90, 99, 100, 101, 102, 282, 283
Wolff, Christian 218
Wollrab, Nikolaus 159, 166

Yosef Gaon Sa'adiah 82

Zinzendorf, Nikolaus Ludwig von 213, 214, 216, 218, 219, 289, 290

Anna Catharina Scharschmidt
»Mitgenoßin des selbständigen Wesens Christi«
Texte und Briefe aus Quedlinburg

Herausgegeben von
Ruth Albrecht und
Katja Lißmann

Edition Pietismustexte (EPT) | 17

246 Seiten | Paperback
12 x 19 cm
ISBN 978-3-374-07454-9
EUR 24,00 [D]

An der pietistischen Bewegung um 1700 beteiligten sich auffallend viele Frauen, unter ihnen auch die bisher wenig beachtete theologische Schriftstellerin Anna Catharina Scharschmidt aus Quedlinburg (1646–1730). Sie gehörte zum Kern der pietistischen Gruppierung der Stadt, die um die Jahrhundertwende in überregionalen Netzwerken präsent war. Ihre drei in den Jahren 1702 bis 1704 herausgegebenen Bücher sind in diesem Kontext entstanden. Im Mittelpunkt der vorliegenden Edition steht ihr Werk »Einfältiges Zeugniß Von dem Wahren Dienste des Geistes im Neuen Bunde« von 1703. Darin entfaltet die Autorin eine eigenständige, am Neuen Testament orientierte Auffassung des christlichen Glaubens als einer von Liebe geprägten Geisteshaltung.

EVANGELISCHE VERLAGSANSTALT
Leipzig   www.eva-leipzig.de

Tel +49 (0) 341/ 7 11 41 -44   shop@eva-leipzig.de

Georg Conrad Rieger
Die württembergische Tabea
Lebensbeschreibung der
exemplarischen Pietistin
Beata Sturm (1682–1730)

Herausgegeben von
Martin H. Jung

*Edition Pietismustexte
(EPT) | 14*

280 Seiten | Paperback
12 x 19 cm
ISBN 978-3-374-06677-3
EUR 30,00 [D]

Eine sehbehinderte Frau, die ihre Hände zum Beten faltet – so präsentiert der Hofmaler Isaak Lieffkopf die zum württembergischen Pietismus zählende Stuttgarter Juristentochter Beata Sturm (1682–1730). Und ihr Biograph Georg Conrad Rieger (1687–1743) gibt mit seiner Titelformulierung, in der er die Frau mit der aus dem Neuen Testament bekannten Tabea oder Tabita (Apg 9) vergleicht, zu erkennen, wer sie eigentlich war: eine Jüngerin Jesu, die viele gute Werke tat und an der die Krankheit und Tod besiegende Macht Gottes sichtbar wurde. Riegers Buch ist ein Beispiel evangelischer Hagiographie, gibt aber auch authentische Einblicke in die Frömmigkeits- und Lebenspraxis des frühen 18. Jahrhunderts.

**EVANGELISCHE VERLAGSANSTALT
Leipzig** www.eva-leipzig.de